U0369980

大夏书系
十年经典

万玮 著

班主任兵法
（修订版）

华东师范大学出版社

上海著名商标

ECNUP

全国百佳图书出版单位

图书在版编目（CIP）数据

班主任兵法/万玮著. —修订本. —上海：华东师范大学
出版社，2013.6
（大夏书系·十年经典）
ISBN 978-7-5675-0818-7

Ⅰ.①班... Ⅱ.①万... Ⅲ.①中小学—班主任工作
Ⅳ.①G635.16

中国版本图书馆 CIP 数据核字（2013）第 131258 号

大夏书系·十年经典

班主任兵法（修订版）

著　　者	万　玮
策划编辑	吴法源
审读编辑	朱　颖
封面设计	奇文云海
责任印制	殷艳红

出版发行	华东师范大学出版社
社　　址	上海市中山北路 3663 号　　邮编 200062
网　　址	www.ecnupress.com.cn
电　　话	021-60821666　　行政传真　021-62572105
客服电话	021-62865537
邮购电话	021-62869887　　　地址　上海市中山北路 3663 号华东师范大学校内先锋路口
网　　店	http://hdsdcbs.tmall.com/

印刷者	北京密兴印刷有限公司
开　本	710×980　　16 开
插　页	2
印　张	19
字　数	280 千字
版　次	2013 年 8 月第一版
印　次	2015 年 11 月第二次
书　号	ISBN 978-7-5675-0818-7/G·6558
定　价	39.00 元

| 出版人 | 朱杰人 |

（如发现本版图书有印订质量问题，请寄回本社市场部调换或电话 021-62865537 联系）

上编 ｜ 实践篇

目录
Contents

下编 | 理论篇

目录
Contents

序言 | 让反思成为习惯

《班主任兵法》一书，出自一位教龄仅七年的年轻教师之手。作者在大学毕业后的头一年担任班主任工作期间，曾经有过一段失败的工作经历。然而，正是这段经历，成了作者极富价值、一生受用的宝贵财富。作者通过对这一段难忘经历的历时一年多的咀嚼、总结、感悟、反思，加上不断地阅读钻研，终于进入了"豁然开朗"的境界，在理论和实践上跃上了一个较高的新层次，不仅在工作上得心应手，还写出了这本在实践和理论上都具有创新价值的《班主任兵法》。

之所以说该书在实践上和理论上都具有创新价值，是因为该书在班主任工作的实践上、理论上都反映了作者独到的做法和思考。

在实践方面，作者强调在"爱"的前提下，在充分考虑到学生心理和人格的健康发展的情况下，在班主任工作中要针对不同学生的具体特点，采取不同的教育方式（有时甚至是严格、严厉的方式）来教育学生，充分体现了作者在掌握学生心理基础上擅用谋略、机变的教育智慧和胆略。这也是作者的教育风格与以往和当今的许多教师的不同之处。看了该书"实践篇"中生动曲折的故事、大起大落的情节以及那些不落窠臼、机智灵活地处理问题的方法，我们不禁会像孟老夫子一样，发出"教亦多术矣"的感慨。

在理论方面，作者开创性地将兵法的理论和原则运用于教育领域中，探究了兵法与教育（尤其是与班主任工作）之间的关系，并对许多中国古代兵法理论（如"攻心为上"、"克敌无形"、"上兵伐谋"、"运用之妙，存乎一心"等等）在班主任工作中的具体演绎和运用上作出了独特的阐述。

读《班主任兵法》一书，我们能够强烈地感觉到：作者是一位对教育很"用心"的人，他用自己的实践、思考、感悟，在班主任工作方面作出了许多具有启发意义的探索。

从学生的心理感受来说，教师的教育方式无非有两种：感化式的和震撼式的。我们的教育，总的来说，比较注重、倡导春风化雨、和风细雨的"感化式"教育方式。然而，从《班主任兵法》一书中，我们可以看到：作者在重视"感化式"的教育方式的同时，也常常会运用"震撼式"的教育方法（该书"实践篇"部分的"黔驴发威"、"当头棒喝"、"激怒制怒"、"以毒攻毒"等文章记述的就是作者这类的教育事例）。这种教育方法，因其在形式上与"感化式"相对立，往往被视为教育的"禁区"。然而，"震撼式"方式是否就不好，就不能采用呢？其实不然！很多的"问题学生"，他们的不良习惯是长期养成的，在他们的心中，已经形成了一种比较稳定的心理结构，许多和风细雨式的教育对他们收效甚微或几近无效。这时，"震撼式"的教育方式如果运用得当，反而往往能取得较好的效果。因为，人在心灵受到强烈震撼的时候，那些恶习顽疾才可能崩溃，新的道德规范才能更好地建立，这与治病的"沉疴用猛药"是一个道理。

但是，震撼式的教育方式的运用必须避免其副作用，即不能在学生的心灵上留下"疤痕"，因为这会在学生今后人格的健康成长上造成隐患。在和我的交谈中，作者对此问题是有深刻认识的。他常常思考的一个问题就是如何做到"教育无痕"；在对学生教育方式的选择、运用上，作者也注意到了这一问题。

该书作者的成长经历，充分说明了"教育反思"在教师成长过程中的重要作用。人们常说，人生的经历是一笔重要财富。我认为，这句话只说对了一半，只有那些对自己的经历进行过充分、深入的思考的人，人生的经历方能称得上是一笔巨大的精神财富。这就像用便宜的原材料能制造出价格不菲的产品一样，关键是后者加入了思想和技术的因素。苏联教育家阿莫纳什维利说过："我们往往认为，教龄是成为教育工作行家的必要条件，只有在学校工作年限很长的人才能称作教育工作的行家。这难道不是我们的错误认识吗？有这样的人，他在学校工作了三四十年，并为自己的教龄长而引为自豪。但他每一学年的工作都是上一学年工作的重复。他没有热情，没有灵感地工作着，忠实仔细地完成每天的工作……在他的工作中没有疑问，没有矛盾，他对新经验漠不关心，害怕改革，他自始至终这样地在学校工作着，直到退休为止。他还为自己谋取到了奖章和荣誉称号。然而，这样的'行家'却早已对学校、对儿童、对日益复杂化的教师工作感到厌倦了。"而另一种人，"从初为人师之日起，他就贪婪地汲取同事们的经验，深入研究儿童和勤奋钻研教育科学。每一堂课，每一次与自己学生的会面，他都要作为在教育事业上自我完善的过程加以精心设计……他工作细心周到，对学生富有同情心，不能容忍在自己的职业活动中有形式主义的存在余地，他大胆勇敢和信心百倍地致力于教育探索。就这样，他也在学校工作了三四十年，积累了什么？教龄吗？不！——创造性地进行教育活动的经验。"因此，阿莫纳什维利认为："重复同一内容的十年经验与创造性探索的十年经验，这是两种不同质的教龄！"（阿莫纳什维利：《学校无分数教育三部曲之三：孩子们，祝你们一路平安！》，教育科学出版社2002年版）

美国的波斯纳提出过"教师的成长 = 经验 + 反思"这样一个公式。肖川先生在其《教育探索：从自我反思开始》一文中也说过一段精辟的话："许多的教育探索并不需要高精尖的仪器与设备，它只需要一颗忠诚、明敏的心，只需要我们对那些视而不见、习以为常的事物进行批判性的审视，只需要我们不断咀嚼、反复琢磨、再三玩味那些理所当然、天经地义的常规和说辞，只需要我们试图去改变那些貌似合理的历来如此、大多如此的想法与做法，哪怕是一点点。"（肖川：《教育的理想与信念》，岳麓书社 2002 年版）

该书作者的成长经历，就很好地说明了上述道理。

教育反思，实际上是反思者对自己的教育经历进行综合、总结、分析、提炼的过程。在这里，反思者自身的经历（经验）固然重要，然而，反思者相关的眼光、悟性、学识和知识背景也是十分重要的，因为他们必然会参与到反思当中去，并最终决定反思者反思的结果。如果说反思是一种思维的发酵过程的话，那么，反思者自身的经历就相当于原料，上述其他因素就相当于促进反思并决定反思质量和结果的酵母。这就像苹果落地的现象司空见惯，但只有牛顿从中得出了最有价值的成果——万有引力定律这一成果一样。

实践——学习——反思，这既是年轻作者的成长印记，又何尝不是教师成长的共同规律呢？

薛农基
2009 年 2 月

修订版序言

《班主任兵法》出版四年多以来，受到了广泛的关注。至今已重印 15 次，印数超过 15 万册。这本书的意义在于，它探索了一种全新的管理班级以及教育学生的思路，许多想法和做法都是在以往的班级管理书籍中所没有见过的。在这本书的写作、出版以及交流的过程中，我逐渐形成并完善了"震撼式"教育的思路，并在华东师范大学的职后进修中将其作为我硕士论文的课题。

《班主任兵法》的出版改变了我的生活，我从一个默默无名的教师成为班主任问题的"专家"。这四年，我应邀在全国 20 个省市自治区作了百余场以班主任工作为主题的报告，也因此结识了很多真正的专家学者、教育界人士以及一线教师尤其是班主任朋友。在这本书出版之后的 2005 年 6 月，天津的德育特级教师张万祥邀请我和他一起创作了《教师专业成长的途径》（华东师范大学出版社 2005 年版）一书，湖北长江文艺出版社的编辑把我的一段班主任工作日记整理成《班主任兵法 2》于 2008 年 1 月出版。因为《班主任兵法》这本书，我获得了很多个人荣誉，包括"2005 年上海市德育工作先进个人"、"2006 年上海年度教育 10 大人物"等。然而，我清醒地意识到，在班主任工作领域，我仍然是一个探索者，我自己仍然在不断地学习，不断地反思我自己的工作方式与价值观。

许多教师朋友读了这本书非常喜欢，他们或给我来信或在我的博客上留言，和我交流他们的感想和这本书给他们的启发。也有人对这本书的观点提出了尖锐的批评，这些批评意见很珍贵，也促使我下决心对本书作一些修订。

本书第二版的上编和下编都作了一些改动，其中上编实践篇删除了4篇文章，分别是《一叶障目》、《始劳终逸》、《遇强更强》和《点石成金》，同时也增加了4篇文章，分别是二十二《明修栈道》、二十五《化敌为友》、二十八《外圆内方》和二十九《后来居上》，文章总数保持不变，个别有争议或者风格不一致的文章不再选入。下编理论篇增加了两篇，分别是十三《轻重篇》和二十五《气篇》，删去一篇《素养篇》，这样总数增加一篇。相对第一版而言，第二版结构更加合理，内容更加完整。第二版还对个别语句的表述方式作了修改，以避免歧义和误解。另，书中涉及的人名均为化名。

特别要说明的是，感化、温情、慈爱仍然而且永远是教师实施教育的主流方式，《班主任兵法》以及由此产生的"震撼式"教育只是对主流教育方式的一种有效的补充，但是，书中所演绎并倡导的教育智慧却是我倍加珍惜并在与各地的教师朋友交流中一再强调的。我认为，在这样一个全社会对学校和教师提出更高期望的年代，提升自己的教育智慧是每一位教师最重要最紧迫的任务之一。以此与各位老师共勉。

万玮

2009 年 1 月

自　序

一

刚刚开始参加工作时，有幸得到作为学校顾问的全国德育特级教师毛蓓蕾的辅导，毛老师送了我一本签了名的书《小学生心理辅导札记》，这本书伴随我度过了最初的班主任生涯。

7 年半以后的 2004 年 2 月的一天，我和学校同事来到杨浦区毛老师的家中，看望已经是癌症晚期的老人。卧在病床上的毛老师头脑仍十分清醒，我告诉她，我也有一本关于学生工作方面的书要出版了，毛老师很高兴，我许诺她，这本书出版之后一定要亲自送一本到她的床头。可是，半个月之后，噩耗传来，毛老师已经永远地离开了我们。

在学校稍后为毛老师举行的追思会上，我对全校老师说，我要把我的这第一本书献给尊敬的毛蓓蕾老师，以寄托我的哀思。

二

对我来说，做教师是以前从没有想到过的，其中充满了一系列的偶然。记得到学校里应聘试讲时，一节初中数学课的内容我 10 分钟就讲完了，我真的不知道就那么点简单的内容怎么可能要讲 40 分钟？那时候，教师生活对我来说是一个未知的世界。

我工作的第一年，日子过得充实而快乐。事实上，我受到了全班同学的欢迎。那时，我不知道怎么做老师，不知道怎么上课，我没有老师的架子，和学生的关系很近。课堂上，我给他们讲故事，用故事说明道理；课后，我和他们平等地交流，他们也邀请我参与他们的活动；春天来了，我带他们走出校园，到野外去踏青，去熟悉各种农作物和植物；双休日，我领着他们去溜冰场溜冰，去娱乐公园游玩。我们在一起度过美好的时光，一切都很顺利。

可是，问题在第二年伊始很快暴露出来。学生进入初一，逐渐表现出心理上的叛逆，没有经验的我处理不当，进退失据，很快便陷入巨大的迷惑和痛苦之中。而很多事情，因为一开始没处理好，导致后来彻底弄僵。初二的时候年级里重新分了班，我的情况不但没有改进，反而更糟，因为那些调皮的男生还在我的班里，别的班级的调皮的学生又加入进来。

那时的我虽很努力，可是对学生已没有什么正面的影响力。我说的话再正确，他们也不一定听。即使他们知道我是为他们好，他们也不照着做。那时的我经常痛苦得无法入眠，我不断反思自己，哪里做错了？面对着一群处在他们一生中最叛逆时期的男孩，我体会到了黔驴技穷的感觉，也终于明白因为我一开始的"一着不慎"，而造成后面的"满盘皆输"。到了初二结束，因为我这个班级频频"出事"，学生成绩差，纪律也差，我终于被学校撤去班主任的职务。

在经历了这届学生的这番锻炼之后，我也有了巨大的提高。这届学生送完，学校让我接了一个新班。重做班主任，我已经有许多的经验教训在心头，虽然这个班级的学生仍然很调皮，但是我已能够正确地处理各种出现的问题而收放自如了。

三

"现在的学生，真是越来越难教了！"我不止一次地听到老师们这样抱怨。事实也的确如此。现在的学生成长的环境与我们那时相比已有了很大的区别。尤其是那些 20 世纪 80 年代末 90 年代初出生的孩子，当他们对这个世界开始有感知时，改革开放的成果已经初步显现，他们根本没有经历过"自力更生、艰苦奋斗"的年代，他们的价值观与以前的学生有着很大的不同。而现代社会的光怪陆离，贫富差距的进一步加大，国外思想的不断冲击，直接在孩子身上显现出影响。这种影响呈现出越来越快的速度，以至于不仅是教师与学生，即便是学生与学生之间，也都有了"代沟"。有学生告诉我，学生之间相差三届，观念便有明显的差异。许多老师都有这样的感受，每一届学生都跟上一届学生不一样，都比上一届学生难教。

然而我是不怕的。我有过教"差班"的学生的经历，有过巨大的痛苦，这痛苦转化为巨大的财富，我摸索出了新时期做好班主任工作的一些基本的原则，运用这些原则，在实践过程中，我也取得了一定的成功。

我常说，我们教师与学生交往，是要学会"斗智斗勇"的。是的，现在的学生难教，因为他们不像以前的学生那么"傻"了，他们的信息来源多，自我意识强，受传统观念的影响小，对教师的尊重也急剧减弱，教师要继续维持以前的"师道尊严"就不是那么容易了。学生更多地把自己放在一个与教师平等的地位上，而很多教师却还没有意识到这一点，他们还以为自己高高在上，因为自己是教师，学生或家长就必须尊重自己。如此思维，工作必将碰到麻烦。

我说"斗智斗勇"，正是把教师放在和学生平等的地位上的，学生虽然聪明，但是教师"智胜一筹"！碰到问题，不是埋怨，不是发火，而是动脑筋，想办法，因地制宜，随机应变，想出最佳的方法来，最终圆满解决问题。

四

这本集子的上编中收录的故事，绝大多数都是来源于真实情境的案例。

第一届的班主任失败之后，我有一年的时间没有做班主任。现在想来，那一年对我来说应当算是非常重要的一段时光，我逐渐从失败的情绪中恢复过来，开始冷静地思索从一开始就犯下的那些致命错误。我曾有过埋怨，有过消沉，也曾打过退堂鼓，可是我最终还是选择了反思。在反思中我悟出了很多道理。到今天，那些刻骨铭心的失败和错误都变成了我宝贵的财富和经验，我从心底里庆幸我挺过了那段最痛苦的时光。《倒转乾坤》所写的事情也发生在那一年。

后来再接新班做班主任时，就是完全不一样的感觉了，什么感觉呢？就好像你站在峰顶，一览众山小。这时候的故事很多，可以说，几乎每一名学生都可以写一个故事。我看学生是俯视的，总揽全局，高屋建瓴，对班级工作、学生工作，非常有信心。那段时间，我的工作效率非常高，说出来可能大家都不太相信，我这个班主任到了后期，只是在上课时才跟学生见一下面，平时根本就不去班级，可是我这个班却是整个年级里行为规范最好的一个班级。

实践篇中的绝大多数故事都来自于这一时期，如《黔驴发威》、《瓮中捉鳖》、《顺水推舟》、《激怒制怒》、《当头棒喝》、《以德立威》等等。一年之后，我被学校提拔为中层，后来做了教导主任并主抓学校德育工作。《书信斗智》、《点石成金》、《转怒为抚》等就是这段时间的故事。还有一些故事，有原型，但是也有虚构，如《移情大法》、《激怒制怒》、《刮骨疗毒》、《一立千钧》等。

有人说我喜欢用恐怖的招数对付学生，其实他们不了解我，我更喜欢的是《一声叹息》、《乍暖还寒》这样的故事。熟悉我的老师都知道我特别喜欢学生，当其他老师和我谈论起我的学生们时，我总是眉飞色舞，神采飞扬。对学生，我是从心底里充满温情的。2002年底我开始给报纸杂志投稿，第一篇被采用的是登在《班主任》杂志上的一篇题为"教师的温情"的散文。《教师博览》杂志最初登载的我的两篇小文都温情脉脉，以至于主编薛农基老师以为我是一位女教师。

五

也就在我写作《教师的温情》一文前后，我所喜爱的《教师博览》杂志上一篇介绍国内中文教育类网站的文章使我发现了k12教育论坛以及江西教育期刊社的教育论坛。我开始经常光顾它们，从开始只是读帖到为了追求积分的上升而开始发言，到后来，我也开始尝试发一些短小的帖子，和网友们共同探讨一些问题。我成了不折不扣的网虫，只是我这个网虫既不喜欢聊天，也不爱好网络游戏，就是喜欢在论坛发言，每天都惦记着我的帖子有没有被别人回复，我的观点是不是被别人认同等等。无数个晚上，我就这样在电脑前度过。

在读了大量的网友发言之后，我的头脑逐渐清晰起来。通过与网友的讨论，我对一些问题的看法更全面成熟了，我自己以前那些深刻的班主任工作的经验教训成了我最好的思想素材。发帖的人有很多都是刚做教师不久，我开始很自信地在他们求助的帖子后面跟帖发言，我像一个老手一样教他们处理一些问题的方法。在一次发言的时候，受到网友启发，我头脑中灵光一闪，为什么不把我这些方法通过故事的方式写下来？念头一旦产生，我便马上动笔，我一开始动笔，就发现，原来写文章并不是一件很难的事情。不但写一篇文章不是一件很难的事情，写很多文章也不是一件很难的事情。于是，便有了《班主任兵法》的故事系列。最初，在k12上，我是用"平和秘籍"的题目发表的，因为我的网名是"平和"。

这个系列文章一经在论坛贴出，就收到很热烈的反响。许多网友都表现出极大的兴趣，他们用赞赏的、崇敬的、好奇的、佩服的、感叹的回帖表示他们的支持。其中一部分回帖本书也收录了进来。同时，也有个别网友提出了质疑，觉得我的有些做法欠妥当，对学生"用计"似乎太过分。我的心却很平和，我知道我这些想法也只是一家之言，因为我自己也还不够成熟，在教育的漫漫长路中，我还在不断摸索。《教师博览》的主编薛农基老师慧眼识珠，特别钟爱这个系列，他决定在杂志上进行连载，这个消息让我兴奋了很久。

事情一开头便一发而不可收拾，《平和秘籍》是实践篇，我又有了写理论篇的冲动，联想到平时喜欢看的《三国演义》以及古代兵法，于是紧接着写了《学生工作中的军事思想》系列，后改名"班主任兵法"，也就是本书的下编。这个系列成了 k12 教育论坛点击率最高的帖子之一，尤其受到广大新手班主任的拥护与欢迎。许多教师把它下载打印回去之后细细研读，一些学校的校长或教导主任甚至把它印发给全校教师学习。同时，我也收到了全国各地许多网友的留言或邮件，有的甚至来自于遥远的新疆和台湾台北。不同的声音也时有发出，虽然很少，但足以让我警醒，时刻让我反思有没有脱离教育的轨道，有没有偏离正确的教育方向。

《班主任兵法》理论篇系列从 2004 年 7 月起在创刊不久的北京《新教育》杂志上连载。

六

有人问，为什么会想到在学生工作中引入"兵法"？

很小的时候，我就喜欢听传统评书，《杨家将》、《说岳全传》、《三国演义》、《水浒》、《隋唐演义》等等我都听过不止一遍。那些智勇双全的故事，从小就在我的脑袋里扎根、发芽。

长大之后，我更加意识到，许多事情，光有好的愿望是不行的，还得有好的策略，否则，不但达不到初衷，弄得不好，还会适得其反。我一直很佩服古代的将军，也很庆幸自己没有生在战争年代，因为，在战场上，你根本没有犯错误的机会，一个小小的错误就会送命，再也没有可能从头再来。所以，我觉得做教师实在是太幸福了，我曾经犯过那么多错误，还仍然能够在这里平安地总结工作的得失，我应该珍惜这样的机会。

兵法是在极其残酷的战争环境之下总结出来的法则，但是其适用范围绝不仅仅局限于战场。在教育中引入兵法更重要的是取其严厉的一面，即教育也不能犯错，教师的一个小小的失误很可能让孩子用一生去补偿。

七

毛蓓蕾老师送我的那本《小学生心理辅导札记》一直静静地放在我的案头，这本书里记载了她对学生进行心理辅导的一个个案例，我看了很多遍，毛老师对学生浓浓的关爱深深地感染着我。每一篇文章都是一份对学生的爱，那是一种大爱，让我神往目前却还没能到达的境界。同时，我也从这些案例中看到了方法，能够成功地解决那么多孩子的心理问题，毛老师其实也是很讲究方法的。这些方法，有些是普遍的原则，有些是毛老师个性化的做法。

在网上常常有老师问我一些具体的问题，比如学生上课纪律不好怎么办，学生打架怎么办？我很难给出具体回答。为什么呢？举个简单的例子吧。比如姜维问诸葛亮，邓艾带领大军来攻城，而蜀营非常空虚，没几个兵好用，该怎么办？诸葛亮能出什么主意呢？教姜维空城计吗？那是让他死！空城计也只有在诸葛亮和司马懿之间才能产生效果。换作曹仁，哪有兴致听你诸葛亮弹琴，先攻进城再说。所以说，招是死的，人是活的。我们要根据事情发生时不同的场景，不同的对象，不同的目标而采用不同的做法。诸葛亮用兵打仗，也很少用相同的计策。很多计策也是临阵想出来的。同样地，我在《班主任兵法》中的很多做法也是情急之下当场想出来的。这些做法大家可以借鉴参考，但是一定不要生搬硬套。

在学生工作中，如果说一定有什么东西是永恒的真理，那么爱学生应该是第一个吧。在爱学生的前提下，教师犯错误的可能性是不大的，即使犯了，错误的严重程度也有限。学生是敏感的，你爱不爱他们，他们一眼就看得出来，这是欺骗不了人的。如果有老师对学生恨得要死，还在跟别人讨什么招数的话，我可以说，谁也帮不了你，而且老师这个职业对你来说并不合适。在爱学生的基础上，如果想把工作做得更好一点，那么我认为研究学生的心理是很重要的一件事。《班主任兵法》里有很多招数都是心理战，大家也都看出来了。教学要研究学生的学习心理，德育要研究学生的行为心理，所谓"知己知彼，百战不殆"，不掌握学生的心理，学生已经非常反抗了，你还批评他，就如同拿着蜡烛到堆满火药的房间里去一般。坦率地说，师生关系如果搞僵，教师再怎么努力，都是瞎折腾，什么招数都没有用了，结局已经注定了。

在班级工作中，如果有什么事情没有处理好，我总是第一个反思自己的责任。人非圣贤，孰能无过？关键是吃一堑，长一智。我觉得围棋当中有一个概念非常好，那就是全局观。一步棋，当时的作用不一定马上能看出来，随着棋局的进行便会逐渐显现出来。从局部来说，甚至有可能是亏了，但对全局却有很大的帮助。围棋选手下完棋之后通常会复盘，这是个非常好的习惯。一局棋下完了，再来重新评价当时每一步棋的得失，就会看得非常清楚。哪一步是好棋、哪一步是败招，都能分析出来。虽然好像是"事后诸葛亮"，对于这一盘棋来说，没什么帮助，但对于以后的棋来说，帮助是巨大的。正因为我有"复盘"的习惯，所以"下棋"的水平才可能越来越高。

八

有一部分朋友喜欢我的故事，却对"兵法"这个词有些感冒。对此，我深表理解。

其实，如果把"兵法"换作"谋略"、"方法"、"策略"、"智慧"等词，也许更容易让人接受。我只能说，看一本书不能光看书名，而要仔细地研读内容。

当然，不可否认，这本书确实涉及到了大量兵法的思想，这与我对兵法的喜爱和研究是分不开的。囿于我个人的学识和见解，一定有些观点是偏颇的甚至是错误的，欢迎大家与我交流，帮我指正。

衷心地祝福每一位阅读这本书的人。谢谢你们。

实践篇

一 | 倒转乾坤

最厉害的招数不是用剑杀人，而是用剑气杀人。

有一年，我接了初三的两个差班。差到什么程度呢？一个班级 40 个学生，有 30 大"金刚"。这金刚称号是我私底下封他们的，果然是各有特色，千姿百态。我被他们弄得焦头烂额，幸好我心态平和，死马只当活马医，全身心地投入工作，紧张的生活就此开始。

天有不测风云，国庆节快要临近的时候，领导突然找我谈话，你道为何？原来预备年级（也就是六年级）新来的数学老师辞职考研究生去了，扔下两个班级。领导经过讨论，决定让我暂时兼其中一个班级的课。我一听大惊，这怎么行？我可分身乏术啊！领导说没有办法，因老师紧张，总不可能让老教师上三个班吧，你是年轻人，多做一点也是应该的。眼看答应也得做，不答应也得做，我脑筋一转，还是识时务者为俊杰，于是爽爽快快答应下来。领导说，国庆过后就去上课。

第一节课，我一脸杀气进教室，不上新课，先立规矩。没啥要求，只要做到以下两条即可。第一，课前要预习。第二，做错了要订正。我是这么想的，这个班，我基本就是上完课便走路，不可能课后有时间去抓他们，也不可能布置很多作业，我非常清楚我的工作重心是在另一栋楼的初三年级。所以对于这个班级，我肯定无法关心，那么如何用最少的时间取得最佳的学习效果呢？只能提高工作效率了。学习习惯很重要。我坚信，只要做到这两条，他们的成绩就不会差。

这预备班的学生毕竟还小，居然被我一吓就吓住了。加上这个班的学生比我那初三的 30 大"金刚"要好得多，我教起来还比较省心。预习作业是我每天上课必须要检查的，我要求他们不但要阅读教材新课的内容，新课后面的配套练习也要做一做。做了说明你预习了，没做说明没预习。如果教材看不懂，没关系，不用怕，告诉我从什么地方开始看不懂就行了。学生基本做得很好。订正的情况也不错。我规定凡是做错的作业都要订正在一本练习本上，起名叫"订正本"，订正本每天都要交，如果没有错误就交一本空本子上来，以便科代表统计。我要求每一名学生每次做作业要养成先订正后做作业的习惯。科代表在黑板上布置作业总是写三项：一、订正；二、作业；三、预习。我与班主任也经常沟通，每天上课前我都要提前几分钟去，先到班主任的办公室与他交流一下学生情况，下课之后也去其办公室兜一圈，向班主任介绍哪些学生上课表现比较好，哪些学生上课注意力不集中，哪些学生有进步，哪些学生最近比较反常等等。班主任同样也非常配合我的工作，有时学生上自修课，他作为语文老师甚至还布置学生做一些数学题。一个月下来，学生成绩非常稳定。期中考试竟然考了全年级第一名。

大概是期中考试大获全胜的缘故，我渐渐地对这个班级有了一些放松。加之初三的事情非常多，校长对初三年级又非常重视，我不幸还是初三年级的年级长，重任在肩，来不得半点大意。那 30 大"金刚"虽有了些起色，无奈经常反复，波动很大，我不得不把更多的时间花费在他们身上，与预备年级班主任的交流也不像原来那么多了，规章制度执行得也不是那么严了。而预备班的学生呢，对我也熟悉了，一些学生也逐渐开始放松起来。

一日早晨，我改完预备班的作业准备去上课。突然发现昨天的订正作业本只交了一半。前几日也有个别同学没有交，只怪我忽视了，没有及时批评，终于酿成今日之苦果。眼看黄河之水即将决堤，如何当机立断，力挽狂澜，我开始苦思良策。

实际上留给我考虑的时间已经是非常少了。上课的时间快到，我已开始起身往另一栋楼走去。初三办公室与预备班是两栋楼，我得从四楼下来再走上那边的六楼。所以我还有足够的时间边走边想。我没有许多的精力跟他们千叮咛万嘱咐，这次一定要给他们点厉害瞧瞧，让全班同学都印象深刻。否则今天这些人不交，明天那些人不交，我有限的时间岂不是疲于应付了？

在走上四楼的时候，我渐渐有了主意。好，今天就来这么一招，要么不出手，出手便是一剑封喉，让他这学期都忘不掉！

我开始酝酿情绪。事实上，情绪也不用怎么酝酿，我确实很生气。上课铃已经响了，我走到了教室门口。坐在门口的学生看到我的身影，小声叫道：老师来了，老师来了。班级里迅速安静下来。我微微侧身，抹了一把脸。走进教室的时候，脸上已罩了一层寒霜。

通常，上课第一件事我都是讲评作业，我会这样开始：昨天的作业大家做得很不错。全对的同学有……只错一题的同学有……学生总是听得很认真。没有被表扬到的学生还颇有一些失望。对于一些作业非常差的学生，我偶尔也会直接批评：有两位同学做得非常差，他们是……讲到这我会稍微停顿一下，眼睛看着将要被报到名字的那位学生，看着他脸上惊慌恐惧的神色，慢慢地说出他的名字。这招比较残忍，如果在你看他的时候发现他很委屈，或者可能承受不住，你可以改口，这次就不报了，下次再乱做作业，一并批评。于是大家松了一口气，上课正式开始。

这次却不同了，我铁青着脸，大步流星，直上讲台。迅速放好上课用品、作业本和订正本。我用低沉的声音说：点到名字的同学请站起来。

真正的高手在出招之前，对手已经感觉到了杀气。最厉害的招数不是用剑杀人，而是用剑气杀人。我想，这些预备班的小孩儿，此刻一定已经感觉到了我的杀气。

我拿着订正本，开始迅速地报起名来。被报到名字的学生缓慢地站起来，眼里满是狐疑的光。人一个一个站起，没叫到名字的人则坐在那儿惊疑不定。有一些学生暗中幸灾乐祸，因为他们发现站起来的人当中许多都是好学生。我一言不发只是冷冷地看着他们，每一个人脸上每一丝细微的表情都收入眼底。

名字念完了，我扫视了一下全班，已经有一半的学生站起，我甚至能清楚地听到那另一半人大喘一口气的声音。我的嘴角露出一丝冷笑，不做订正作业亏你们还松得下气来。我看着那些站着的人，他们是不安的，许多人眼里写着疑惑。大家都在猜测，他们为什么要站起来，他们究竟做了什么？

看着那些站着的同学，我的眼中突然有了一丝暖意。我说，站着的同学请坐下去。那暖意是一瞬间的，因为紧接着我的眼中又有了杀气，坐着的同学站起来！

谜底揭穿，真相大白。一半是海水，一半是火焰，生死两重天。无须赘言我是怎么批评那些站着的不订正作业的学生的了。全班学生经历了一次考验，乾坤在一瞬间倒转。我的杀气散尽之后，课正常开始。

自此以后，一直到期末，订正作业都做得非常好，期末考试，这个班的数学蝉联年级第一。

二 | 黔驴发威

> 学生对环境适应之后，师生之间的关系马上进入第二个
> 阶段。这个阶段我称之为"黔之驴"阶段。此时学生开
> 始试探老师了。这段时间对新的老师是一个极大的考验。

新学期开始了，我接了一个新的班级。有一段时间不做班主任
了，再次做班主任的时候，竟然有一种冲动。小孩子还没有来校，我
就在摩拳擦掌，跃跃欲试了。

8月底的时候，预备年级的新生来报到了。根据安排，他们将要
进行三天的军训，在这三天里，同时也要进行校规校纪的教育。班主
任要全程陪同他们。

军训这件事，很多教师不以为然，我却是很赞成的。刚考进大学
的时候，我曾经历过一年军训，对军训自然有些感情。不过对预备年
级的小孩子来说，要求不必那么高，意思意思就行了。其实就是意思
意思，也足够给他们留下一些深刻的印象了。

暑假里我家访过绝大部分的学生，对他们多少有一些了解。新班
级组成的第一天，我在自愿报名的基础上，选择了一男一女两名我感
觉有一定能力的学生作为临时的正、副班长。同时向全班宣布：一个

月之后正式选举班委。

预备年级新生共四个班，其他几个班级的班主任都是有一定经验的女教师。看着她们一丝不苟的样子，我想是不是跟我较上劲了，想在起点上超过我，好啊，没有问题。我是这个年级的年级组长，她们认真工作，我从心底里高兴。

军训是全年级一起进行的，教官给学生练队列的时候，我和几位班主任站在一边观看。她们以前没有和我在一个年级共过事，只是听说我有些名头，都想看看我有什么本事。只是，我让她们失望了，我能从她们脸上看得出些许失望的表情。我倒没有刻意隐瞒她们，因为这两天在班级管理上我确实没有做什么事情。

军训的最后一天是会操，早晨在教室里简单跟学生们讲了几句话之后，就出来排队去操场。兴许是要会操的缘故，孩子们有些兴奋。排队的时候有些吵，往操场走的时候队伍也不够整齐。另外的几个班级则明显比我们班好得多。由于班主任经常提醒的缘故，他们的队伍既安静又整齐。军训带队的老师走在我的旁边，小声地跟我说：你这个班的孩子好像比其他班的调皮。我笑了笑，说，是啊，重任在肩哪。

军训很快结束了，大家融入了新学期开始的紧张忙碌生活之中。办公室里人进人出。其他几位班主任的办公桌前人来人往，川流不息，独我这里冷冷清清。看着她们认真布置工作，努力管理班级的样子，我的确很欣慰。这是几位还比较年轻的老师，多一些这样的老师，学校才有希望啊。偶尔我也会帮她们出出主意，她们有时也会问我的班级怎么不烧"三把火"，我说，别急，我一个月后才进行班级选举。

我是有些厉害的名声的。学生已经向上届的学生打听过了，知道我叫"恐怖老师"，所以他们对我很是敬畏。但是这次事情非常蹊跷，他们做好了迎接恐怖老师的准备，恐怖却迟迟没有来临。

事实上，我哪里像个恐怖老师啊。我谈笑风生，诙谐幽默。我从不发火，对学生的过失宽容无比。有时候与学生谈话，也是以非常平等亲切的口吻。我的脸上总是带着微笑。随着时间一点点过去，学生的紧张、不适以及戒备也一点点消失了。

学生对环境适应之后，师生之间的关系马上进入第二个阶段。这个阶段我称之为"黔之驴"阶段。此时学生开始试探老师了。这段时间对新的老师是一个极大的考验。黔本无驴，有好事者船载以入。老虎以前从没见过驴，结果初次见到驴的时候疑为庞然大物，驴打个喷嚏老虎也要没命地逃窜。后来时间长了忍不住要去试探，试来试去发现驴子根本就是废物一个，于是驴子的末日来临。其实倒也不是学生有意要试探老师，班主任和学生整天在一起相处，每天难免会发生一些事情，在一些事情上面师生之间无疑是有交锋的。几个回合下来，一旦学生发现你老师"技止此耳"，那老师就大大地不妙了。

我明显感到了学生的试探。这段时间，在班级的管理上，我基本采取简单应付的做法。一个月的时间是短暂的，我不必担心会出什么大事。因为即使是一些比较调皮的学生，在一个陌生的环境之中，和陌生的同学和老师在一起生活，也不会一下子就暴露其本来面目。

试探是全方面的，有时候发生一起突发事件，全班同学都会很关注你老师怎么处理。我通常都是大事化小、小事化了。有时候，有学生也会向我反映一些不好的现象，我通常都是全部听进，但没有任何行动。如果实在牵涉到其他同学或老师了，我就轻描淡写地做一些处理。大部分时间，我是少做少说，当然，两只眼睛是一刻也没停止过观察。

我想有些学生大概是把我当作黔之驴了，我要的就是这个效果。否则，我怎么看清他的本来面目呢。今天这个事情没处理，明天那个事情也没有处理，有几个人就开始得意了。而一得意就忘形，一忘形，就会不加防备地做一些事，就把他的真相全部暴露出来。

我开始听到班级里一部分女生的"微辞"了：

"几个男生好几次犯错误了，老师怎么都不管！"

"还有什么错误我不知道？"我会很"虚心"地问她们。

"有人在背后说你坏话呢！"

"哦，说什么？"

"他们说你一点都不恐怖，还有人说你一点都管不住那些男生。"

"是吗？"我笑笑，"那你们觉得我恐怖吗？"

"一点都不恐怖。老师你有点像个弥勒佛。"

一个月的时间马上就要到了，对班级学生的初步观察也基本上结束了。而我，对每一名学生的情况也已基本做到心里有数。网撒了那么长的时间，该开始收了。

我开始找班级的每一名学生谈话，讲我对他这一个月观察的结果。告诉他这段时间他做了哪些比较好的事情，参与了哪些不好的事情，告诉他我觉得他身上哪些品质是可贵的，还有哪些缺点需要花大力气克服。对不同的学生，我谈话的方式会稍微有点区别。我从比较好的学生开始谈起，对一些有领导和组织能力的学生，我也表达了鼓励他们参与班级竞选的想法。那几个调皮捣蛋、"作恶多端"的学生，我把他们留到最后。

和他们的谈话，我是非常严肃的。我有一本小本子，上面把这一个月的各个学生的表现记得清清楚楚。与其他学生的谈话，我通常都从谈优点开始。但是对那几名"调皮大王"，我开门见山，单刀直入：某日某时，抄了一次作业；某日某时，骂过某同学……事无巨细，毫不含糊。每说一件事，都要问属实吗？铁证如山，必要让他点头。等到他像霜打的茄子一样耷拉下脑袋时，我不忘记给他指明一条出路。哪些错误，是必须要秋后算账的，太严重了，必须要在班级作检查；哪些错误，去向别人道个歉，则不予追究；哪些错误，暂时记着，若是从此改正，便既往不咎，若是再犯，从重处罚。最后问他同意不同意。同意之后，再适当给点抚慰。告诉他他身上有哪些品质老师还是很喜欢的，开学初也做过几件好事等等。

我火眼金睛，明察秋毫。数日之内，所有旧账，一并了清。而同时，第一任班委的选举也正式展开。

在新的强有力的班委选出之后，班级管理走上光明大道。办公室里其他班主任的桌前依然是人来人往，热闹非凡。我的则又恢复了往日的冷清。

三 | 以德立威

一个曾当面顶撞你的学生，如果成为一个当面尊敬你，背后也维护你的利益的人，你的威信想没有也困难了！

自从我黔驴发威之后，班级一片太平盛世景象，学生安校乐学，各科成绩皆稳步上升。我这个做班主任的，看在眼里，喜在心头。

一日，我去班级上课，走进教室，就发现有人在争吵。定睛一看，原来是"小个子"杨良在舌战群儒呢。原来上节课是一节副课，杨良纪律不好，与老师顶撞，老师比较生气，批评了班级，这下班长副班长不干了，下课之后责怪杨良让班级受批评。这杨良百般狡辩，推卸责任，一会儿说老师不公平，一会儿说其他同学上课也不好。全班同学见到我来，纷纷围了过来，一时七嘴八舌，我一听便十分清楚。这杨良何许人也？小学的时候即是班级有名的"调皮大王"，毛病特别多。当初招生时，我记得一开始是不要他的，后来不知他母亲使了什么障眼法，竟让他混入我班。班长告状之时，杨良拼命抵赖，无奈邪不压正，我尚未表态，杨良同学已成全班千夫所指。于是，我说，杨良，你看全班同学都在批评你，总不会大家串通好的吧。我说这话时态度缓和，并不是很严厉。不料意想不到的事情发生了，杨良突然间发起飚来，只见他小胸脯气得一鼓一鼓的，两眼圆睁，把桌上的书狠命地往地上一扔，嘴里说着，你们就是串通好的，你们什么事情都怪我，我无论做什么都不好，我不要在这个班级读书了，也不要在这个学校读书了……一边说，一边向门外跑去。

这平地一声雷把我给打了个措手不及。我和全班同学愣在那里面面相觑了十几秒钟。还是我先反应过来，对两个班长说，赶快去把杨良追回来。说完，我先跑了出来。感谢我们学校尽忠职守的"黑猫警长"，杨良在学校大门口被拦了下来，并被劝进了传达室。解铃还须系铃人，我对随后赶来的两位班长说，上课铃已经响了，我得先回班级上课，你们去劝劝他，把他劝回去上课，记住一条，不要再批评他了，就说大家都希望他回去。

我是不担心这两位班长的能力的，尤其是这位女同学正班长，比其他同学要大一岁，初中的女孩本来就比男孩成熟，我们这位班长更加成熟。果不其然，我在教室里刚上了几分钟的课，班长就领着杨良回来了。那杨良低垂着脑袋，脸上的泪痕还没干，我示意他坐下。他很清楚刚才的举动过于冒失，心中有一些惴惴不安。在这样的时刻，我需要说两句话。该说什么呢？事情很清楚，是杨良的错，全班同学是对的，但杨良又是个冲动的孩子，在刚才冲动的时候他又说了过分的话，如若我不能让他心服，下次可怎么管住他啊？我略加思索，对全班说，首先我们要感谢两位班长，他们很有责任感，是他们把杨良同学给劝了回来；杨良同学也能及时控制自己的情绪，回来上课。上一节课的事情，我们课后再来讨论谁对谁错，在这里有一点我想请大家考虑一下，如果全班所有人都批评你，你的感觉是怎样的？你能承受得了吗？大家一定有过这样的体会，如果你去办公室，所有的老师都批评你，你也会难以接受的。讲到这，我注意到很多同学不自觉地点头。我接着讲道，所以，这一次杨良同学虽然犯了错误，跑了出去，但这个错误是可以原谅的，大家说是不是？如果我们欢迎杨良同学回来的话，我们大家就一起鼓掌表明我们的态度。我的话毕，全班同学都鼓起掌来，在热烈的掌声中，我看到杨良的脸上现出了激动的神色。

在接下来的课中，杨良听得特别专注，虽然他没有举手发言，但是从他坚定的目光中我能看出来，他已经对我口服心服了！

我曾经苦苦思索过这样一个问题：如果有学生当面与你发生冲突怎么办？如何能够保持教师的权威？是让学生当面向你道歉吗？错！即使你处罚了他，他还是可以在背后说你的坏话，你的权威一点得不到保证。放过他吗？下次再来一个同学如法炮制怎么办？后来，我自己终于逐渐认识到，最好的办法，是以德立威。一个曾当面顶撞你的学生，如果成为一个当面尊敬你，背后也维护你的利益的人，你的威信想没有也困难了！

在杨良最孤立无援，四面楚歌并且已经做出不顾后果的事情的时候，我及时地伸出了援助之手。我保全了他的颜面，也给了他下台的阶梯。那一节课的感动他是会永远铭记于心的。所以当事后，我严肃地批评他上课不守纪律以及不服从班干部管理的错误时，杨良非常诚恳地低头认错，并写了检查。同时，对全班同学来说，我也给他们上了宽容待人的生动一课。

四 | 一声叹息

> 我被深深地触动了，在老师眼中的不好的学生在同学眼中竟是最可怜的人！我暗暗地在心里发誓，无论邓婕今后的表现再怎么不好，我都不会对她说一句重话。

邓婕是个美丽的女孩。特别文静，可笑起来一脸的灿烂。

我第一次去家访，她的父母非常热情地接待了我，她一个人躲在房间里。她的父亲比较谦和，母亲却话锋犀利，讲了很多对学校教育的看法。谈了一会儿，谈起邓婕会弹钢琴，她的母亲说，让邓婕给老师弹一支曲子吧。我兴致盎然地同意了。没想到，邓婕却满心不情愿，磨蹭了半天，只弹了一小段，就推托没有乐谱，记不得怎么弹了，弄得大家都有点扫兴。我告辞的时候，邓婕仍躲在房间里，没有出来，她的父母也同样没有勉强她。这件事在我的心头留下了一些阴影。

开学之后，邓婕很快融入了新的集体。虽然她的成绩在班级里属于中等偏下，但是她很快乐。她有一些朋友，下了课就在一起玩，有时候在教室里说话还特别的大声。她喜欢唱歌，爱好跳舞，也是偶像明星的热情追逐者。看着她的表现，我的心里却始终有一丝狐疑。

初一的女生正是花朵绽放的季节，邓婕喜欢上了初三的一位男生。他是校学生会的主席，非常优秀的一个男孩。每次在寝室里谈到他时，邓婕都是眉飞色舞，毫无羞涩。男孩喜欢打篮球，邓婕便经常去球场；男孩组织的学生会活动，邓婕总是很积极地参加；要春游了，邓婕会问，是不是和初三一起去，如果得到肯定的答复，她会兴奋不已，一宿睡不着觉，虽然第二天也就是远远地看男孩一眼。这些都是邓婕的好友告诉我的。只是，男孩在毕业班，功课很紧，邓婕虽然外向，也只能够暗暗地喜欢他。男孩一直到毕业的时候，都不认识初一那个喜欢他的邓婕。

邓婕的成绩是初二的时候急转直下的。以前虽然不好，也还有七十来分。初二开始之后，却连开红灯，一个接着一个。随着被老师们一次次地叫到办公室训话，邓婕逐渐变得沉默了。到后来，邓婕干脆就来个徐庶进曹营—— 一言不发。等到老师训完话之后，她也就面无表情地离开。回去之后，外甥打灯笼——照旧（舅）！此时我已经不是她的班主任了，但仍然教她数学。我暗暗地纳闷她小小的心灵怎么会有那么大的承受力。

由于成绩倒数，邓婕的位置被调到了最后一排，她一个人坐。邓婕的脸上彻底失去了往日的欢笑，她愈发沉默寡言了，由于走读的关系，和同学的交往也很少很少了。一朵正在开放的花朵完全地收起了花苞。在学校里我因为还有很多其他工作，通常上完课就离开，留在初二年级组的时间很少。我注意到邓婕的数学作业逐渐做得很差，碰到稍微难一点的题目就不做。科代表通常是晚自修结束就把作业收好交到我办公室，邓婕由于走读要第二天早上才能交作业。可是，当我早上去上课，走到她座位前问她要作业时，她总会愣在那里一会儿，然后转过身去到书包里去拿练习本。拿出来的练习本常常是空白的。我轻声问她：为什么没有做？太难了，其他作业很多的。她的眼睑低垂着，我看不到她那双清澈的大眼睛。我能说什么呢？说我问过其他老师了，他们说你其他作业也没完成？我不能，她的心收得紧紧的，我不忍再刺激她。我叹了口气，轻轻说了声，尽快补起来。她似乎是答应了，低着头收拾上课的东西。

对于邓婕的变化，我曾问过班主任，班主任说她父母在帮她办澳洲移民呢，所以她不要读书了。我说这事我知道啊，初一的时候就办了，好像要等很长时间的，而且我也问过她什么时候走，她说要初三读完才走啊。那大概是她知道国外读书很轻松的，现在学的东西到那边读高一已经够了吧。那么，你跟她家长联系过吧？我问道。当然联系过了，她妈妈可凶呢，每次去告状，她都说很多学校不好的话，现在我已经不大敢跟她妈妈说了。我很同情班主任，我以前就尝过她妈妈的厉害，当然能体会班主任的感受，她只是个年轻的姑娘，也已经尽心了。可是我心中仍然止不住地怀疑。

邓婕又被班主任叫到办公室里补功课来了，她显得很小心翼翼，可是面无愧色，老师的批评有些刺耳，可是她表情如初，毫无哀怨。看着她那清澈、无辜的大眼睛，我无法多说什么，只能一声叹息。

一天晚上，我在学校附近的小吃广场吃完晚饭要走的时候，意外地发现了邓婕的父母。他们也看到了我。我只好过去寒暄一番。谈话的主题自然是邓婕。我不太敢说邓婕在学校不太好的事情，因为我担心会马上引来她妈妈的抱怨。于是我先下手为强，便问邓婕在家里表现怎么样，哎，我没想到听到的竟是她母亲的一声叹息，女儿养这么大，越来越不听话了，说什么都不听，还跟你对着干。现在每天回家，吃完饭就把自己关在房间里，也不跟我们说一句话。这孩子，现在脾气特别犟，我都不敢说她了，让她别吃饭马上就不吃饭回自己房间。"你有时也太急了点。"邓婕爸爸在旁边插嘴道。我一听就明白了，我明白邓婕为什么老师怎么批评都面无表情，既无愧色又无怒色了，老师发火哪赶得上她妈妈呀！原来在家里早锻炼出来了。我劝邓婕妈妈心态平和一点，不要那么着急。女儿虽然现在暂时不好，但还是有很多可爱的地方，你把她逼急了，结果可能比现在还要糟。邓婕妈妈点点头。对于女儿，这位做妈的看来也是走投无路了。我安慰她：以后在家里少发点火，你女儿长大了说不定很有出息呢。

临走的时候邓婕妈妈转而求助于我。说以前邓婕回来总说万老师你怎么样怎么样，万老师以前每次和学生搞活动，她都会回来说。现在话少了，可是有时候心情好的时候也说万老师今天对她说了什么。小孩子心里想什么，我一点都不知道，你和她还接近点，你帮我们开导开导她吧。在邓婕妈妈紧接着抱怨学校为什么不多搞一点师生共同参与的活动时，我就在心里暗自庆幸，还好我没像其他老师那样严厉批评邓婕，我只有一声叹息。

我开始经常有意识地对邓婕微笑了，我希望看到她脸上欢乐的表情。当邓婕再次不做数学作业的时候，我也只是轻轻地问她，什么时候能补好？她会回答，中午。于是我中午再去找她。会有两种可能，一种是补好了，我就肯定她，同时和她一起总结只要抓紧时间作业还是能做好的；另一种结果是仍然没有完成，这时候邓婕会若有所思地说，哎呀忘了。我就问，那么什么时候能做好呢？她会回答，晚上。就这样，邓婕的作业虽然交得迟一点，毕竟还是做了。见到其他老师，她仍然是一副面无表情的样子，而见到我，她会表露出一些正常的喜怒哀乐。

一天和几个学生闲聊，我突然问学生一个问题，你觉得我们班上谁最可怜？学生说，赵薇最可怜。我问为什么，学生说她家在外地，住在上海亲戚家里，经常哭。我点点头说是蛮可怜的，还有呢？还有邓婕也很可怜，她经常被老师批评，而且她还有一个很凶的妈妈。是吗？怎么个凶法？我很好奇地问。我们每次打电话去，她妈妈都很凶地问我们很多问题，还不让她出来跟我们玩。邓婕说她回去不睬她妈妈的，只跟她爸爸说说话。她爸爸要不在家她就什么话都不说。

我被深深地触动了，在老师眼中的不好的学生在同学眼中竟是最可怜的人！我突然间很同情起邓婕来。十三四岁的年龄，本来应该是无忧无虑的幸福时光，可是她无论在家里还是在学校里都要承受那么大的心理负担，都要把自己的心锁起来！我暗暗地在心里发誓，无论邓婕今后的表现再怎么不好，我都不会对她说一句重话。

我和班主任商量，把邓婕的位置从最后一排调到了第一排。上数学课时，邓婕常常听得非常认真，碰到一些简单的问题，她会主动举手要求回答。有时候，她的回答很荒谬惹来其他同学的大笑，我会肯定她的思维中合理的地方，请她坐下来再想一想，听听其他同学的回答。对别人的笑，我是不用担心邓婕的心理承受能力的，相反，我反而担心别人刺激她，她没有反应。有时候讲完一道题，我会问一下邓婕，听懂了吗？她会很清晰地回答，听懂了，或者，好像还是不太懂。

邓婕的数学成绩虽然还是不及格，但是已经能考四五十分了，碰到简单一些的卷子，也能考及格。有时候作业做得好，我会在后面写上几个字：作业有很大进步!! 以资鼓励。邓婕的作业也基本上能按时交了，有时候没做好，经过我提醒也能补好。

我和其他的任课老师也交流了对邓婕的态度，特别提到了她的家庭。语文老师也说她发现邓婕吃软不吃硬，特别爱听表扬，听了表扬之后会非常陶醉，一点都不含蓄。以前的邓婕一点一点回来了。

还有两个礼拜就要期末考试了，全班同学都开始认真复习。周一的早晨，我意外地发现邓婕的作业没有交，我去教室里问她的时候，她偏着头说，老师，我回家之后才发现作业本忘在学校了。声音竟然还有些快乐。我怔怔地看着她，没有说一句话。我想邓婕一定看到我脸上失望的表情，我的脸上挂满了失望。我叹了一口气，转身就走。

邓婕悄悄地把作业补好了。接下来的日子，邓婕见到我，会特别地乖。我去上数学课的时候，有时候会去得早一点，尽管上课铃还没响，邓婕看到我，会马上坐好拿出数学书看起来。作业的字也比以前工整了，有个别难题确实不会做，会在旁边写上一句话：老师对不起，不会做。我不发表任何评论，但是，从其他老师反映的情况来看，邓婕确实明显认真了。

期末考试的成绩揭晓了，邓婕每门功课都考及格了，数学还考了70多分。学生返校拿成绩报告单的时候，邓婕很快乐。那朵曾经紧闭心房的花儿又开放了。我问她，你妈妈对你的成绩满意吗？她调皮地说，妈妈批评我了。我问，怎么批评的？妈妈说，别人都是"一课一导"，我是"一学期一导"！

新学期再次来临的时候，我问邓婕，新学期你有什么打算？邓婕很认真地回答：我要"一课一导"。她的幽默感染了我，我笑着说：好啊，可不能像上学期那样，"一学期一导"了。

一个普通的早晨，我去班级上课。上课铃还没有响，很多同学坐在座位上聊天。看到我来，许多人都拿出数学书来，我朝着邓婕走去。邓婕也拿出了数学书。我停留在邓婕后面的一位同学那里，她昨天生病没有来。我关切地询问她的病情，嘱咐她以后要多注意自己的身体。女学生并不是很认真地听着。嘱咐完了之后，我又朝别的同学走去。在我的背后，我听到了邓婕的声音。她是在跟那位女学生说话呢，她的声音那么快乐：你看，万老师多么关心你呀，你可一定要好好学习数学啊！

我微微怔了一怔，像是触电了一样。邓婕的简单快乐感染了我，那一刻，我被巨大的幸福包围。

五 | 当头棒喝

对于全班同学来说，这是极其难忘的一节思想品德课。

学校里每周给班级安排一节自修课，本来我是让学生上自修的，后来发现效果不好，预备班的孩子，作业并不多，很多人都浪费掉了。于是我对他们说，从下周开始，我给大家讲一点中华美德的故事吧，大家都是中国人，咱们国家的传统美德得了解。学生们都很欢迎。我从图书馆里借了几本书，虽说增加了备课量，但是这样的事情多做点我也很乐意。

每次讲完一个故事，我都会组织学生讨论，请他们谈自己的感想，谈自己的亲身经历。学生都很有兴趣上这样的课，比上数学课还全神贯注，还要投入。我自己也常常受到启发。一次，我在讲一个美德小故事，快讲完的时候，意外的事情发生了。坐在最后一排的王小龙，突然说出了四个字：先奸后杀。

课堂宁静的气氛一下子凝固了，我几乎不相信自己的耳朵。抬眼望去，王小龙正坐在那儿傻笑呢。最近两周来，班级里有个别男生出现了说脏话和粗话的不良现象，其源头就是王小龙。王小龙来自外地，以前的学校风气不好，说脏话粗话成风，王小龙已经养成习惯。其实为这个事我在班级里也讲过，找王小龙也谈过，他的认错态度也很好，怎么今天会突然冒出这句话？

全班同学的眼光都转向王小龙，他还在咧着嘴傻笑着。我这个故事其实没什么呀，只是主人公是个小女孩，也不知他在想着什么。才十二三岁的小男孩，似懂非懂的年龄，在这样的一个开放的社会中，沾染了一些不好的思想。这王小龙，还真是一个缺心眼的孩子，你有思想活动也不能当众说出来啊。在这样的时刻，他给我出了一个难题。

难题是明摆着的。教室里一片肃静，所有的眼睛都看着我。在那电光石火之间，我必须要作出决定，所有人（除了王小龙）都在看我的反应，我的态度至关重要，成败在此一举！

我放下了书本。是使出我变脸绝技的时候了。我低了一下头（实际上只是低了一下眼帘），我在心里默默地说，对不起了，王小龙同学，是你逼我的。再次抬起眼的时候，我的眼中已是精光暴射。我压着嗓子，说出两个字：出去！

这次轮到王小龙震惊了。他的嘴张在那里，已笑不出来，因为我变脸变得太快，他一时无法适应，两腮上的肌肉还有些抽动。全班的眼光又一次集中到王小龙身上，王小龙像怀疑自己听错了一样，坐在那儿一动也不动。

出去！我看着王小龙的眼睛坚定地重复道。我神情凝重，咄咄逼人。王小龙一点点露出恐惧的表情，只是时间太短，他脸上的笑容竟还没有完全消失，他坐在那，不相信这瞬间变化的现实。

我走近了一步，我要让他绝望：再不出去，我们要找人"请"你出去了。王小龙羞愤交加，一点点站起身来，在全班同学的注视下，慢慢地走出教室。在他走到教室门口的时候，我用极为严厉的声音说：到洗手间去，把你这张嘴洗干净！下次再让我听到你说这种话，我就不让你进这个门！！！

王小龙消失在门口之后，我恢复常态，平静地对大家说，好好想一下刚才我讲的故事，给大家 5 分钟的准备时间，待会儿我们来讨论。

说完，我走出教室，我左右望去，王小龙靠在教室门外的墙上，目光呆滞，两行清泪顺脸而下。我严肃低沉地对他说：知道你今天的错误吗？他点点头。这个问题我以前提醒过你吗？他点点头。那为什么今天还要讲？而且还上课讲，明目张胆地讲！我一瞬间提高了音量。王小龙全身紧缩，说不出话来。我放低声音，今天老师再给你最后一次机会，你如果能保证以后再也不讲这种话，你就进教室，如果不能，你就永远站着。说完，我转身回了教室。

王小龙在众目睽睽之中，眼泪汪汪地回了座位，关于刚才的事情，我和他一句话也没说，大家看着我们，亦说不出话来。接下来的讨论，所有的人都很拘谨，远没有以往热烈。王小龙则一直呆坐着，直到下课。

对于全班同学来说，这是极其难忘的一节思想品德课。从此以后，说粗话脏话的现象在班级里销声匿迹了。

六 | 敲山震虎

其实人最恐怖之事不是死，而是等死。

年级里有一男生，名曰周星星。此人反应极快，接受能力一流。学习却不踏实，总喜欢卖弄小聪明，且自高自大，不把别人放在眼里。老师指出其缺点，他左耳进，右耳出，依然故我。成绩中上，若偶尔考试成绩居班级前列，则洋洋得意，沾沾自喜，卖弄不已。

周星星上课比较活跃，听讲认真，但纪律散漫，屡说不听。对老师也缺乏应有的尊重，常常阳奉阴违，表面一套，背后一套。只是他所犯皆为小错，我又不教他，也就懒得理他。也真是机缘巧合，有一个礼拜我在他们班代课，我们有了近距离接触的机会。

这日下午上课，正是春暖花开季节，学生昏昏欲睡。我也难以打起精神，讲了一会儿课，发现全班许多同学走神，周星星也在发呆。我眼珠一转，何不乘机敲打敲打此人。主意既定，便继续慢慢悠悠讲了两句话，突然间问了一个问题。问毕，马上点名李德华回答。这李德华乃周星星所在小组的最后一名学生。李德华晕晕乎乎站起来，题目尚未听清，还在发愣当中，我迅即说：前面一位。坐李德华前面这名学生恍恍惚惚站起来，嗫嚅道：老师，没听清题目，能不能再说一遍。我心中冷笑，脸上却毫无表情：前面一位。

列位看官，你再看这小组其他学生，皆已惶惶不可终日也。周星星也在其中，小声问其他学生，什么题目？我哪能给他这个机会。每名学生只要犹豫两秒钟，随即就是下一位。说时迟，那时快，马上就轮到了周星星后面的陈孟达。这陈孟达自然也是不知。周星星坐得笔直，完全放弃抵抗，只待我手起刀落，将他斩于马下。

我要这么快就斩他，也枉费了我"恐怖老师"之名头。其实人最恐怖之事不是死，而是等死。周星星平日里行为狡猾，言语乖张，我可不能让他这么轻易就"死"。

话说就在周星星等死之际，我突然刀锋一转，叫道：左边一位。左边之人乃是李艳芳，这李艳芳毫无准备，突然被叫起，嘴巴张了两张，说不出话来。周星星本以为已是必"死"之人，不料峰回路转，劫后余生，精神为之一振，脸上露出欢喜的表情。不待他细想，我又说：前面一位。前面这人乃是周星星同桌。周星星发现危险并没有远离，复又紧张起来。待听到我紧接着往前叫去，复又松了一口气。

诸位想必已经猜到我下一个会叫谁了。对了，就是周星星前面那人。待到周星星被团团围住之时，我这司马昭之心，已是路人皆知了。再看周星星，在短短一分钟之内，一惊一乍数次，早已灵魂出窍。如今在那包围之中，坐立不宁，哭也不是，笑也不是，脸上一阵红一阵白的。眼见目的达到，我令旗一挥，所有站立之人，全部坐下。

我冲周星星微微一笑，心道，初次相会，今日暂且放你一马。只是谅你以后也不敢放马过来。那周星星自此以后再见到我时果然恭恭敬敬，少有巧言令色。此是后话，暂且不表。

七 | 以巧敌力

> 我本来是不大相信因果循环一说的，可是，这一次，我真的信了。

做班主任的最怕什么事呢？是班里的学生出现了伤害事故。现在的孩子都是独生子女，随便什么地方磕磕碰碰了一点，对他的家庭来说，都是一件大事。这回可不，这样的麻烦让我给遇上了。

一个礼拜四的下午我正在办公室批作业，一名学生匆匆跑来说，老师，出事了。我心中一惊，脸上却不动声色。原来，课间休息时刘雄伟在打乒乓球，邻班的周星星跑来抢台子，刘雄伟赶了几次没赶走，一时性起，抢起球拍，照着周星星就是一下，周星星抬手去挡，球拍打到肘部，只听"咔嚓"一声，周星星半条胳膊就不能动了，马上送到校医务室，学生来向我通报之时，认真负责的校医已初步判断为骨折，送到医院拍片子去了。

这刘雄伟乃我班最壮最肥的一名学生，才预备年级，身高就1米78，体重80公斤，平时就经常惹是生非，这次，更是闯下了弥天大祸。我把他从班级里拎到办公室，刘雄伟自知犯错，一副垂头丧气的样子，我让他把事情经过写出来，刘雄伟一边写一边嘟哝着，我也没怎么用力，没想到他这么不经打。我说，你也不看看你这身材，你一个人顶人家两个人，你没用力，人家已经骨折了，你要一用力，还不把人给拍死！

周星星从医院回来的时候，已经是胳膊绑着石膏缠着绷带挂脖子上了，唯一有点幸运的是他骨折的是左手，右手尚活动自如，所以作业还能做，对学习无甚大的影响。刘雄伟的父母当晚就被我请到学校，他们都为发生这样的事感到遗憾，并表示愿意支付医药费。同时他们对周星星也进行了慰问。我对他们说，这件事已经发生了，能否顺利解决取决于两点：第一，两周后周星星去医院复查，看是否恢复良好，这是最关键的；第二，周星星的家长是否能够原谅此事，对于这一点你们要做好心理准备，人家家长有一些想法也是正常的，当然我们学校也尽量帮你们协调这件事。刘雄伟的父母感谢着走了。

晚自修结束以后我把周星星送到生活部，向生活老师做了交代。我严肃地对刘雄伟说，周星星的生活起居你来负责。刘雄伟点头如啄米地答应了。我让周星星的班主任把这件事向其父母做了通报，告诉他们学校已经及时作了处理。周星星的母亲当晚就赶到学校，虽然她是又心疼又不满，但是看到儿子满不在乎的样子，学校各方面的做法都很到位，所以也没说什么。可是我知道，真正的考验还在后头。

第二天就是周五，学生要回家了。周星星的班主任比较年轻，没什么经验，我是年级组长，肇事者又在我班，我理应挑起重担。我让班主任把我的电话给周星星，告诉他回去后有什么事可以和我联系。

果然，星期六的下午，周星星的爸爸给我打了电话。在电话中我就能感觉到他不满的情绪。周星星爸爸带周星星到另一家大医院重新做了检查，检查的结果说周星星的骨头没对齐，又重新对齐上了石膏。我说不太可能吧，我们去的那家医院也是上海市二级甲等医院，可能周星星好动，他自己也不太当回事。周星星爸爸也没有在这件事情上纠缠下去，他只是很严肃地告诉我，他打算下周来学校一次，他希望刘雄伟的家长也能来，由学校出面牵头，大家坐下来谈一谈。我初步把时间定在了周二的中午。

正是"来者不善，善者不来"啊，我算体会到了。周星星的班主任告诉我，她从来没见过周星星的爸爸。据周星星妈妈讲，他在外面做生意，很忙。班主任家访时，他爸爸也不在家，开家长会也都是他妈妈来的。但是，从对周星星的管教来看，他爸爸脾气比较急躁。周星星班主任跟我商量对策，我说，不用怕，关于安全问题学校一直是强调的，这又是课间发生的事情，我们事后又采取了及时的措施，所以学校是不用负什么责任的。再说这件事周星星也是有责任的，是他先挑起的事端，刘雄伟父母的态度也是蛮好的，这件事不会有什么大的问题。现在你唯一要做的就是要找几个同学照顾好周星星的日常生活，特别是让他那条胳膊别随便乱动，那条胳膊恢复得好坏可是这件事情的关键啊。那么，周二中午我是不是也要来参加？刘雄伟的父母你已经通知过了吗？班主任问。你当然得来，你不用说什么，你就坐在那压压阵脚。我笑着说，至于刘雄伟父母嘛，我已经通知了，我让他妈妈一个人早点来。为什么？两个家长一起来不是表明更重视吗？班主任问。到时你就知道了，我自有主张。我卖了个关子。

星期二中午，刘雄伟的妈妈很早就来了，我对她面授机宜：待会儿周星星的爸爸来了之后呢，他一定会比较生气，人心都是肉长的嘛，我相信你能理解，所以无论他说什么，你都态度好一点，他发完火就好了。诸位，你道我为何只请刘雄伟妈妈来？原来这刘雄伟的妈妈长得非常漂亮，加上保养得好，看上去就像 30 岁左右。周星星的爸爸尽管火气大，毕竟是个男子，见到漂亮妈妈必定有力发不出。要是刘雄伟爸爸来，两个大老爷们碰到一块儿，结果如何我就无法控制了。

周星星爸爸来了之后，事情果然如同我预料的一样，刘雄伟妈妈态度非常诚恳，连说这件事是因为我们教子不严，家长是有责任的，给你们添麻烦了表示抱歉，周星星复查的医药费我们也愿意承担云云。刘雄伟也低眉顺眼地站在旁边。周星星爸爸我是第一次见，第一感觉就是与周星星妈妈的和善相比，完全是两个极端。只是，碰到这样的情况，他还真发不出火。刘雄伟妈妈讲完之后，周星星爸爸也讲了一些，大意是事情已经发生了，如果最后完全恢复，小孩子没什么影响那是最好了，他也不是存心要找麻烦。接着话锋一转，开始抱怨上个周末的艰辛，家庭的整个计划被打乱，造成诸多不便等等，讲到心痛处，不禁又恨恨地对刘雄伟说，你这么大个子，我们家周星星怎么就惹着了你，你下那么大力气去打他？刘雄伟委屈地说：是他先惹我的，他还一直骂我打球像猩猩一样，还用脚踢我，我忍不住才打他的。周星星爸爸一皱眉，居然有这样的事？我一听，就知道周星星在家里没讲实情，而他爸又偏听偏信了，马上示意班主任去把周星星找来。周星星来了之后，他爸爸把刚才的情况问了他一遍，周星星承认属实。把他爸爸给气的，当场就批评周星星，还说出了谁让你先惹别人的，被人家打了也活该这样的话。

我适时地把话题转移到关照周星星如何保护他这条受伤的胳膊以便早日康复上来，并当众嘱咐刘雄伟在宿舍里要照顾好周星星以将功赎罪，刘雄伟的回答也很令人满意。周星星爸爸结束谈话的时候和我们都握了手，麻烦你们了，他对我们两位老师说。然后，他把周星星叫到一边，说了一会儿话，大概是火气憋在心里难受，又发泄了一通吧，我想。

刘雄伟妈妈也很感谢我，我对她说，现在只要复查结果没有问题就行了，我们学校会照顾好周星星的，但是我想你最好这个礼拜五来接孩子的时候顺便买一点营养品带给周星星，咱们主动一些，这样会更好，你说呢？刘雄伟妈妈连声称是。周五下午她果然提着一大袋奶粉巧克力等食物来了，周星星接过那袋东西时，有点不知所措。可是身旁的学生却艳羡不已。班级里个头最小的郭晓猛说，我也宁愿骨折呢。惹来其他同学一阵哄笑。

两周之后的复查一切顺利。周星星的爸爸也从此再也没有来过学校。他妈妈也还是和以前一样地客气，有一次甚至打听我有没有对象，要给我介绍女朋友。

一年以后的一个周五的下午，我在学校门口正好碰到来接儿子的周星星妈妈，她手里拎着一大袋营养品，我跟她打招呼，问，您这是……她一脸愧色，我们家周星星把他班级里郭晓猛的胳膊给打骨折了，我来慰问慰问他。

我本来是不大相信因果循环一说的，可是，这一次，我真的信了。

八 | 围而不打

> 当年毛主席打北平，愣是把北平围了好几个月，围而不打，等到塘沽、大沽、天津一一攻陷之后，傅作义终于被迫投降。

303寝室又出事了！一大早，生活部的主管李老师就来到我们办公室，说昨天晚上303寝室的女生对生活老师出言不逊，并且在老师离开之后大吵大闹，还摔坏了一把椅子。这些学生越来越不像话了，李老师说，更棘手的是她们现在还特别团结，专门跟老师作对，老师根本没有办法管理。

原来昨晚303寝室的老师在检查房间时发现有人带了一个电饭煲来，学生宿舍禁止使用家用电器，因此老师就没收了，并且问是谁带来的。没想到女生们不但不说，还怨恨老师动她们的东西，并出言顶撞老师。老师眼看场面一时无法控制，就暂时回避一下，没想到这些学生余怒未消，就在寝室里发起火来，还摔坏了东西，闹到很晚都没有睡。

这303寝室现在是很有些名气了，这学期以来，每周都要出点事。最主要的原因是里面有一个"女大王"，名叫李艳芳。李艳芳生活在单亲家庭，受母亲的影响，从小就对人不信任，而且特别好强，对学校的规章制度尤为反感。这学期管理她们寝室的何老师能力偏弱，李艳芳势力逐渐壮大，在寝室里竟达到一呼百应的地步，老师们想了很多办法，都无济于事。到后来，有几个以前表现还不错的女生，现在也有了点"匪气"。

管理李艳芳这样的学生，不能用常规手段。老师找她谈话的次数够多的了，她非常有经验，而且磨炼得做坏事时更狡猾，更隐蔽。我问李老师，"毛思"研究过吧？什么"毛思"？就是毛泽东思想啊，特别是毛泽东的军事思想，真是高明啊。当年毛主席打北平，愣是把北平围了好几个月，围而不打，等到塘沽、大沽、天津一一攻陷之后，傅作义终于被迫投降。打北平要付出很大代价，不战而屈人之兵，这招厉害不厉害？厉害是厉害，只是跟这件事有什么关系啊？我微微一笑，李老师，你附耳过来，如此这般这般。不出三日，那李艳芳必主动来找你承认错误。

李老师依计而行。她和班主任一起，马上把这个寝室除李艳芳之外的其余11人列了个名单，按照平时表现及与李艳芳关系的远近，进行排序。谈话是一个一个进行的，先从最外围的入手，大意是这样的，把电饭煲带到学校来想自己尝试做饭的感觉，本身并不是一件不好的事，如果事先跟老师提出来，也不是不能同意。但是后来顶撞老师，又违反宿舍作息时间规定，并且故意破坏公物，造成恶劣影响，就是很严重的错误了。你平时还是一个表现还不错的同学，在这件事情上面，老师信任你，希望你把你所知道的情况原原本本地告诉老师，否则，这件事情隐瞒得越久，错误就越大。当然针对每个同学的具体情况，还有些别的话，这方面班主任比我要灵活得多。外围的学生很容易就讲出了事情的真相，与我们事先的估计差不多。谈完之后，每一名学生都要把所反映的情况以检查的方式写下来，要签上自己的名字。写完了就回去上课。

攻守同盟一旦被打破，每一次的谈话就显得异常轻松。我可以想象李艳芳眼睁睁地看着她的室友被叫出教室时的表情。对于这个宿舍的学生来说，谈完话对她们也是一种解脱。

我想，下课的时候，李艳芳一定会去问那些谈过话的学生，问情况怎样。可是问了又怎样呢？问了只会让她更绝望。当她发现没有被叫去办公室的室友越来越少的时候，她会更不安的。

谈话很快进入到与李艳芳关系最亲密的两个人。由于前面的铺垫，李老师和班主任没费多大力气就结束战斗。现在他们所要做的事情只是使每个细节更清楚而已。对于初犯的和态度诚恳的学生，学校的政策都是以教育为主，而对于累犯和拒不认错的学生，校纪校规也是写得清清楚楚！

李老师和班主任来感谢我。我说，还没完呢。李艳芳今夜回去，必定十分安分，她不是那种硬打硬冲的人。而且，她一定等着老师找她呢。别找她，见到她就像从来没出过什么事一样。她不会问的，要是问的话就说老师已经把事情调查清楚了，正在商量怎么处理呢。明天，最迟后天她会来找你们坦白错误的。她要是问我们为什么不找她只找别人谈怎么办？李老师问。我说，问得好。这样回答，这么做是保护她。因为事先已经问过她，她说不知道，事实上她的错误最大，如果第一个找她谈，根据当时的情况，她一定会矢口否认。你知道的，人一旦开口说了"不"字之后，是会千方百计维护这个字的，那样只会使这件事情更糟，使她的错误更大。我们这么做是对每一个人负责，使整个寝室的人不要再犯更大的错误。你还要反问她，为什么一开始不对老师说实话？当然了，你可以肯定她自己来坦白错误的态度是好的。但是对于她的错误要一五一十地跟她分析清楚。让她写一篇思想认识，她有什么想法或替自己辩护的什么话也可以写上，根据思想认识我们再商量具体处理办法。李老师领计而去。

对李艳芳来说，今晚注定是一个不眠之夜。

李艳芳第二天一早就找生活部的李老师承认了错误，态度比较诚恳，她是聪明的，在发现所有可以抵抗的理由都失去时，她只能选择承认错误。

一周以后，李艳芳和另外两名学生在年级学生大会上被点名批评。李艳芳失去了寝室长的职务，还被取消住宿资格一个礼拜，尽管她的家离学校很远。

李艳芳妈妈到学校来的时候，我们拿出所有学生的检查并学校的校规校纪给她看，她也没有话说。母女俩在老师办公室外作了一次长谈，两人泪流满面。

九 | 以毒攻毒

我看着他，心想，现在先让你笑，待会儿就让你哭。

快下课的时候，我们班的英语老师从教室里出来，到办公室找我，说有件事情要请我帮忙。

这英语老师是今年学校新招聘来的，学历可挺高，是研究生呢。可是，教学能力可不咋的，课堂教学不行，根本把握不住学生。虽说可以经常借我这班主任的名头狐假虎威，基本保证课堂纪律不出什么大事，但学生上课效率很低，英语成绩也很不理想。我为此忧心忡忡。担心归担心，班主任的责任得尽到，这半学期以来，除了英语课没法替她上以外，其他诸如背书默单词等能替她做的事我基本都做了个遍。她也就更加依赖于我，这次，不知道又是什么事了。

英语老师慢悠悠地说，开学初给每个学生发了一本音标小册子，一直没有用，现在开始学音标了，要大家拿出来，不料有人说找不到了，他们要求老师代为复印。那就复印一下呗，我说，现在的学生丢三落四，弄丢了也是可能的。可是，我后来问他们要复印多少份，有很多人举手，全班一大半人都说找不到了。英语老师无奈地说。我一听便心里有数了。这些家伙，欺负英语老师老实，自己的东西懒得去找，把老师当保姆一样驱使。我明白英语老师也知道是这么回事，但是也没有办法区分哪些人是真的丢了，哪些人是在里面起哄，所以找我来了。

说实话，对我们班的学生，我是打心眼里喜爱的，但是，对于他们一些不好的行为，我是从不手软。这次，我的这些可爱的孩儿们也太坏了，要是不给他们点厉害瞧瞧，以后指不定还会做出什么无法无天的事情来呢。盘算既定，我对英语老师说，没问题，这件事我来处理。

我拿了记分册，跟着英语老师去教室，班级里乱糟糟的，看见我进来，一下子安静了。我不动声色地问道，哪些同学音标小册子没有了，我统计一下。一些同学举起手来，我开始在记分册上迅速地勾名字。又有一些人陆续地把手举起来，个别同学唯恐我没有看到，一边举一边嘴里说老师还有我。这些小孩子，他们一定是以为我在统计复印的份数呢。我在心中暗自冷笑。

把手举得高一点，不要放下来，让我看得更清楚一点，我提醒道。学生果然就把手举得很高。名字很快地勾完了，大家的手仍然高举着，调皮鬼杨良甚至举起了两只手，脸上还带着不怀好意的笑。我看着他，心想，现在先让你笑，待会儿就让你哭。

我看时机已经成熟，收起笑容，大声说，大家听仔细了，所有举手的同学，把音标小册子抄五遍！星期五之前交给我！

果然听得下面一片鬼哭狼嚎之声，那些高举着的手以无比迅猛的速度放下去，不少学生开始翻箱倒柜找书。

现在放下去已经晚了，我抖了抖手中的记分册，我都记录在案了，谁要你们刚才举手的，还举那么高，不肯放下来。

鬼哭狼嚎声还在继续，我知道他们满腹委屈，他们肯定在心里叫冤枉，手举那么高，别放下来还不是老师你说的，只是，现在是有苦说不出，打碎门牙也只能往肚里咽了。谁让他们"不仁"在前呢，自己弄丢了东西居然好意思叫老师去帮你们复印！所以也就不要怪我不义了。

我对杨良说，你举了两只手，所以要抄十遍。杨良已经从他的抽屉里找出了音标小册子，挥舞着对我说，老师我找到了，不用抄了。

其他很多同学也纷纷说，老师我也找到了，就不用抄了吧。我冷冷地说，找到了也要抄，谁让你们忘性那么大呢。五遍当中，有一遍保留在你自己身边，其他四遍保存在我这里，这样的话，有一个好处，就是下次你们再找不到的时候，可以直接到我这来拿，就不用再抄了。我免费替你们保存。

这时，下课铃响了，我说，就这样吧，已经下课了，礼拜五之前我按名单收抄写的音标小册子。看着那些哭丧着的面孔，我突然间忍俊不禁，嘴巴一咧，笑了一下。

这个细微的笑马上就被学生捕捉到了，这些小猴子，真是比猴还精！他们马上就知道我不是真的生气，事情还有通融的余地。我前脚刚回办公室，后面跟来很多学生，都是刚刚举手的，在办公室里，他们装作一副可怜的样子苦苦哀求。这时，英语老师在旁边悄悄地对我说，抄一遍要很长时间呢，我看就饶了他们吧。

可怜的英语老师，你帮他们说话，他们还不一定会感激你，以后这些调皮的家伙还是要欺负你！我在心里说。可是我确实也只是想给他们一个教训而已，并不是真的要保存他们的抄写本，于是，犹豫了片刻，慢慢地说，本来是要你们抄五遍的，要不是英语老师刚才在帮你们求情，肯定是不会改变的。现在，这样吧，找到小册子的同学抄一遍，没找到的抄两遍。学生们欢呼一声，感天谢地地走了。

英语老师感激地对我说，谢谢你，还是你办法多。我笑了笑，回答道，学生坏着呢，他们都欺软怕硬，这是人的本性。我刚才不过笑了一下，他们就知道有机会。你光是对他们心肠软没用，他们不会感激你的。刚才，要是你不给他们复印，很多人还会怨恨你，可是现在，他们抄一遍书，还很感激你呢。

在与学生的交往中，有些事情是可以而且应该帮他们做的，但是也有些事情是不可以做的，做了就是丧失了做老师的原则和立场，不但老师不赞同，学生也会打心底里小瞧你。我不知道英语老师有没有听懂我的话，大概是没有听懂。因为半年后，她就辞职了。我没有挽留她，当领导向我了解她的教学情况时，我也没有替她隐瞒什么，而是如实作了汇报。坦率地说，离开，对她是一种解脱，对我也是一种解脱。对学生呢？英语老师的走没有使他们留下一点留恋的表情，他们只是问下一个英语老师是谁。看来，新的英语老师，面临的考验还不小呢。

十 ｜ 顺水推舟

> 郑辛遥有一幅漫画，说如果有很多很多人来拍你的马
> 屁，那么便不是那些人有问题，而是你有问题。同样
> 地，如果有很多很多人到你这儿来告状，那么便不是那
> 些告状的人有问题，而是你有问题。

中午在食堂吃完饭回到办公室，发现桌上放了一张纸条，我拿起
纸条，"辞职报告"四个大字赫然映入眼帘。落款人是林巧。

林巧是我们班的班长。年龄比班级其他同学要大一些。为人豪
爽，性格外向，身材也是班级同学中最高的。当班长以来，她工作积
极性很高，在学生中也有一定的威信，是我的好帮手。但是这学期以
来，逐渐暴露出很多缺点，一是心胸狭窄，二是粗枝大叶。尤其令我
头疼的是，班级女生中现在形成了两大帮派，一派以林巧为首，另一
派的领头人物是卫生委员刘雯。

刘雯也是一个性格很要强的人，而且能力似乎比林巧更强些。只
是因为林巧是从我校小学部直升上来的，是"地头蛇"，而刘雯来自
外地，是插班生，所以，林巧的势力比较占优。

我不知道她们俩是什么时候开始有矛盾的，但是，两个都很要强
的人物碰在一起，谁也不服谁，这也是可以理解的。相对来说，我更

欣赏刘雯一些，我认为她更勤奋，更能吃苦，而且，她组织过几次班级的活动，都非常好。可是，林巧是班长，我也得维护班长的权威。

班级里这两派会时常到我这儿来互相告状，她们的告状一度令我非常烦恼，后来我采取了一种无为而治的做法：比如说，林巧来告状，说刘雯怎么怎么不好，而且有些话说得很过分，我就很关心地问她需不需要我出面，假如她点头，我就告诉她，这事我一定要管，适当的时机我会找刘雯谈话的。可是我并没打算找刘雯谈话，我所需要做的只是耐心等待。往往到了第二天，林巧就会来找我，老师你有没有找刘雯谈过话呢？还没有呢。那就不用了。为什么？因为我们已经和好了。

学生之间的恩恩怨怨就是这样，老师可别当真，你要是当真，你就被动了，这是我几年来的体会。我所能做的就是等待，除了等待，还得忍受。郑辛遥有一幅漫画，说如果有很多很多人来拍你的马屁，那么便不是那些人有问题，而是你有问题。同样地，如果有很多很多人到你这儿来告状，那么便不是那些告状的人有问题，而是你有问题。

令我欣慰的是，我这种做法令那些来告状的人失去了告状的乐趣，告状的现象逐渐减少，我也不用为此而烦恼了。可是，无为而治毕竟只是一种理想，我本来以为她们之间的裂痕会逐渐消除。没想到，林巧这次跟我出了这么一招！

我又一次体会到了班主任工作的艰辛！你要应付学校的各种检查和任务，要花大力气把班级建设好，要想方设法提高学生的学习成绩，要照顾到每一位学生的情绪，要不断地协调她们之间的矛盾，最后，她们还要给你出难题！下午去班级上课时，我注意看林巧的脸，她的眼神有些躲闪。我便也不动声色。

整个下午，我都在思索着怎么处理这起辞职事件。我知道林巧内心真正希望的是什么，她希望我挽留她，希望我明确地表态支持她。我了解她，像她那样权力欲望很强的学生，不会真的想辞职的。

晚自修开始之前，林巧和文娱委员吴怡一起来办公室找我，她们俩递给我一张纸条，这是一张两个人共同辞职的申请，纸条上列举了辞职的若干条理由，后面还附加了几句话：老师，我们已经下决心了，请不要问我们为什么，也不要将此事告诉我们的家长。步步紧逼呀，我心里想。看完纸条，我对林巧说，我知道你们的意思了，中午的那张纸条我也看到了，说实话，老师蛮意外的，这样吧，你们先回去考虑考虑，让老师也考虑考虑，明天我再找你们，好吗？两人答应了一声，转身走了。

该劝说林巧吗？用上海话说，她是在发嗲呢。同时，也隐隐地有给我压力的意思，她大概一定跟谁商量过了。与她同来的吴怡，是她的死党，是个古灵精怪的女孩，说不定这个主意就是她出的。我相信，只要我一开口挽留，林巧肯定会同意的。可是，以后怎么办？作为班长，她太过狭隘，而这次一旦得逞，她更加要趾高气扬了。我决心要改造她。

第二天我把林巧叫到办公室，我平静地对她说，昨晚老师想了很长时间，决定还是同意你们的辞职申请，并且也答应你们的要求，不问你们原因，也不告诉你们家长。我故意不去看林巧的脸，而是连续地把话说完。至于接任者，我还拿不定主意，你能帮老师推荐一个班长的人选吗？刘雯，让她来做班长吧。林巧不假思索地回答道。她的回答让我暗暗有些吃惊，难道我的判断错了吗？唔，我会好好考虑你的建议的，我说。

当天我就在班级里宣布了林巧和吴怡辞职的消息，并且宣布了新的任命。刘雯成了新的班长。在宣布任命前，我同刘雯简单地谈了谈。刘雯是很愿意接受这个挑战的，我也表示了对她的信任，同时要求她团结更多的同学。

接下来的一周，刘雯的工作做得很出色，她尽职尽责，公正无私，也能诚恳待人。我再观察林巧，她几乎不发什么声音，可是，我看得出她脸上的尴尬，她在竭力掩饰内心的不平静。

一周之后，吴怡跑来找我。老师，我告诉你吧，我们上次那个辞职不是真心的，林巧很想当班长的。哦，是吗？我装作很吃惊的样子。是啊，林巧昨天在宿舍里说，她想当班长快想疯了。那你们为什么要辞职呢？我们本来以为老师你不会同意的。

我对吴怡说让林巧直接来找我。毕竟是学生，一个星期的时间就熬不住了，看到刘雯班长做那么好，没有了她地球却照样转动，林巧一定是后悔了。

可是人生就是这么残酷，有些东西错过了就不再来。在办公室里，我让林巧的后悔变成了心痛。我对林巧说：第一，我是完全遵照你的意愿的，你要辞职，连辞两次，我批准了；不让我问原因，我便不问；不让我告诉家长，我也没说；你推荐刘雯，我也照办了，你还要让老师怎么样？第二，你说不当班长，就不当，说要当，就要当，对别人也不负责任，尤其是刘雯，人家工作刚刚开始，做得很认真，现在刚刚做了一个礼拜，老师就把她撤了，对她是不公平的，如果把你换成她，你会不会有想法？林巧很沉默，我的话合情合理，她的脸上满是无奈。紧接着，我给她提了两条建议：如果实在想为班级做事，我可以和刘雯商量，让她做副班长协助刘雯工作；要么好好努力，等到下次班委改选时，以自己的实力重新竞争当上班长。我让林巧回去考虑考虑，考虑成熟了给我答复。

林巧没有给我答复。我知道她宁肯什么都不做也不愿意做副班长。我知道她的苦闷，那是一种又悔又恨的郁闷。可是，她需要这样的磨炼，她的性格太浮躁，给她一段时间，让她冷静下来，她对别人的认识会更全面一些，对自己，也可以作更深层次的反思。

日子平稳地过去了，刘雯一点点地适应了班长的角色，林巧也显得很平静，并没有给刘雯制造什么麻烦。从学生口中，我知道林巧对我有一些埋怨，我一如既往地反应平静，但是，暗暗地，也加强了对林巧的关心。

一个月之后，我得知地理老师周末要带林巧和另一位学生组成的地理小组去华东师范大学，地理老师给每个小组布置了课题，林巧这一组的课题是研究华师大丽娃河的污染情况。我提前跟地理老师说，我和你们一道去。星期六我和地理老师一起出现在她们面前时，林巧有些吃惊。那天我们的收获很丰富，我们徜徉在美丽的华师大校园之中，林巧拍了很多照片，看上去很高兴。坐在丽娃河边休息时，和她同组的女同学突然对我说，老师我知道你为什么今天会来陪我们。我问为什么，她说，因为林巧这段时间心情不好，你想安慰安慰她。我忍不住笑了起来。我笑着说是的是的，你说得完全正确。我抬眼看林巧，林巧的脸微微有些红。她不再说话，我们便一起看着河面。一群小鱼儿游过来，不知是在觅食还是游玩，它们游得自由自在，兴致盎然。林巧轻轻地向它们扔了块小石头，"扑通"一声，激起一阵小浪花，阵阵涟漪向远方扩散。水面很快又平静下来，那群小鱼儿却已经无影无踪了。

十一 | 激怒制怒

这是我在心中描述过无数次的情景，如今终于成了现实！

杰伦进办公室的时候，大家都吃惊地看着他，刚才那一声重重的摔门声像一声惊雷，把办公室里所有的老师都吓了一跳。随后就看见杰伦粗鲁地推开办公室的门走进来，他的脸孔有一些变形，斜歪着头，眼中喷射出怒火。班主任老师怒吼的声音远远地从外面传来：你不要再回这个班级了！这个班级再也不欢迎你了！

这是我假想中的情景，我就是杰伦的班主任。这样的情景，我在心里描绘过很多次，每一次我都觉得很难收场。所以，我真的很担心这样的事情发生，杰伦的失控是迟早的事，只是不知道哪一天会突然发生。

杰伦的个子又高又大，在他眼里，可能我是老师，个子即使没他高也是一个大人，而在我眼里，杰伦对我的压力无时无刻不存在着，我甚至想到了最坏的结果，他要是情绪不能控制要打人，我真的打不过他，我只能逃。在处理杰伦的问题时，我总是小心翼翼，首先设法安抚杰伦的情绪。

课间，杰伦又出了点事，杰伦的脸上长满了青春痘，大概是哪个女同学笑话他了，他竟然去拧女生的胳膊，把女生拧倒在地！女生的妈妈恰好来给女生送东西，在女生哭诉以后，训斥了杰伦，不料杰伦毫不示弱，竟然将母女俩一起骂，气得女生她妈当时就跑到办公室里来告状，后面跟着一帮看热闹的学生。

晚上办公室里没人时，我把杰伦叫到办公室，我轻轻地批评杰伦，你多让老师失望啊。杰伦有些不服气，是她先骂我的。那你也不能欺负女生啊，你连人家妈妈都骂。她妈妈也不是好人，居然说我是小流氓。杰伦的脸上隐隐又有了些怒气。我只好把要讲的话又咽了回去。你为老师想想好不好？老师一直帮你，你却老是出难题给老师。杰伦的脸微微红了一下，他似乎有了些悔意，还是真的觉得对我有一点愧疚？

据同学反映，杰伦平日所作所为，就是一个小霸王。班级里的学生没有敢当面顶撞他的，背后也没有。大概是那些男生同样很怕他吧，我想。可是，通过观察，杰伦也的确表现出一些向上的愿望。比如每次犯了错误冷静下来之后，杰伦都有内疚的表示。而且，在我面前，他基本还是能够控制情绪的。

我接班之前，杰伦就出过好几件大事，其中有一件是集体械斗，他准备了铁条。还好在最后关头被老师知道及时制止了。杰伦是一个典型的胆汁质的人，与别人有纠纷时，即使99%是他的错，但只要别人有1%的错，他也会强词夺理，怒目以对。

我力争在杰伦面前不犯错，但事实上，这是不可能的。于是我力争对杰伦不犯错，这相对比较简单一点，因为我从不对杰伦发火，所以杰伦从来不会跟我顶撞，和杰伦站在一起，我需要微微地仰起头，他长得越发高了。

有一段时间，杰伦喜欢看武侠小说，看完了以后自己写。有一次上课写武侠小说被老师收去，当时就与老师吵了一场，被老师撵出教室。我当时不在现场，不知道杰伦是否摔了门。老师把收来的武侠小说交给我，他已经写了好几万字。我回来处理这件事的时候杰伦依旧怒气未消。我胸有成竹，因为我了解杰伦。我把上课老师收来作为证据的小说本还给杰伦，杰伦的情绪马上就好了。温顺的杰伦看起来就像一只大猫。对老师来说，学生犯错之后心中有悔意时是一个最好的教育时机，我当然不能放过。我问杰伦，你觉得武侠人物要做江湖领袖最重要的是什么？他说，是武功。错了，我说，应该是人品。仅仅有武功而品德不好的人要么是江湖败类要么是魔头，要做领袖，人品一定很出众，不信你可以回忆一下你看过的武侠小说。杰伦听得很认真，他频频点头，我想他是完全听进去了。我确信此时的杰伦不会跟我翻脸，于是我开始历数杰伦平时品德不好的地方，比如说总是要嘲笑别人，比如说欺负女同学等等，一边说杰伦一边点头。我鼓励杰伦说，你这么聪明，首先要在学习上努力，成绩上去了，你就有了基础，然后，你在道德品质上要多下工夫，多帮助他人，改变别人对你的印象。到那时，你成绩又好，品德又好，在同学中自然就有威望了。杰伦听得两眼放光。

杰伦能听进我的话了，这是我的重大胜利。在杰伦面前，我的信心也一点点恢复起来，当然了，我仍然是很小心谨慎的。我开始一点点地批评杰伦，每次批评杰伦的时候都是万分警觉，杰伦一旦脸色不对马上就停止，或者稍有退让，我在跟杰伦打着游击战。杰伦心情不好的时候，我让着他，杰伦心情舒展的时候，我批评他，而且把以前没处理过的旧账都翻出来，等到我发现杰伦快受不了的时候，我抚慰他。我在一点点地提高杰伦的心理承受能力。

一年多以来，杰伦的成绩有了提高，并且保持得不错，毕竟他是个聪明的孩子。我对杰伦的要求更高了，杰伦也不断地适应了我对他的严格要求。杰伦对我是尊重的，从他的眼神里我看得出来，可是，杰伦冲动的脾气仍然难以改正，一学期总有这么一两次，我仍会看到脸红脖子粗的杰伦，像一头发怒的雄狮的杰伦。因为杰伦，任课老师对我颇有微词，我迁就他太多了，也隐忍了太多。隐忍是有目的的，我像个猎手一样，一个优秀的猎手需要足够的耐心。

初二的杰伦个子越发高了，他看起来懂事多了。偶尔有点轻浮，我只要微微地沉一下脸，他就会马上正色，我对他的教导他记得很牢，不需要我过多的言语提醒。杰伦已经非常在乎我对他的态度了。可是，对于杰伦能否在别的老师面前控制住自己的情绪，我仍然没有把握。我决定试试他。

我筹划了两天，终于决定在第三天动手。数学课开始了，杰伦像往常一样积极，我问了全班几个问题，杰伦都很快就有回应。对于杰伦的回应，我一反常态，毫不理睬，杰伦有些奇怪，但也只能忍受。接下来，是做习题册上口答题的时间了，我按座位顺序，一人一题一个一个叫过去，下一个就轮到杰伦了，杰伦也做好了准备，我却突然跳过他叫坐在他后面的一位学生回答问题，杰伦惊愕地看着我，我却不去看他，只是讲课。杰伦的情绪有些不稳定了，但他还是在听课。接着，我提出一个比较有难度的问题，大家都在沉思，突然，听到一声"有了"，我抬眼望去，只见杰伦举起了手，我只当没看到，对大家说，哦，看来这道题目很难，大家一时想不出来……杰伦急坏了，忍不住脱口而出，老师这题我会的，应该这样做……不等他把话说完，我低低地喝了一声：你闭嘴！杰伦再也忍不住了，他"腾"地站起身来，他的脸涨得通红，他发怒了，老师你故意针对我。你站起来干什么？我看着他，脸上毫无表情。杰伦的脸孔气得变形了，他的眼中又射出仇恨的光芒。你要不想坐着就站到后面去，不要挡住后面的同学！我毫不畏惧。杰伦"呼"地转过身，幅度很大地向后面走去，烈火在他的心头熊熊燃烧，我却偏要火上浇油，别弄这么大声，要是想不通的话就站到办公室去，别影响大家上课！我大声地说。

杰伦进办公室的时候，办公室里的老师都吃惊地看着他，刚才那一声重重的摔门声像一声惊雷，把办公室里所有的老师都吓了一跳。随后就看见杰伦粗鲁地推开办公室的门走进来，他的脸孔有一些变形，斜歪着头，眼中喷射出怒火。

这是我在心中描述过无数次的情景，如今终于成了现实！

我回到办公室，杰伦站在墙角，过了这一段时间，他的情绪稳定了一些，但是眼中仍含着怒气。我走到他旁边，轻轻地把他拉过来，坐在我的办公桌旁。看着他脸上的泪痕，我拿出一张餐巾纸，递给他。我笑了笑，轻轻地问，现在好点了吗？杰伦点了点头。其实你今天上课的表现非常好，思维很活跃，老师一开始冷落了你，让你受委屈了。杰伦委屈的泪水夺眶而出，泪水溶解了他最后的一丝怒气，我连忙再递给他一张餐巾纸，杰伦接过去，小声说了声谢谢老师。

老师平时对你怎么样？对你好不好？你也看出来了，老师今天是有意试探你的，可是结果呢，你就当场跟老师顶撞，把老师平时对你的宽容全忘记了！你当着那么多同学的面，还把门摔得那么响！你知不知道你犯的错误有多严重！一想到以前我是怎么容忍杰伦的，我也动了感情，有那么一瞬，我的眼眶也湿润了。我一连串充满感情的话语说得杰伦抬不起头来。

冷静下来的杰伦就像一只温顺的大猫，而自知犯下错误的他眼里满是可怜的光。发怒的杰伦蹦得越高，此刻的杰伦就跌得越重！我循循善诱，与杰伦一起详细地分析了杰伦情绪失去控制的每一个过程，杰伦的眼神有一些呆呆的，在这么短的时间内，他经历了委屈、愤怒、狂怒、后悔、内疚这许多心理过程，他一时不能适应这个现实，我要给他一点时间让他来慢慢消化。

杰伦整个上午都待在办公室里没有上课，我给他的惩罚是思考控制情绪的办法。在我的提示下，杰伦总结出了再生气时克制自己的方法：在心里默数1到30，如果还是不行就接着往下数，最多数到100气肯定消了。杰伦为找到这个办法而欢欣鼓舞。我和他约定，今天的事情不再追究责任，但是以后不可以再对任何人冲动发脾气。

我与杰伦之间的约定更加拉进了我们的距离，我们之间的关系也完全恢复了正常。虽然我与他讲话时仍需要有一些仰视，可是我再也不用在心里描绘我们之间冲突的场景了。我不知道他是否真的是用数数的方法控制情绪的，但不管如何，杰伦再也没有当众发过脾气。杰伦成了一名用功读书的好学生，一直到毕业。

三年之后，我收到已经在国外读书的杰伦寄来的贺卡，贺卡中写着这样几句话：现在回想起来，那时我犯了太多的错误，在我最迷惘、最无知的岁月，感谢敬爱的老师，对我的关怀与帮助。看着贺卡，我不禁又回想起杰伦的往事，我沉浸在他的迷惘、无知的岁月中，耳畔又响起了摔门声……

十二 | 历苦知甜

> 我气得发昏，抬起脚，恨不得踹他一下，最终克制
> 住自己，只是踹倒了旁边的一把椅子。

交接班的时候，卢老师特别提醒我让我要注意吴圣这名同学，她向我历数了吴圣的种种学习上的不良表现。你对他要凶一点，这家伙吃硬不吃软。卢老师摸着圆滚滚的肚子说。这个你放心，我至少不会让他变得更差的。你回家安心地养孩子去吧，一定要保持心情舒畅哦，这边的事情就不用记挂了。我开起玩笑来，我告诉你一招，让他爸爸每天跟你肚子里的孩子交流沟通两小时，这个很重要。卢老师笑起来，这还用你教啊？我们早这么做了！我有点吃惊，原以为是独门暗器呢，没想到尽人皆知。

接手班级之后，我萧规曹随，对班级原有的规章制度没做什么大的改动，只是找几名班干部谈了话，了解了一下班级的情况。然后，我就特别注意起吴圣来。吴圣脸方方的，浓眉大眼，还有一对招风耳，样子看起来像有福之人。我把他叫到办公室，我坐在椅子上，他站在我的面前。吴圣似乎有点紧张，但东张西望的样子又显得有些不以为然。什么事啊，老师？吴圣试探着问道。我听说你表现不大好啊？我开门见山。啊？吴圣一副很吃惊的样子，他皱着眉问，谁说

的？谁说的！我冷笑一声，他们说你喜欢抵赖，果然如此！我问你，以前有过作业不交吧？语文默写是不是经常不及格？平时测验有没有作过弊？有没有？听到我把卢老师告诉我的情况——讲出来，吴圣有点泄气。也许是看见我生气的样子，也许是我说中了他的要害，他站得笔直，两片嘴唇也抿得紧紧的。没话说了，是吧？我再问你，你这个头发怎么是卷的，你烫头了是吧？你一个男同学还烫头，不学好……老师我没有！吴圣打断我的话，我头发天生就是卷的。我的脸色缓和下来，是吗？我问。是的，吴圣大声地说，老师你不信可以去问同学。好吧，我总结道，不过你那些坏习惯还是要改，作业不许不交，不允许作弊，知道了吗？知道了。吴圣点点头，转身退了出去。

我其实也就是试探一下吴圣而已。他的头发天生是卷的我也知道。我就是想看看我冤枉他时他是什么反应。此外，也算是给他一个小小的警告吧。我对吴圣没有恶感，事实上，还有点喜欢他。这小子相当机灵，他会揣摩你老师的心思。自从我找他谈过一次话之后，他在我面前就非常老实。作业基本都是按时交的，也没有什么其他方面的违纪行为。

我发现吴圣其实很聪明，所谓聪明就是有自己的思维，有自己的判断，不是我说什么他就信什么，他的思路常常和教科书上的不一样，上课特别投入，特别积极，经常举手发言。班级里思维活跃、愿意举手发言的学生并不多，我没有理由不喜欢吴圣。

如果不谈学习，吴圣其实是一个非常淳朴的孩子，很重感情，非常热心，愿意帮助别人，同学之间关系也非常好。我十分喜欢他这一点，吴圣大概也看出我对他的喜爱了，因此，在我面前，他逐渐表现得自由自在起来。

吴圣以前作业不能及时完成的原因之一就是晚自修时要和同学讲话，而且还要坐到喜欢和他讲话的同学旁边。针对他的这一行为我在班级里宣布晚自修不许私自换座位。一天上晚自修时，教室里安安静静的，我坐在前面的讲台上伏案备课，吴圣突然慢慢地走到我的面前，小声地问道，老师，晚自修可不可以换座位？我抬起头，一看是他，马上斩钉截铁地说，不可以。我以为吴圣会说什么，但是他只是恍然大悟一般地哦了一声，然后慢慢地转过身，慢慢地走回去，动作极其机械，像机器人一样。我低下头打算继续写东西，突然觉得不对劲。心念一动，我马上明白到吴圣的心思了。我仔细扫视一下全班，果然，班级里一名表现不太好的学生胡杰跟别人换了座位，正坐在那儿听耳机呢。我看了一眼吴圣，他也正看着我，瞧见我看他，马上低下头把笔拿起来开始写作业。我心道，好小子，你倒是阴险着呢，可是已没有退路，只得走到胡杰面前，喝令他把座位换回去，并且不许他继续听音乐。

对于吴圣的这种小计谋，我没有反感，相反，心底里还是蛮欣赏的。我想，这样的孩子，脑子活络，学习上稍微差一点，也没关系。而且，通过观察，我发现，吴圣对学习还是有一定的兴趣，对于一些难题，他还是愿意去钻研的。因此当英语老师和语文老师说起吴圣背书背单词比较慢，我也只是轻轻提醒一下他。对一个孩子不能要求太高，先让他数学有突破，再带动其他学科嘛。我这样想。

期中考试的前一周，要举行英语的词汇考试。这天，英语老师告诉我，她已经把词汇表都发下去了，并且模拟考了几次，大部分人都很好，但是有几个人还是不及格，而明天就要正式考试了。是哪几个人？我说，你把他们的名单给我，今天晚上是我晚自修，我亲自来督促他们背默。晚自修开始的时候，我特意关照这几个人，今天一定要到我这儿来过关，不过关别想回去睡觉。我特意走到吴圣桌前，提醒他，好好背，英语老师说你最差了！晚自修快结束的时候，其他几个人都陆续到我这里来背过，也都过关了，唯独吴圣没有来。我问吴圣，你背好了没有？吴圣抬起头，有气无力地说，快了。

晚自修结束之后，我把吴圣带到了办公室里。令我十分震惊的是，经过这么长时间的复习，他居然只能背出五分之一的单词。我有点着急，大声地对他说，其实英语单词也很容易背的呀，只要会读，根据音节很自然就能把它拼出来了。来，你把木匠这个词读一下。出乎我意料之外的事情发生了，吴圣张了张嘴，居然读不出来。我连忙又让他读其他几个单词，不是不会读就是读错。我大怒，你……你这半学期都在学什么？啊？吴圣像一条死鱼一样笔直地坐在那里，脸色凝重，一句话也不说。想到明天就要考试了，而他居然是这种状态，看来我今天得陪他到很晚，而我本来还有事……我气得发昏，抬起脚，恨不得踹他一下，最终克制住自己，只是踹倒了旁边的一把椅子。吴圣吓得一哆嗦。我咬着牙低声说，今天你就甭想回去睡觉了，你就在这儿背吧，也别用什么方法了，就死记硬背，什么时候背熟了什么时候再回去。我陪你。

吴圣一直背到夜里十一点多。因为生活部的老师也要休息了，她们打电话来，我只能让吴圣回去。吴圣没有完全背出来，而我，也确实累了。我恨恨地对收拾书本的吴圣说，你等着看好了，明天要是默不及格，你就没好日子过了！

我开始体会到卢老师那句"他吃硬不吃软"的话的含义来。英语老师很年轻，没什么经验，相对又比较软弱一些，而我也太大意了，以至于让这吴圣一个多月没学什么东西居然还神气活现！吴圣第二天的英语词汇考试不出意料只考了四十多分。他能考这分数已经不错了，我估计至少有三十分是昨晚突击的结果。再看到我，吴圣便马上低下头，像士兵看见长官一样两腿并拢，两手贴紧大腿两侧。我怨恨地看着他，有着一肚子的气却没地方撒。

我在办公室里反思。吴圣的智商是不低的，但是非常地懒，学习怕吃苦。碰到要背诵的东西非常头疼，不肯下苦工夫去背。看来这段时间我对他的策略是失误的，不承认不行，实践是检验真理的唯一标准，我有点轻敌了，没想到这小子还有点"难啃"。我决定改变战略战术。

我把吴圣叫到办公室，向他宣布，以后每次语文和英语学科要背要默的内容都要到我这儿来过关。告诉你一个好消息，我抚摸着他的脑袋说，从今天起，我就是你的秘书了，要做什么事，我会提醒你的。啊？吴圣张大了嘴。在他的眼里，我的笑都是不怀好意的。没办法呀，你老人家记性不好，总是要忘事，只好我辛苦了。你的级别不低啊，年级组长给你做秘书。呵呵。我拍拍他的肩膀。从此每天见到吴圣，我第一件事要问他，作业做了没有，书背了没有。我这个秘书就像一只苍蝇或蚊子一样，整天在吴圣的耳边嗡嗡嗡地叫唤。

有时，我在班级里和学生说笑，大家聊得很开心，言谈正欢之时，吴圣乐颠颠地跑过来想插进话题，马上就撞见我转过来的一副冰冷的面孔。我这脸孔本来还是轻松的，但是转过来的时候就变了。作业做了吧？我问。做完了，吴圣似乎底气挺足。书背了吗？我接着问。今天老师没有布置背诵的内容，吴圣的回答还有点得意。那就考一考你以前背过的，我自有对策，把书拿过来，老规矩，背错一个字抄一遍。老师，让我再去看一看，吴圣赶忙跑回去。有过这么几次乘兴而来、败兴而归的经验之后，吴圣也就只能远远地看着我们说笑了。

吴圣像掉进了冰窟一样，即使在我心情晴朗的时候，我看着吴圣的面孔也是"霜满天"的。吴圣在我这个"秘书"面前不得不毕恭毕敬、规规矩矩。到后来，吴圣本来正和同学说笑，一看到我进教室，马上停止说笑，装出一副端庄的样子。

吴圣的成绩有了大幅度的提高，尤其是英语与语文的默写，以前常常是不及格，现在已经消灭红灯，还得过几次满分。为了表现自己，班上的重活像搬水扫地什么的吴圣常常抢着干。我看到了，也只是面无表情地点一点头，一句话都不说。有一次，我开全校的公开课，吴圣非常积极，他的发言使得听课的老师也情不自禁地点点头。下课之后，对于他的"超水准发挥"，我一句表扬的话都没有。

我是不是太残忍了？其间，我也这样地问自己。有时，看到吴圣可怜的样子，我也生起恻隐之心。但是一想到那晚的情景，一想到如果我现在弦一松，将来就有可能又要陪他背书到晚上11点多钟的痛苦，我就克制住了。我要坚持下去。

就这样，吴圣度过了痛苦的半个学期。期末考试吴圣考得特别好，语文得了78分，其他学科的成绩都在80分以上。吴圣的爸爸打电话来，特别表达了对我的感谢。在电话里，他说，我们家吴圣，别的老师都不怕，就怕你万老师，你说的话比任何人都管用。你要对他严格一点，我们家吴圣就交给你了。

吴圣的表现让我欢欣鼓舞，更让我觉得轻松的是，我这个班主任的活也快要结束了。享受了这么长时间的特殊待遇，吴圣取得了令人满意的进步，也该让他的心舒展舒展了。我这个"秘书"，可以卸任了。

新学期一开始，我对吴圣说，上个学期后半段你的表现不错。你知道老师为什么要那样对你吗？你说。因为我不自觉。吴圣小声地说。对了！我赞扬道，学习是自己的事情，如果你自觉的话，老师还是会表扬你的。好吧？好的，我一定努力。吴圣很振奋地说。

卢老师还有一个月才能来上班，我对吴圣又恢复了和其他人一样的态度。我想，在经历了上个学期的"寒流"之后，他现在应该感觉到格外的温暖吧！事实上，吴圣的表现也确实不错，没有了我每天的督促，他没什么放松的迹象，仍然在延续上学期的那股势头。

开学几周之后，数学科代表的作业情况本里又出现有人作业不交的记录。那天早读课，我到教室里，很生气地冲着那名同学说，刚开学没多长时间，你怎么作业又不交了！作业做好没有？没有，为什么不抓紧时间做？老毛病又犯了！马上补！

那名学生拿出作业本，正准备做，我提醒他，到前面来，站着做！练习册放在这里。他无奈地走到前面来，犹豫地对我说，这儿太湿了，地方也小，不好写。哼！我冷笑一声，你现在倒讲条件了，胡杰！你现在知道哪个桌子更适合做作业了？那你为什么不珍惜呢？今天你一定得在这儿写，你不吃点苦怎么知道平时的甜？你看看人家吴圣，以前也作业不交，也经常考不及格，现在呢？进步多大！每次考试都在80分以上，每次作业都是认真做的！老师现在再也不批评他了。你好好向人家学习学习！

早读课继续进行，胡杰趴在只剩巴掌大的放饮水器的桌子上补完了作业交给了我。回办公室的路上，我还在回想刚才惩罚胡杰那招，我对自己这个灵感很满意。后面突然跟上来一个人，我一看，是吴圣。他的表情怪怪的，还有点害羞，他以前可从来没有过这种表情。我停下来。老师，你昨天的作业改了吗？他的声音有点急切。还没有呢，怎么了？我……我能不能把我的作业先拿回来？看着我疑惑的眼睛，吴圣接着吞吞吐吐地说，老师我，我昨天的作业没有，没有认真做，还有几道题是，是空着的。我想拿回去重新做，我一定认真做。做完了明天交给你。

我措手不及，感觉那一瞬间脑子里各种东西都涌出来，随即一片空白。直到现在我都在想，当时那种场景下，我该如何反应才是最佳。可惜想来想去都无法满意。我的现场版本有点滑稽：我清醒过来之后，首先前后张望一下，看看刚刚被我批评的胡杰有没有在附近，一看没有。我马上把吴圣的肩膀搂过来，轻轻地对吴圣说，好吧，你赶快跟我去拿，不要让其他人看见。哎！吴圣答应了一声，我们俩快步地走进了办公室。

十三 ｜ 刮骨疗毒

长痛不如短痛，今晚要让他们好好痛一次！

　　小林是一名年轻的班主任，本学期我与她搭班。我们的办公桌也是面对面。工作虽然繁重，可是每天抬眼便可见美女，心情也就无比舒畅。

　　小林虽是女流之辈，作风却也泼辣。训起学生来毫不含糊。当然，大部分时候，她对学生还是很温柔的，可是，一旦学生没有达到她的要求，她便脸罩寒霜，轻启朱唇，一字一句地说出让学生心惊肉跳的话语。在她的办公桌的旁边，有一个小凳子，我称之为"酷刑凳"，乃犯错误学生到此接受教育时之专座。小林看似文静，一旦爆发出来，天地为之变色，而坐在对面的我亦感觉惊心动魄，常常忍受不住，仓皇逃窜出办公室，生怕暴怒的她失去控制，把什么东西错误地扔到我的头上。

　　可是他们班的学生倒是很喜欢她，我想大概是因为，一来她的英语教学水平非常高，二来她就事论事，做事公正，虽然震怒之时令人惊恐，但只要学生不犯什么错误，还是风和日丽的。况且小林也不是等闲之辈，她也经常耍一些笼络学生的小手腕。我常常劝小林不要太过生气，比如万一有学生有叛逆心理跟你顶起来怎么办？这个我心里有数的。小林总是很笃定的样子。我便换一个角度，用诸如"生气是用别人的错误来惩罚自己"，"生气使你花容失色影响你的美丽"等等话语来暗示她，小林虽不言语，倒是逐渐注意了。其实我心里还有另一个原因没有说：我实在受不了她在我对面训学生时所突然产生的暴风骤雨，她一发火我就想逃。

初一下半学期，小林班级的几名男生忽然间迷上了玩电脑游戏，这股风气一下子蔓延开来，到了后来，全班的男生都对游戏产生了兴趣。有一些男生周末回家甚至通宵达旦地上网玩游戏。小林注意到了这个问题，她及时地在班级里进行了教育，并且和有关学生的家长取得联系，请他们注意自己子女周末的活动，此举收到了一定效果。但是学生玩游戏之心不死，一有机会还是要去玩游戏。周五下午从我们这所寄宿制学校放学之后，几名男生便约好一起去网吧玩到很晚再回家。

这些男生不回家的理由很简单，他们通常会向家里打个电话，老妈，今天我们班某某同学过生日，我们一起去给他庆贺一下。然后他们会用同样的理由来找老师开出门条（我们学校自己回家的学生要有老师开证明门卫才放行），老师想，既然家长都同意了，老师也没什么理由阻拦。有时候，学生找小林不遇，我便也客串开过这样的出门条。其实我也清楚，即使他们真的是为同学过生日，地点也选择在网吧里。

部分男生玩游戏是真的上瘾了，他们的学习成绩出现了明显的滑坡，周末作业马马虎虎，平时在一起谈论的也都是攻关秘籍。小林也想了很多办法，可是她毕竟不能控制学生的思想活动，学生虽然周一至周五在校期间不敢玩游戏，但是一到周末便是他们的自由世界了。那些家长管得严的还好，有一个叫周嘉的学生周末家里只有一个保姆，没有人管他，他们家于是成了一个据点，男生们经常到他家里去会合。小林对周嘉发过几次火，周嘉表面上是收敛了，但实际上玩起游戏来依旧如故。

事实上，周嘉学习成绩并不差，虽然他可以学得更好。他很聪明，学习效率很高，学习成绩受影响并不太大，真正遭殃的是跟他一起玩的几名男生。小林对周嘉一筹莫展，我看着小林紧蹙眉头的样子，心中不禁生出一些爱怜来。我劝她，只要保证他们在学校里好好学习，周末怎么样是他们的自由，他家长不管，我们有什么办法。那这样下去也不行啊！小林忧愁地说，我们五天在校的努力加上学生两天在家的时间效果等于零！我安慰她，我们不是不采取办法，而是现在还没到时机，你现在再怎么批评他，他被游戏附了体，肯定听不进去的。那什么时候是时机？我也不知道，等吧。机会终究会出现的。

时间过得飞快，初一余下的日子一晃而过，漫长而短暂的暑假之后，初二的生活马上开始了。男孩子们似乎懂事了一些，新学期初都表现出了积极向上的精神面貌。小林也勤奋地与家长们联系，利用暑假，她重点对那几名喜欢玩游戏的男生进行了家访，取得了不错的效果。周嘉的父母也从日本回国工作了，对周嘉不再像以前那样放任了。小林似乎心情不错，虽然还是经常有学生会坐到"酷刑凳"上去，让我提心吊胆，但是小林的暴风雨却很少很少了。

一个周日的晚上，我和小林一起到学校来值班。学生周日晚返校后需自修到晚上九点才能回宿舍休息。九点之后，我和小林回到办公室。周嘉和另一名男生突然跟了进来。什么事？小林问道。林老师，今天晚上我想回家，周嘉说。为什么？我校服没有带，明天早上升旗仪式要穿的。你呢？小林转头问另一名男生。我也要回家，我弟弟生病了。你弟弟生病为什么要你回去？小林有些怀疑。因为我爸爸出差去了，男孩很镇定，我妈妈让我回去。不容易啊！我在旁插话道，成家里的男子汉了，成顶梁柱了！是吗？小林警惕地看着他们，我得打个电话问一问你们家长，得确认一下。林老师，我大声地说，我看他们的事情很紧急，他们家长现在很忙，你可能不一定打得通他们家长电话的，我看他们两个平时表现不错，很值得信任，你赶紧开条子让他们回去吧。我一边说，一边冲小林挤眼色。小林满腹狐疑地开了出门条，俩学生谢过我们，飞快地跑了。

你干吗不让我打电话？小林问我，你真的相信他们吗？我笑了起来，我不但不相信他们，而且还知道，他们在撒谎。他们肯定是出去玩游戏的。小林一下子紧张起来，你怎么知道？因为刚刚我在你们班值班时，看到周嘉的校服就在他的包里，一根袖子还露出来了。至于另一个，晚自修刚结束，学生又没有手机，他从哪儿接他妈妈的电话啊？还有，我从班级里出来的时候听到周嘉和几个男生在议论什么事情，其中"游戏"二字我听得很清楚。那……小林急着要说什么，我抬手制止了她。我知道你想说什么，明知道他们去玩游戏为什么不制止是吧？这几个男生，虽然这段时间好像表现还不错，实际一直在偷偷玩游戏，你记得上学期我告诉你要等待时机吗？我现在告诉你，机会来了！你不是想断了他们玩游戏的念头吗？今晚就是机会。长痛不如短痛，今晚要让他们好好痛一次！

说着，我对小林说，快走，到校门口去。我们到门口时，周嘉他们两个人刚上了一辆出租车，我和小林随后坐上了另一辆。我对司机说，师傅麻烦您跟着前面那辆车。出租车穿过几个街区，停在了一条小路的路边。路边明晃晃的赫然就是一家网吧！前面不远就是周嘉的家，小林说。我们俩在车里看着周嘉两人下车，走进网吧。我对司机说，师傅麻烦您原路返回。小林已经看得目瞪口呆，为什么不进去把他们抓出来？人家好不容易出来一次，总得让他们玩一会儿吧。我开玩笑说，其实是这样的，现在还不是时候。你回学校之后马上给他们的父母打电话，就把他们请假的原话说一遍，然后就说当时很紧急，没来得及跟家长联系，现在想想不放心，还是问一下家里，他们是不是平安到家了。小林恍然大悟，她信服地冲我竖起大拇指，嘴里却说，看不出来，你这狗头军师还真有两下子！

两位男生的家长果然非常震动。周嘉的爸爸在电话里说，我马上去找。小林问，那您知道他在哪儿吗？我心里大概有点数。周嘉的爸爸说，可能就在家门口的一家网吧里，他经常去的。那好吧。要是他们不在您打个电话给我们，我们和您一起去找。

十分钟之后，我们接到了意料之中的电话，两名男生在网吧里被当场拿下。周嘉的爸爸叫了辆出租车，把他们俩送到学校。我和小林在宿舍看到了他们。男生们垂头丧气，周嘉的左脸上赫然一个大掌印！周嘉的爸爸一边向老师表示感谢，一边希望学校的规章制度能更加严格一些。我们一口答应。我们向另一位男生的家长打电话告知人已被找回来，请家长第二天到学校来一次。倒霉的周嘉坚持被他爸爸带回了家，他爸爸说要教训教训他。

关于此事后来学生中流传的版本很多。有的说，周嘉的爸爸在网吧里一见到周嘉就是一巴掌，然后周嘉的嘴角就流出血来。还有的说，周嘉后来在家里的地板上跪了一夜，他爸爸给他三条路让他选择：第一条，做小流氓；第二条，退学回家到他爸爸公司里打工；第三条，留在学校里好好学习。学生们很兴奋地讲给我听，我都直纳闷同学受难他们怎么如此兴高采烈？周嘉星期一中午才回到学校继续上课，两人写了一份检查给小林和我。

接下来怎么办？小林问我，怎么处理这件事？我听周嘉爸爸的意思，好像是要学校好好处分他们两个人，我沉思道，他甚至建议开全校学生大会把他们押上台批斗呢！别开玩笑了，小林正色说，这事得好好收场。报请学校给他们俩处分吧，我说，这就是逃夜啊，太严重了，不处分是不行了。至于什么处分请学校定。你去找他们俩谈一次话，告诉他们我们的决定，然后主要讲两点，第一，诚信问题，欺骗老师一次以后老师就很难再相信他们了；第二，自控力，软弱的人往往就毁在不能控制自己的行为上。

学校最后决定给他们两人严重警告处分，两人的家长在处分宣布前到学校来了一次，对于两个男生的行为，他们感到痛心疾首。我代表学校告诉他们，如果一学期之后两人表现良好，处分将会撤销，也不会记入档案。两位家长的手紧紧地和我握在了一起。

你信不信，周嘉这学期不会再去玩游戏，我对小林说。我信，他得努力撤销处分呢。小林笑着问，那这学期以后呢？我摇摇头，这学期以后也不太会沉迷游戏了。你在学习上要多对他们俩提一些要求，他们会听的。他们都是聪明学生，只要成绩提高上去，他们就会体会到学习的好处。上次他们只是一时糊涂，有了这次教训，再自我放纵的可能性不大。

期中考试，周嘉和另一名男生的成绩有了飞跃的提高。其实我一直没有弄明白，小林看着成绩表，对我说，为什么人非得有了一个处分才努力呢？老师好心劝说或者发火他们根本不往心里去。韩信胯下之辱的故事听说过吧？我说，要不是那三个小流氓，韩信就是凡人一个。譬如脓疮，挑破了反而好得快。我这招叫作刮骨疗毒，先把错误充分暴露，然后一举除掉。这样才会彻底。小林若有所悟地点了点头。看着时机成熟，我涎着脸说，我帮了你这么大忙，你怎么也得感谢我吧。好的，没问题，要不我请你吃饭吧。那算了，我说，我可打不过你男朋友。我其实就一个要求，你把你那"酷刑凳"搬走行吗？我挺怕的。小林怔怔地看着我，突然间两只凤目圆睁，不行，这是我的工具。她说得斩钉截铁。

十四 ｜ 一石二鸟

> 我撤掉一个倒数第一的，任命一个倒数第二的，就让他们俩相互促进去吧。

我对罗森的不满已经很久了。

罗森是我的数学科代表，这一次的数学考试，他居然考了个49分，在男生中位列倒数第一。事实上，最近一段时间，罗森的数学成绩一直不是很好，总体上呈现一个下滑的趋势，这次终于落到了历史最低点！

期中考试以后，罗森的班主任把罗森的妈妈请到了学校，我们和她作了一次长谈。罗森的期中考试成绩很不理想，他不是哪门功课特别差，而是都很差，我们提到了罗森的学习能力虽然不是特别突出，但影响他成绩的主要原因还是态度问题。罗森的妈妈很配合学校，我们当场就对罗森进行了教育，罗森频频点头，显示出很诚恳的样子。

我本来以为罗森从此会"触底反弹"，没想到下滑根本就没有结束。罗森表面听话，心里对老师的提醒却一点都不在乎，要命的是，他的自我感觉非常好，觉得自己还不错，考得不好是因为失误、太粗心等等原因，偶尔一次成绩尚可便洋洋得意，自命不凡。我从其他老师那里了解到，罗森别的学科的学习状况也大抵如此。

其他老师对我任命罗森做科代表一直是有疑惑的。他们认为罗森之所以学习不努力跟我有一定关系。罗森是一年前这个班级刚组建时被我选中的，那时，我看中的是罗森的热情与主动。罗森很热衷于收作业本这项工作，每天一大早我去办公室，数学作业本就已经放在我的办公桌上了，如果有人没交，名单也写得很清楚。偶尔我忘了布置作业，罗森也会及时提醒我。因此，尽管罗森的成绩不是特别好，我也从来没有动过要换他的念头。

在别人的眼里，我对罗森是过于宽容了。罗森的工作虽然是他的分内事，却经常得到我的表扬；罗森犯了错误，我也只是温和地提醒他一番；罗森有时候在班级里打着我的旗号狐假虎威，我听了一笑了之；罗森利用收作业的便利搞抄袭活动，我的批评也只是点到即止。

可是罗森让我失望了！罗森辜负了我对他的信任，继续这样下去不仅对其他人不公，对罗森也是不负责任的。我决心让他"下课"！罗森的妈妈告诉过我，罗森的成长道路太过一帆风顺，几乎没有碰到过什么挫折。这次就让他有一个教训吧，我想。可是，又不能让他自暴自弃，破罐子破摔，我该怎么办呢？该怎么和他谈？怎么在班级宣布？新的科代表又该任命谁？我看着点名册，蓦地，一个惊人的计划浮上心头。

中午在食堂吃饭，我坐到了班主任老师的旁边。班主任老师见我愁眉不展，就问最近学生数学学习怎么样。我说，考了一次试，女生总体成绩还不错，男生只有一个不及格，居然是罗森，我要把他撤职。吴圣60分刚刚及格，是男生中的倒数第二名，这两天我一直对他板着脸孔呢。班主任听说我要撤换罗森有些吃惊，问我将任命谁，我回答说，正在考虑呢。言罢，继续低头吃饭。

晚自修课间休息时，我把罗森和吴圣叫到办公室里。吴圣来得早，罗森中途上了厕所，落在后面。吴圣问我，老师什么事？见我阴沉着脸不回答，也不敢再问。却听我慢慢地说，等一下，等罗森来了，一起说。

说起这吴圣，也是个令人头疼的角色。脑子不赖，成绩却一直不理想。最大的缺点就一个字：懒。作业经常缺交迟交，上课也会开小差。为人不错，对同学和老师很热心，班级里的公益事业也很积极去做。因此班主任把临走关窗关灯关门的任务交给他，吴圣对待这项工作的态度比对待作业可认真多了，从没有出过什么差错。此人还有一个最大的特点就是"吃硬不吃软"，捧不起来，如果某天他作业做得很好，你表扬了他，保证一星期之内，他就会开始作业胡做或不做。而如果声色俱厉地批评他，他可能会认真做上两个星期的作业。因此，在教室里，我即使看别人时眉开眼笑，转头看吴圣也会马上收敛起笑容。

吴圣站在我的办公桌前，我却不看他，脸色铁青，沉思着什么。罗森叫着"报告"进来了，我从一摞试卷中抽出一张递给他。自己看看吧，我说。又继续恢复沉思的表情。罗森接过试卷，紧张地看了起来。隔了几十秒钟，我缓缓地说，这次男生中只有一个不及格，我没想到居然是你。我转过身来，加重了语气，你去学校里各个班级去看一看，哪有科代表考倒数第一名的?! 我叹了一口气，转回身去。你让老师怎么跟全班同学交代？我又放缓了语速，老师希望你好好地反思一下。科代表的工作，你暂时不要做了，这段时间，集中精力，把自己的成绩提高上去。说完，我转头看了一下罗森，他的头垂得很低。我又转眼看吴圣，只见他非常紧张，站得笔直，像一根电线杆，嘴里还不时地有"咝咝"的吸气声，这是吴圣的标志性声音。

我对罗森说，你先回去吧，把卷子也拿回去，好好研究一下，为什么会考这么差。罗森转身走了，我看着他的背影，我猜出他脸上的表情一定很羞愧。罗森是个很要面子的人，平时一直以被我"宠信"为豪，这次竟在他瞧不起的同学吴圣面前被我狠狠批评，这个脸可丢大了。

吴圣的"咝咝"声还在继续，他的双手紧贴裤缝，整个一标准的立正姿势。刚刚亲眼目睹我把罗森"斩首示众"，他吃惊不小。我招招手让他过来，吴圣马上凑过来。是这样的，我的语气极其平缓，通过我的观察，你是一个很有责任心的人，平时关门关灯从来不马虎。

我想这段时间暂时让你收一下数学作业本，明天早上我会把一张班级同学的名单交给你，好吗？吴圣连忙点头，好的，老师。但是，我话锋一转，你这次考得也很不好，刚刚 60 分，是倒数第二名。我一瞅吴圣，吴圣早已经站得笔直。老师希望你利用这次机会，好好努力，把自己的学习成绩也提高上去。怎么样？我接着说。好的，老师。吴圣一下子遭遇到这许多变故，变得言语极度贫乏。那就这样吧，我放松地说，把这些试卷拿回去发掉，明天早上你就开始收作业，记住，必须在上午第一节课之前把作业交到办公室来。好的，老师。吴圣态度认真，毕恭毕敬地拿起试卷走了，走出办公室门口时还不忘说"老师再见"。

第二天的数学课，我平静地对全班说，从今天开始，我们换了一个新的数学科代表。以前的老科代表罗森同学工作一贯认真负责，为我们大家做了很多事情。大家知道，科代表并不是一件容易的工作，要占用很多的个人时间，特别是遇到有些同学不配合，不交或迟交作业，工作量就更大。说到这里，我有意无意瞄了一下吴圣，吴圣坐得笔直，似乎又开始吸气了。教室里非常安静，罗森脸有些红，仍然低着头。我接着说，罗森同学这段时间自己的学习成绩不够理想，因此，我们想让他休息一段时间，让他集中精力把自己的学习提高上去。这一年多来，罗森作了很多牺牲，为我们大家服务，因此，我提议，我们大家用掌声感谢他的工作。说完，我和学生们一齐鼓起掌来。

吴圣的工作果然非常负责，而且，他自己的作业也无比认真。不但练习题全对，而且字也一笔一画写得十分端正。中午吃饭时，我跟语文老师一起聊，我让语文老师猜我新任命的科代表是谁，语文老师猜不出来。我告诉他是吴圣，语文老师很吃惊。我说，我本来也想过其他人，班级里数学好的人很多，但是我想，如果任命他们，罗森就会觉得没指望了，他怎么努力也超不过他们，但是吴圣就不一样了，罗森肯定心里很不服气，也咽不下这口气，因为以前收作业时，罗森的不交作业的记录本上一直有吴圣的名字。我撤掉一个倒数第一的，任命一个倒数第二的，就让他们俩相互促进去吧。想到他们俩可能出现的相互争斗的样子，我不禁笑出声来。语文老师一边听，一边思考，最后她佩服地点点头，称赞说，你这招一石二鸟，很妙！

下午我见到班主任，班主任纳闷地问我，你怎么让吴圣做科代表了呢？这小子怎么行呢？我含笑不语。语文老师在旁边插嘴道，我觉得可以，吴圣今天的语文默写可是全对啊！班主任还是不解地摇着头说，前两天我还一直在批评吴圣呢，搞不懂，搞不懂。我没有说话。我相信，事实将是最好的回答。在罗森的追赶下，吴圣一定会倾尽全力，赶不上吴圣，罗森绝不会甘心，他们会形成一种怎样的对决呢？让班主任拭目以待吧。

十五 ｜ 破镜圆镜

> 我骑虎难下，我必须要继续惊讶下去。

梅兰与菊花是班级里两个成绩非常好的女生，凑巧的是，她们俩还是同桌。按理说，成绩好的学生班主任应该喜欢，可是这两个人我却怎么也喜欢不起来。

大概是我的要求太高吧，这两个人其实也没犯什么错误，在老师们眼里，他们都是挺乖的女孩子，平时学习很勤奋，都有考重点高中的远大目标，对自己要求严格，也经常主动找老师问问题。可是为什么就是入不了我的法眼呢？

原来我发现这两个人太傲慢了。大凡成绩好的学生都会有一点傲气，她们从心底里认为好成绩是自己取得的，而与老师关系不大，因此，即使教师表扬她们，她们也会觉得这是自己应得的，不会很感激老师。反而是那些平时调皮捣蛋的学生，没少挨老师批评，和教师的感情却十分深厚。他们知道自己表现不好，长大之后为自己以前的过错而深感不安，他们是真的感激老师，因此毕业之后也能时常记得回母校看望老师。那些成绩好的学生，甭指望他们毕业之后还能回来看你。

我是已经看出一点这方面的征兆了。梅兰与菊花平时在学校里几乎不怎么与别人来往，无论做什么事情她们俩都会在一起，我经常看到饭堂里她们俩坐在一起，和全班同学离得远远的。这倒也算了，她们俩对老师似乎也不怎么尊重。这一点虽然没什么明显的证据，但是从她们看老师的眼神就可以感觉得出来。她们的学习只是为了自己，而老师呢，只不过是她们为了达到自己的目标而必须利用的一种工具而已。

这种感觉让我很苦恼，因为几乎所有的任课老师都喜欢梅兰与菊花。我知道这种喜欢完全是因为考试分数，她们俩可以抬高全班的平均分。成绩好有什么了不起？一次在办公室里聊到她们俩时，我不禁有点愤愤然。当然好了！一位年纪颇长的任课老师说，她们数学成绩不也很好吗？真奇怪你为什么不喜欢她们！我于是也没有什么多余的话说，面对一个分数至上的老师，我和她找不到任何共同语言。

但是对这两个学生，我也就采取小心翼翼的态度了。我几乎不大表扬她们，她们考得好那是正常的，考得不好也让她们去。两人如果有问题问我我当然会耐心解答，问完之后谢不谢我也无所谓。我几乎不太管他们，班级里的事情很多，需要我关心的人也太多，我没有必要把有限的热情投入到她们冷漠的眼神中去。要不是后来宿舍里那件事情，我们也许就这么和平共处下去一直到她们毕业了。

那天一大早管女生宿舍的许老师来找我，说梅兰和菊花昨晚在宿舍里跟她吵了一架。大致情况是：两人平时比较拖拉，而许老师要求又比较严格，许老师刚刚调来管她们，以前的老师比较松，换了个比较严的许老师两人有点不适应，前几个礼拜已经有一点小冲突了，昨天晚上算是一个爆发。送走许老师，我把梅兰与菊花叫到办公室，跟她们谈心。我又一次感受到了两个人的傲慢，许老师的工作并不是十全十美的，偶尔太过急躁也是有的，但是说人家老师故意针对她们那肯定是不对的。我试图说服她们去向老师道歉，可是很难。当我暗示她们对自己要有正确和全面的认识的时候，菊花竟问出一句"除了许××，哪个老师不喜欢我们？"的话来，看着她们俩那微微翘起的小嘴唇，我很震惊，一股寒意掠过心头。

我想我得主动出击了。教出这样的学生，即使成绩再好，也不是我的骄傲。菊花还不耐烦地对我说，老师我们想回去做功课了，你谈话谈完了吗？我不回答，看着菊花的眼睛，那双眼睛清澈而透明，没有丝毫的矫情与做作，倒有一丝的无畏。我忽然间就有了主意，我对菊花说，你先回去吧。我跟梅兰还有些话说。

菊花一走，我的脸上就有了一些暖意。我对梅兰说，你和菊花两个人平时成绩都不错，不过要论明白事理，老师觉得你比菊花要好一些。在个人修养和尊敬老师方面你也一直还是不错的。你对昨晚这件事情怎么看？老师想听听你的真实想法。

梅兰的脸似乎有些红了。我说的不完全是错的，在她们俩当中，梅兰相对确实稍好一些。梅兰嗫嚅着说，昨晚我们确实是留在教室里做功课，许老师是冤枉我们了。我轻轻地摇了摇头，说，你不了解老师的苦心啊，晚上九点半了，你们也不跟老师讲一声，老师找不着你们，同学又都不知道你们在哪里，你说老师着不着急？我相信你们确实是在教室里做功课，但是你们俩违反作息时间在前，又提供不了证明，老师批评你们也是正常的，你说呢？梅兰红着脸点了点头。我接着说，我一直跟你们讲，有理还要有礼，更何况这次你们没理呢？这件事情如果不好好解决，一定会影响你的学习，你将来还要考市重点高中呢，你希望受影响吗？梅兰摇了摇头。这就对了，我赞赏道，其实这件事情老师主要生气在你们俩没有礼貌，你只要回去跟老师赔礼道歉，我再帮你跟许老师打个招呼，说你不是有意的，就很好解决了。你这么聪明，刚才怎么就想不通呢？说罢，我用责怪的眼光看着梅兰，梅兰想争辩什么，我打断她，说，老师知道，主要是菊花比较固执。你其实没说什么。梅兰啊，你说心里话，你觉得老师刚刚讲得对不对？梅兰点了点头。好吧，我眉毛一扬，紧接着说，回去之后，也不要跟菊花说什么。她要问你，你就劝她回去跟许老师道个歉，她如果不愿意，也不要勉强她，你做好你自己的事情就可以了。好吗？梅兰答应着回去了。

计划开了头，就得善始善终下去。对于菊花，我一如既往的冷漠，而与此形成鲜明对比的是，我对梅兰的态度明显热情了起来。天气降温了，我会关照梅兰多穿点衣服；傍晚时分梅兰在教室里抓紧时间做功课，我提醒她别忘了吃饭；梅兰的试卷发下来，我总是主动地告诉她什么地方做错了，要注意点什么。而对于就坐在梅兰旁边的菊花，我视而不见。

更过分的是，我还以非常信任的姿态经常邀请梅兰到办公室里与我"共商班是"，邀请的时候菊花总是在场的，然后我总是记得不经意地看菊花一眼，菊花通常也在看着我们俩，我会很快转过身，带着梅兰往外走。在办公室里，我跟梅兰讨论班级里的一些同学及事情，了解她对班级工作的一些看法，偶尔有意无意地透漏一些比较"秘密"的信息，事后总是叮嘱她不要告诉别人谈话的内容。

做完了这一切，我所需要的就是等待，静静地等待梅兰与菊花的友谊出现裂痕。最初的时候梅兰应该是比较犹豫的，她夹在我和菊花之间，会感觉很痛苦。但是，碰到我这么有诚意的老师，对她又如此信任，她应该不难作出正确的选择。接下来就轮到菊花痛苦了，在班级里，当她唯一的好朋友和她疏远，而她根本无力挽回的时候，她还会那么自负和志得意满吗？

终于有一天，梅兰来找我，要求"换座位"。我惊讶地问为什么，梅兰说，我们吵架了，菊花不信任我，说我出卖她。我连忙说，我可以作证，你从来没有在我这里说过菊花的坏话，你在其他地方说过吗？没有，从来没有，梅兰斩钉截铁地说。可是她不相信我，梅兰的眼神重归忧郁，我们已经有两天没有说话了。

两天没有说话的事实怎么会逃得过我的火眼金睛呢？可是我骑虎难下，我必须要继续惊讶下去。哎，我叹了口气，也怪老师不好，这段时间对菊花缺少关心，可是，实事求是地说，老师觉得，她太主观，不像你这样好沟通。梅兰的眼睛有点红，听了我的话，眼里似乎有被理解的感动。你们两个原来一直是好朋友的，怎么能说分开就分开呢？我说，不行，我不同意。老师，求你了！梅兰似乎下定了决心，以前，我觉得她成绩好才跟她在一起的，可是现在才发现她其实心眼很小的，而且，她对老师也不太尊重，还经常在背后直呼老师的名字。梅兰讲的我一点都不陌生，我的心又隐隐刺痛起来。我对梅兰说，你说的情况我都知道，不过据老师的观察菊花也是有很多优点的，比如说她学习比较刻苦，比如说对朋友比较忠诚等等，再说了，有一个好朋友真的很不容易，大家在一起发生矛盾也是正常的，偶尔有一些误会，也是可能的。这件事情，老师会帮你解决的，如果实在解决不了，你再换座位，好吗？

接下来我只剩下最后一件事要做了，那就是让菊花和梅兰破镜重圆。我必须先做通菊花的工作，要做通菊花的工作就是要让她认识到自己自满自负的缺点。与梅兰的友谊的破裂，对菊花的刺激是很深的，我只要从这件事说开去就可以了。而且，我的目的是帮助菊花，帮助她学会更好地与人相处，认识到更好地尊重他人，才能得到别人的尊重的道理，这个目的完全是对菊花有利的，我这场谈话没有理由不成功。

机会来得顺理成章，菊花的情绪反映到了她的学习成绩上，最近的一次单元测验她的成绩不太理想，我把菊花请到了办公室。我的眼光是柔和的，表情是亲切的。我用春天般温暖的话语一举扫除了盘踞在菊花心头的阴霾，菊花泛着泪光，绽放出了笑颜。

座位最终没有换，两名女生依然是好朋友。而在我的眼里，她们俩成了可爱的女生。菊花的大眼睛依然清澈而透明，只是，那眼神中不再有傲慢，注视久了，还会回报你一个羞涩的微笑。

十六 | 直言破狡

> 俊伟不是会狡辩吗？他不是厉害吗？我根本不跟他争辩！

开学一周后，年级里转来一个叫俊伟的男生。个子长得挺高，有一张忠厚老实的脸，从他的口音判断，来自祖国北方。

俊伟不在我班，我也不教俊伟，因此对他没什么了解。只是从与学生的聊天中得知，俊伟挺霸道，因为个子高，力气大，有时候要欺负小同学，男生里没人打得过他。

那一次偶然去宿舍查看学生的住宿情况，没想到居然帮了俊伟一个忙。俊伟班级的一个男生的家长气冲冲地来宿舍找俊伟算账，正好在宿舍门口被我碰到，我看着不大对劲，便把这家长拦下来。俊伟显然是不止一次欺负那个小男生了。小男生忍无可忍，回去告诉了他爸爸，于是他爸爸冲到学校来。我只能好言相劝，这位家长虽然骂不绝口，但总算还是给我面子。临走的时候，家长说，老师你帮我转告一下俊伟，他要是再敢欺负我儿子，除非他不出这个学校的门，他一出学校门我就把他的胳膊打折。小兔崽子，你让他试试看！

我后来听其他老师说，这个家长来头不小，在我们学校所处地块上黑道白道都能搞定。俊伟要是落到他手里，那还真玩完了。我把这件事及时地通报给了他们的班主任。班主任马上着手了解俊伟欺负同学的情况，不查不知道，一查吓一跳，俊伟欺负同学的现象非常严重，我们立即把俊伟的妈妈请到了学校。

我这才知道俊伟是单亲家庭的孩子，他的妈妈也是一脸的无奈。老师，说实话，俊伟自来你们学校后，已经比以前好多了。俊伟的妈妈说，"十一"长假我带他回北方，亲戚朋友都说他变斯文了，跟以前不一样。我在旁边听得直摇头。我接过话来说，俊伟妈妈，可能是这样的，从调皮程度来说，我们这里的同学本来呢是 1，俊伟是 10，现在俊伟有进步，变成 7 了，可是仍然比其他同学要高一大截。而且还有几个原来是 1 的学生受俊伟影响变成 3 了，我们现在有好几位家长都来反映了，学校当然要对俊伟负责，要给俊伟机会，但是我们也要对其他同学负责，你说呢？

俊伟的妈妈最后同意了我们给予俊伟年级处分的决定。她那柔弱无助的眼神给我印象深刻，也许她在我们面前只是示弱吧，无论是哪种情况，我们处罚了俊伟都有点于心不忍。

受了处分之后的俊伟似乎收敛一些了。俊伟的妈妈后来还来过学校几次，每次见到我都是很客气地打招呼，我也是冲着她笑笑。这是俊伟在预备班也就是六年级时候的事了。

到了初一，俊伟的个子长高了许多，他似乎是在不知不觉中长高的。初一的学生比预备班调皮了许多，不知从什么时候起，俊伟成了办公室的常客。几乎每一个任课老师都到班主任这里来告过俊伟的状，班主任把俊伟叫到办公室来时，俊伟总是摆出一副无辜的样子跟老师狡辩。我从来都是旁听者，俊伟给我一开始的感觉总是很无辜，我不止一次地怀疑是不是老师对他有偏见，而故意针对他。可是后来，当老师们拿出确凿证据的时候，俊伟马上变成另一种态度，他向老师苦苦哀求，老师，我知道错了，再给我一次机会吧，我一定改。言辞之恳切，让人不得不心动。我几乎又一次被他的假象迷惑，可是偏偏有一个电话让我去俊伟班级叫人，我在俊伟班级门口看见刚刚从办公室里出来的俊伟恶狠狠地在班级里叫嚣：是谁到老师那里告我状的？是谁？态度之凶恶与刚才那个在班主任面前讨饶的俊伟相比，简直天壤之别，我若不是亲眼所见，实在难以相信。

俊伟只是长了一张貌似忠厚的脸孔，我后来才注意到他的眼睛其实很小，眼睛小的人一般都比较奸诈，这好像是哪本书说的。可是也不是绝对的，我不能轻易地下一个结论。当然我自己照镜子的时候还是很欣慰的，因为我的两只眼睛还是很大的，大而有光。

随着俊伟一次次地到办公室里来，我能感觉到他是失控了。尽管他的班主任老师也很努力，但是俊伟仍然像一匹脱缰的野马，我们无法预知他明天又要闯什么祸。既然已经失控，不闯祸是不可能的，闯祸是必然的，只是不知道闯什么样的"祸"而已。尽管我一直相信没有教不好的孩子这一说法，可是对俊伟来说，也许仅存在理论上的可能。因为俊伟的本质已经发生了变化。而要把他的本质改变回来，需要一系列精确的做法。靠我们这种常规学校的常规教师来完成这个工作，已经很难很难了。

俊伟的班主任对俊伟基本上是黔驴技穷了。最明显的一个标志就是俊伟可以在办公室里很大声地与她争辩，或者说是狡辩。与以前不同的是，即使面对确凿的证据，俊伟也有办法狡辩，更有甚者，他还会这样对老师说，就算我有错，老师你这么大声地骂我不让我上课也是不对的！

我终于无法再忍受下去了！我对俊伟的班主任说，俊伟的事情，往后就由我这个年级组长亲自抓吧，你太辛苦了，以后俊伟再有什么事，直接把他交给我。好啊，谢谢你，我是拿他没有办法了，他太会狡辩了。班主任说。狡辩？我冷笑一声，你看我怎么对付他。

俊伟上计算机课吃零食、讲话不听劝阻，并与计算机老师对吵，有学生请我去机房看一看。我把俊伟带到办公室，他看着我，一脸无所谓的神情，老师，为什么不让我上课？你想上课吗？好啊！刚才上课有没有犯错误？我凝视着俊伟的眼睛。俊伟看了我几秒钟，终于还是退缩了，我吃了点零食，可是只吃了一点点……好了，我打断他。我拿出一本空白的练习本，给他一支笔。把刚才的事情经过写一下，写完了就去上课。

俊伟坐在我的座位上，几分钟就写完了情况说明，在我的提示逼问下，他又补充了一些内容。都补充完了？我一边看着说明本，一边问。老师我都写了。好吧，把姓名日期写一写。写这儿。我现在送你回去上课，你不许再犯错误。再被老师赶出来你就只能跟我待着了！我把俊伟的说明本放在办公桌右边的第一个抽屉里，这样每次拿起来方便。

俊伟在宿舍里不按时睡觉还顶撞生活老师。我把他叫到办公室。我拿出上次的那本说明本。把昨晚的事情写一写。我扔给他一支笔。什么事儿？俊伟像没事人一样反问我。什么事？你心里有数！我凝视着俊伟的眼睛，昨晚你几点睡觉的？你跟生活老师都说了什么？我……俊伟刚要说，我一抬手阻止了他，别跟我说，写下来。怎么做的就怎么写。男子汉大丈夫，要光明磊落，别遮遮掩掩的，一人做事一人当。否则我看不起你！

以后俊伟每次犯错，我都采用这样的方法，让他写情况说明，末了署上姓名日期。写完即走人，我不跟他多说一句话。俊伟不是会狡辩吗？他不是厉害吗？我根本不跟他争辩！这样几次下来，俊伟有点心虚了。在走廊里见到我，他会在很远的地方向我问好，而且特别大声。我总是轻轻一笑，点点头。别这么大声，走近了我对他说，别把你旁边的同学吓坏了。你要是真的尊敬老师就别老是出事惹麻烦。

俊伟好了一个星期，接下来的一次错误比以前都严重。在我的办公室写完情况说明，俊伟显示出毕恭毕敬的样子来。写得很详细，态度不错，我说，你走吧。俊伟却没有走，老师，我知道错了，你批评我吧！我抬起眼，诧异地看着俊伟，俊伟的眼睛里有一丝可怜的光。快走！我命令道。老师……俊伟还想说着什么，可是已被我推出门外。

俊伟眼里那一丝可怜的光曾一度让我心软。他一定是觉察出什么不对了。每次写完情况说明，我就迫不及待地让他走人。我绝不跟他多说什么。俊伟一定感受到某种巨大的危险即将来临，他那么聪明，不会意识不到我是有预谋的，哪有那样的好事，每次犯完错写一个东西就走，连批评的话都没有。我有时也反问自己，是不是太残忍了，给俊伟制造这么大的心理压力？可是一想到他以前是怎样人前一套背后一套的，想到那些被他欺凌的孩子们，在俊伟的欺压下，他们敢怒而不敢言，我就不能不下狠心。

俊伟的班主任跟我反映一个情况，说俊伟曾经晚上熄灯后跟女生到学校的地下室去约会过。有证据吗？没有。班主任说，俊伟是肯定不会承认的。除非你当场拿下，否则就算有人亲眼看见他也会赖掉。俊伟正是这样的人，我当然清楚。我心里说，脸上却微微一笑，我有办法。你等着看好了。

我把俊伟叫过来。老师，我又怎么了？我尚未开口，俊伟即反客为主。怎么了？我一声冷笑，我问你，你有没有跟女生到地下室去约会过？没有！俊伟一口咬死。真的没有？我看着俊伟的眼睛。真的没有。俊伟把头一转。好啊！我拉开右边第一个抽屉，拿出那本俊伟熟悉的说明本。写。我说。写什么？写，我王俊伟从没有和女生到地下室约会过，王俊伟，2002年5月9日。我口授道。

俊伟一阵晃动。我把笔和本子递给他，俊伟却不接。老师，为什么要写？他问。刚刚那个情况属实吗？我反问。不属实。真的？真的。那就写下来呀。你不是没有吗？你就写你没有和女同学约会过啊！老师哪句话说错了？没有，俊伟摇摇头，我不写。你为什么不写？我为什么要写？俊伟的态度非常坚决。我不再说话，只是看着俊伟的眼睛，一眨也不眨。俊伟起初还跟我对视，可是很快，他就低下头去，不再看我。我微微一笑，你真的没跟女同学约会过？我问。真的没有。那好，我相信你，你走吧，我们会注意观察的。

俊伟的班主任目睹了整个事件的经过，她走过来，他不写你怎么能放他走？他不肯写就说明心里有鬼，就等于承认了呀。我原就没指望他写。为什么？其实以前的事情去调查它意义不大，最重要的是俊伟以后再也不敢去地下室和女生约会了。你想啊，他今天都这样了，还敢再去吗？那他要是写了怎么办？写？没关系啊！他写下来也再也不敢去地下室了。你想啊，如果你是俊伟，你明明做了一件事情，但是却白纸黑字写了这么个谎言，你心里是怎么样一种感觉？你太"歹毒"了！俊伟的班主任不得不佩服我。

那段日子，俊伟松松垮垮的，像一只病猫。期中考试后的家长会，俊伟的妈妈来到学校亲自审阅了俊伟的"情况说明"。他的妈妈当然意识到了情况的严重性，我婉转地暗示她，学校正准备给俊伟一个很严厉的处罚，但是如果俊伟主动提出转学的话，可以考虑从轻处理，并且不把处分记录进档案。那次，俊伟的妈妈留到很晚，她一边流泪一边向我们叙说着她一个人把俊伟拉扯大的艰辛，希望学校能够网开一面，再给他儿子一个机会。后来，她还去找了校长，她的眼泪很容易让人心动。俊伟的班主任问我，你对俊伟的妈妈怎么看？她对俊伟是完全失控的，俊伟到今天这个地步她要负首要责任。我冷静地说。

靠着她妈妈的眼泪，俊伟逃过了一劫。他沉寂了很长时间。期末考试之前的复习也小小地认真了一下，初一结束的时候，他的成绩居然还不错。忘了交代，因为聪明，俊伟的成绩本来就不差。

到了初二，俊伟依旧保持一种低调的状态。尽管仍然有一些小的错误，但是在老师提醒之下，认错态度通常还不错，在办公室里也不再跟老师狡辩了。我以为俊伟从此收敛了，可是在一次处理初一年级一名学生晚自修时间偷偷溜到空无一人的老师办公室玩电脑游戏的事件时，这名学生交代是初二的一名男生教会他的，而那个初二男生叫什么俊伟来着。

第二天在办公室，我拿出一张纸，问道，你有没有到老师办公室玩过电脑？站在办公桌对面的俊伟说，没有。我把纸推过去，写。我低着头，看都不看俊伟一眼，写，我王俊伟从没有到老师办公室玩电脑。俊伟没有接那张纸，老师，让我想一想。他歪着个头，装模作样地想起来。我不睬他，看起我的书来。老师，我想起来了，有一天晚上晚自修结束时，我去上厕所，看见老师办公室门开着，里面有亮光，我进去一看，原来电脑没关，我就想把电脑关了。真是这样吗？

我严厉地问。是这样的，关电脑之前看到有游戏，就忍不住玩了一会儿。是吗？我平静地问。是的，俊伟点点头。把你刚刚说的话写下来，写完了就可以走了。说完，我仍低头看我的书。过了几分钟，俊伟把那张纸递给我。姓名、日期，我提醒他。俊伟便补上。你怎么不走？我问他。老师，我有个情况要汇报。什么情况？初一年级也有一个男生玩过老师办公室的电脑。是吗？我惊讶地抬起头来？谁啊？我问。名字我不知道，我去打听一下，再来告诉老师。他玩过很多次，就在昨天，老师跟他谈完话之后，他又去玩了！俊伟说这话的时候，显得异常地镇定，口气却很谦卑。

我想继续看书，可是书上的字却一个也看不进去了。俊伟向我揭发别人的过错，想立功赎罪，我却一点没有取得突破之后的欣喜。相反，我却开始厌恶起自己来，我厌恶俊伟，我厌恶整个的事情。以往那种和俊伟斗智斗勇之后的快乐消失得一干二净，我的心头满是空虚。

俊伟的情况说明还放在桌边。我拉开右边的第一个抽屉，却又最终关上。我把俊伟的那张纸揉成一团，对着墙角的垃圾篓，瞄了两下，然后投篮。只听"噗"的一声，纸团应声进篓。刚好从门外走进俊伟的班主任。好准啊！她诧异地看着我，赞扬道。

十七 ｜ 打草惊蛇

> 我铺开了场子，把草拨得哗啦啦地响，为的就是让
> 蛇自己出来。

　　晚自修第一节课下课时，小光突然到办公室来找我。有什么事吗？我和蔼地问。老师，我的好译通不见了。小光一脸的沮丧，这个好译通是我妈不久前刚刚买的。多少钱？我顺便问道。两千多块呢。

　　小光的回答差点让我从座位上跳起来。我心里陡然升起一股气恼来，好你个小光，平时不是关照你们不要把贵重物品带到学校里面来的吗？就是不听！一个电子词典，两百多块的已经不错了，为什么买这么贵的？现在弄丢了，又来找我，你以为老师整天闲着没事做帮你们找东西啊！

　　不过，气恼归气恼，小光的情绪也不好，我不能马上就对他发作出来。我只能把那股气恼按下去，按在心里，转而平静地问起好译通丢失前后的经过来。

　　原来下午离开教室去食堂吃饭时小光记得是把好译通放在抽屉里的，晚自修开始后做了一会儿英语作业，碰到一个不会的英文单词，想用好译通来查一查，翻遍了抽屉却怎么也找不着，一下子着急起来。结果整节晚自修就不做功课了，书柜里找了，包里也找了，都没

有。只好向老师汇报。

你能肯定好译通是在抽屉里没有的吗？我问。小光点点头，能肯定，因为下午最后一节课是英语课，我还用过好译通，用完就放到抽屉里，下课之后我又做了一会儿作业，然后就和同学去操场上玩去了。那么班级里有谁知道你有好译通呢？我接着问。蛮多的，小光沉吟着，很多人都知道我有好译通，我还借给他们用过呢。你呀！我忍不住就伸出手指点着小光的鼻子数落起来，谁让你把这么贵的东西带到学校里面来，还让大伙儿都知道，自己又不保管好。现在弄丢了，你说该怎么办？

小光畏缩起来，他摇摇头。小光的可怜状又让我生出同情之心。这样吧，我略作思考对小光说，你先回去，再好好想想，有没有可能放到别的什么地方去了。到第二节晚自修结束时，如果还是找不到，你告诉我，我再帮你一起找。怎么样？小光点点头，回去了。

情况已经很清楚，小光的好译通是被人拿走了，而这个人很有可能就是小光的同班同学。因为这只是新学期的第二个月，这个年级也刚刚组建不久，班级与班级之间还不熟悉，拿小光好译通的人一定是对小光比较了解的同班同学。

第二节晚自修上课的铃声很快响了，我回到教室，马上找班级里的一些同学了解情况。作案时间基本排除了晚饭之前的可能性。那么也就是说有人晚饭吃得很快提早回教室，然后拿了小光的好译通。

小光的好译通现在一定在某个地方静静地躺着呢。可它究竟在什么地方呢？我闭上眼睛，静静地冥思苦想起来，想象着好译通藏在某个角落的样子。

以前我自己丢了东西，在找之前，总是会静静地想一想，它可能会在什么地方。这样做可以理清思路，缩小搜索范围，虽然不是每次都能找到东西，但是也颇成功了好几次呢。记得我自己初中读书时曾经有一次做完值日，发现班级教室的钥匙不见了。于是我就想，钥匙怎么会不见的呢？很有可能在我弯腰扫地的时候，钥匙从裤子口袋里滑落到垃圾中，然后被我或者其他值日生扫进簸箕里，最后倒进垃圾箱。想通了这个过程，我就直接到垃圾箱里去找，嘿！一下子就让我找到了。从此以后，我就开始迷信起这个方法来。

我的第一感觉是：这个好译通还在班级里！从时间上说，拿的人还没有时间转移。从技术角度说，十三四岁的孩子还没有娴熟到在很短的时间内把好译通藏在一个大家都找不到的安全地方的能力。此外，从人的心理角度看，如果我是那个拿别人东西的孩子，我喜欢那个东西，我还是暂时把它放在贴身的地方感觉比较踏实。我抬眼扫视着全班，孩子们的脸都很纯真，做坏事的人又会是谁呢？

晚自修快结束时，小光不出意外地告诉我，好译通还是没有找到。我点点头，安抚小光别着急，我会帮他找的。我的心里已经有了主意。在讲台上，我提醒同学，晚自修快要结束了，大家把东西收拾一下，老师要跟大家说一件事。然后，在等待的间隙，我踱到窗台旁边，放眼看窗外。夜晚的天空繁星密布，深邃遥远。我又闭上了眼睛，我这个主意有点冒险，希望老天可以保佑我成功。

教室里逐渐安静下来，学生们收拾好自己的东西后都静静地坐在自己的位置上看着我，我的脸是严肃的，严肃的老师要跟全班讲一件什么样的事呢？

是这样的，在大家的注视中，我缓缓说道，我们班的小光同学丢了一个很贵的好译通，这个好译通很可能现在还在我们教室里。我们今天晚上要好好地找一下，争取把它找出来。

教室里一片骚动，学生们窃窃私语起来。有人问道，老师，怎么找呢？

这样，每个人先把自己的抽屉和书包找一遍，然后，所有的人到教室外面去排队，老师和几名班干部在教室里再找一遍……要是还找不到呢？又有人插嘴问。要是还找不到，我看着那个问问题的学生，微微一笑，我们就请每个同学把自己身上的口袋都翻出来，大家互相检查一下。总之，我们今天一定要把这个好译通找出来。我坚定地说。

好，接下来给大家两分钟的时间把自己的抽屉和包都找一遍。我大声宣布。

两分钟的时间应该是足够了。那个好译通，如果它在班级里，那么，要么在某人的口袋里，要么在教室的某个地方，而经过这两分钟之后，它就一定只能在某人的身上了。

两分钟之后，所有的学生都排队站在教室外面。我和几名班委一起进了教室。我嘱咐道，大家只要从外面看看就可以了，不要动手去别人的抽屉里翻东西。我自己呢，只是站在那里大致地看看，教室里自然找不出好译通，我所要做的也就是虚张声势而已。

五分钟之后，我重新站在教室外面的队伍前面。几位班委一无所获，已经回到队伍的行列中，我假作"气急败坏"地对着大家说，今晚要是不把这个好译通找出来，我们大家都甭想回去睡觉。

我的眼睛一个一个地从学生们的脸上扫过，从他们的表情来分析，谁都像那个人，谁又都不像那个人。我无法一眼看出那个拿好译通的人究竟是谁，可是我相信，那个好译通现在一定静静地躺在某个人的口袋里呢。

大家都静静地想一下，看看谁能给我们提供什么线索，我说，给大家五分钟的时间，要是没什么线索，我们就相互检查身边的东西了。

人群骚动起来。我大叫一声，不许讲话！要发言请举手。我需要一个肃穆的氛围，我需要让那颗心灵受一点煎熬。那个拿别人东西的人现在心里一定很不安吧，我想。如果好译通在他的口袋里，这个五分钟就是他等待图穷匕见的时刻，他会坐以待毙吗？

他当然不会坐以待毙，换谁都不会坐以待毙，那么，他又会作出什么样的选择呢？

对于我来说，这个五分钟也是很紧张的。万一五分钟之后，没什么变化怎么办？真的要一个一个去搜身吗？我还没有愚笨到那个程度。我铺开了场子，把草拨得哗啦啦地响，为的就是让蛇自己出来。如果我去搜学生身的话，我是在做让蛇咬的事，我当然不会去做。

一分钟，两分钟。三分钟，四分钟。我们就这么静静地站着。突然，有人举手了。好，你说，我连忙用手点一点他。老师，我想上厕所。这个学生捂着肚子说。

好。我一挥手，马上放行。厕所就在教室隔壁，拐弯就是，以前就觉得方便，现在更觉得方便。又有些手举起来了，老师，我也要去。等一等，我说，一个个地去，等前面的人回来了，下一个再去。

上厕所的人一个接着一个。又一个五分钟过去了。站着的人依旧安静，我也不提搜身的事。

突然，有一个从厕所回来的学生大声喊道，老师，好译通找到了！是吗？我心头一阵狂喜！在哪里？我转身把班长叫出来，我们一起去看看！

在一楼的男厕所里，那名男生指着窗台上一个隐秘的角落，老师，就在这里。我顺势望去，可不是嘛！那个该死的好译通正静静地躺在那儿呢！我对班长说，把它拿回去，问问小光，是不是他丢的那个。班长说，老师，不用问了，就是这个。我以前见小光玩过的。

我们回到队伍的时候，大伙儿一阵欢呼。安静了那么久，压抑的能量似乎一下子都要释放出来。我一张张脸看过去，有人兴高采烈，有人依旧平静，有人关切地问那名发现好译通的学生是怎么找到的，每个人都像是那个拿好译通的人，每个人又都不像。

可是，现在一切都已经不重要了，因为我要找的是东西，而不是人。我在心里说一声"收工"，嘴上却说，体育委员整队，回宿舍！

晚上躺在床上睡觉时，我还很兴奋，我想古时的县官断案也不过如此。可是突然间想起一事，十分后怕，恍惚中睡去，竟然还做了一个噩梦。

第二天一早，我就急匆匆进了教室。我走到小光桌前，那个好译通呢？我尽量使自己的声音平缓。小光低下头，从自己的书包里拿出好译通，放在桌上。我一见好译通，暗地里大舒一口气，一把拿起。没收了，我说。转身走回讲台。

从今天起，谁再带贵重物品来学校，一律没收，请家长亲自到学校来领。我大声宣布道。

十八 | 鸟尽弓藏

> 看着他们紧张的样子，我却愈发作出一脸严肃状，
> 并且秉公执法，铁面无私。

初一年级有几名很聪明的男生，最近成了老师们头疼的对象。他们的成绩在年级名列前茅，而且多才多艺。只是，看不起同学倒也算了，竟然也看不起老师来了！一开始我也不以为意，但是反映情况的老师多了，我倒暗暗关心起这件事情来。

几周之后，有一位数学老师突然开始在每个周三的下午出去参加培训，这样他那天下午的兴趣选修课就没法上了。在教导处，我随口问道，哪个年级的选修课？他说，初一。我心中一动，忙问，蔡智在不在你班上？在啊。他说。太好了，我脱口而出，你去吧，你的课我来上。

蔡智便是这几名学生中的一员，真是天赐良机啊，我心里想，正好借这个机会会会这几名学生。我拿到初一数学思维训练选修课程的学生名单，不禁乐了。这个年级几名最骄傲的学生都在这个班里，不过想想也合乎情理，这些学生聪明，脑子转得快，数学一定也是他们的强项。

我们学校的兴趣选修课安排在每周三的下午，一周上一次，每次

一个小时。一想到要给这些"刺头"学生上课，我不禁生出一种盼望来。

星期三下午来到了，我拿着讲义走进教室，面对着有些诧异的学生，我说，郑老师因为以后周三要外出开会，所以以后的课就是我来上了，下面点名。于是我就面无表情地开始点名，每点一个名都要很认真地看这名学生两眼，看得他浑身起毛之后，又点下一个名。点到蔡智时，我故意多打量他几眼，说，哦，原来你就是蔡智啊！蔡智昂着个头，反问道，我怎么了？没什么，我听说你做题速度很快。老师你怎么知道的？蔡智嘴一咧，得意地笑起来。

点完名，我开始上课。我说，听说我们这个班的同学水平挺高，所以今后每次我们上新课之前都一起来做一道题。每道题的答案都是一个数字，我给大家十分钟的时间，十分钟之后每个同学都要把自己的答案报出来，我们来看看哪位同学能做出正确答案。说完，我在黑板上写下了一道题目，有一个人要吃 10 块巧克力，每天至少吃 1 块，共有几种不同的吃法？

学生们紧张地算开了，看着他们在纸上一一地列着不同的情况，我就不禁好笑。答案是 2 的 9 次方，也就是 512 种，如果一种一种地列出来，只怕做一天也不一定做对！

10 分钟到了，我开始按照花名册的顺序让学生们报答案，很多人都是一个一个数的，数出来的答案都很离谱，大部分都只有几十，个别超过一百。蔡智本来报了一个答案是两百多，大概是后来觉得大多数人的答案都不过 100，于是提出来改成 97。我问他，你确定了吧？确定了，他点点头。好啊，我也点点头。后面有一名学生报出 455 的答案，惹来其他人的一阵哄笑。我把每个人报的答案一一记下来，然后我说，下面我们来看一看这道题目的答案究竟是多少，看谁的数字最接近正确答案。我，有一个声音说。我，另一个不知好歹的声音响起来。我说，你们先不要争，我来教大家方法，待会儿你们自己算一算就知道了。

我说，10 块巧克力太多，我们先从简单的讨论起。如果只有 1 块巧克力，那么有几种吃法呢？1种，很多声音回答道。很好，我一边说，一边在黑板上写下1。如果有2块巧克力呢？2种，几秒钟后答案趋于一致。非常好，我又在黑板上写下了2。那么，3块巧克力呢？学生很快说出了4的答案。我又写下了4。有同学小声嘀咕道，2倍。有同学已经发现规律了，我肯定道。我们再看一下4块巧克力的情况，看是不是符合这个规律。学生们花了半分钟的时间确定了有8种吃法。好，1、2、4、8，我们大家看出规律了吗？后面一个数字是前面一个数字的2倍，学生们此起彼伏地叫起来。那么，按照这个规律，你们算一算10块巧克力应该有多少种吃法，然后比较一下你们的答案。我看着他们，脸上似笑非笑。

最终答案是多少？我问道。512，学生们回答。我们的答案中最接近的是455，我严肃起来，我记得好像一开始还有人嘲笑这个答案，谁刚刚在笑话别人我都看得一清二楚，我很失望，我们这次没有一个人做对答案，还有一些人的答案比较离谱。我说这话的时候，眼睛看着蔡智，蔡智不说话，可是脸孔有些红。以后每天我们都会做一道这样的题目，我说。

接下来的课，我用另一种更简单的方法把刚才那道巧克力的题目又重新解答了一遍，听懂之后，这些学生都像猫一样"妙啊妙啊"地叫起来。

以后每次课，我都会编一道这样的结果是一个数字的数学题，让他们做，因为每次的题目都有一定的难度，所以每次做出正确答案的人都很少。我绝不放过机会，每次都趁机对那几个比较骄傲的人冷嘲热讽一番。他们虽然沮丧，但是因为自己确实不争气，没算出正确答案，也无话可说。当然了，每次我都会把这类题目的解法很透彻地讲给他们听，有时候还用几种不同的方法，每一次上课，他们都会留下很深的印象，也都学到了很多解题的方法。

同时在每一次上课时，我都会点名，其实这近20名学生我眼睛一扫就知道都来了，但是我仍然每次都煞有介事地点名打钩。前后也不过多花一分多钟，但是给学生的感觉却是不一样的。果然，在我上课的日子里，没有人迟到，更没有人缺席。

一段时间之后，这些学生在我的面前就比较"谦虚"了，有时候在校园里见到我，他们还会问我，老师这个星期三做什么题？我摇摇头，这个不能告诉你。他们便悻悻地走开。

临到期末了，我对学生说，下个礼拜要考试了，我们这门选修课的成绩包括三部分，第一部分是平时上课的表现，占20分，最主要的是看你每节课做的那道题的正确率；第二部分是下周的笔试题，60分，基本都是我们这学期讲过的内容；第三部分是口试题，也占20分。

啊，还有口试题？怎么样的？学生好奇地问。很简单，题目我先告诉大家吧，你们可以先回去准备一下。我边说边在黑板上写下1、4、7三个数，然后问，下一个是几？10。下面答道。再下一个呢？13。回答的声音愈发响了。就这题啊？蔡智问。是的，我点点头。这么简单啊！蔡智哂笑起来。是啊，不过我还没说要求呢。我的要求是用尽量快的速度一口气把这串数字背出来，而且当中不能换气，不能说错，也不能卡壳。好，下面大家先试一试。班级里顿时热闹起来，1、4、7、10、13、16……他们快速地念了起来。很多人只报到二十几就卡住了。蔡智问，老师，多少及格？50以上及格，100以上满分。我说。啊！全班都张着嘴惊叹起来。蔡智脸上突然有了不怀好意的笑容，老师，你能说多少？其他几个人也附和起来，是啊，老师，你先说说看。我早有预料，好啊，我轻松地说。大家安静下来，我深吸一口气，迅速而熟练地报起数来。……133、136、139、142，我吐出最后一个数字。哇！学生们情不自禁地鼓起掌来。我微微一笑，幸亏我早有预料，前两天的苦练没有白费，否则怎么镇住这帮学生呢？

正式考试的时候，学生在教室里安静地做题。我站在门口，拿着点名册，按座位次序一个一个地叫学生出来口试。那种场景就好像在医院里排队打针一样，看着他们紧张的样子，我却愈发作出一脸严肃状，并且秉公执法，铁面无私。

一转眼，初一的下半学期开始了。兴趣选修课又要开始了。每学期的第一周，学校里规定学生可以提出转兴趣小组的申请，但是要得到双方指导教师的同意。第一次去上课，有两个学生拿着申请书走到我面前，老师我们想转到车模小组去。为什么？我问。因为车模小组上学期期末考试只要交几十块钱买一个汽车模型就通过了。这时蔡智也犹豫着走过来，老师我也想转。说说理由，我说。其实我们也是喜欢上数学课的，只是每节课都要做一道题，做不出来也要把答案报出来，压力很大的。还有，最后考试还有口试，你在门口把我们一个一个叫出去，那个气氛太紧张了。哦，我笑起来，原来是这样啊，你们早说啊，要是不愿意做题，那么这学期，我们自由一点，不做每课一题了，考试方式也取消口试，怎么样？好的好的。那我们就不转班了。学生们都热烈地响应起来。我让他们安静下来，不过，这学期我会每次都布置作业的，你们要认真做课后的作业，怎么样？没问题。大家异口同声地说。

第二学期的兴趣课气氛就非常轻松了，我不再每节课都点名，也时常跟他们开开玩笑。我们的关系非常融洽。在我的课上，学生们可以自由发言，蔡智等人的眼中不再有傲慢的光，而我也不奚落他们了。我们一起探索数学的奥秘，学生们也体会着学到新知识的乐趣。每个周三，他们都早早地来到教室等我上课，我能看出他们很喜欢上我的课。只是，我反而不再像上学期那样，对每周的选修课有一种期望。

一个周三的下午，我临时要出去开一个会，估计在3点选修课开始之前可能赶不回来。我于是关照这个年级的年级组长通知学生，不料年级组长由于接待一位突然来访的家长而忘了告诉他们。我赶回来的时候，已经3点半了。我拿上讲义，马上奔向上课教室。学生们见到我都欢呼起来，老师，我们还以为你不来了呢！蔡智带头喊道。老师，我们等你等得好辛苦啊！看着学生们热忱、欢快的脸孔，想起以前我曾经那样地"折磨"他们，我的鼻子酸了一下，心也一下子柔软起来。

十九 ｜ 扶弱成强

> 我呆呆地看着明秀这段话，不由自主地想起初二时那次不可思议的班会课的情景，明秀不屈、坚强的形象又一次在我的脑海中浮现出来。

明秀是这学期刚刚从东北转来的女孩子。入学考试时她的成绩一般，没有达到我们学校的录取标准，她的爸爸后来托了人，明秀才得以进来读书，还只能以借读的名义。

我们年级一共有四个班，因为我们班上学期正好转走一名学生，所以学校把明秀安排到了我的班里。从心底里来说，我是不大愿意的，因为都初二了，一个外地来的插班生，成绩又不太好，会不会影响班级的总分啊，会不会不适应学校的生活啊？对我这个班主任来说，又凭空多了一些麻烦。

心里有想法，表面上却不能显露出来。我热情地接待了明秀，帮她办好了入学的手续，领好教科书，买好校服，然后，在班级里，我带领着全班同学，用掌声欢迎明秀的到来。我发表了简短的讲话，我说，明秀是新同学，希望大家在学习上和生活上都要帮助她。

明秀第一次的作业就让我眼前一亮，她的字迹工整清秀，不但答案全对，而且格式规范，显示出她是一名学习习惯非常好的学生。我在明秀的作业本上写了一个大大的"好"字，并及时地在班级里表扬了明秀，表扬的时候，明秀有点害羞，可是眼中却放着光彩。

明秀的第一次数学测验一鸣惊人，考了全班前三名，我十分震惊，我没有想到这个少言寡语的女孩竟然有这么大的能量。我完全纠正了以前的观点，对明秀，我开始刮目相看了。

一周过去了，从各个学科的老师那里，都传来了对明秀的好评声，虽然存在着北方与上海的教材衔接上的问题，明秀的成绩没有出类拔萃，但是她对待学习的态度却让所有的老师都赞不绝口。

班级里的学生回去对父母说，我们班来了个外地学生，学习可用功了，连吃饭的时候都在背单词。

管宿舍的老师说，从没有见过这么用功的孩子，回宿舍之后一分一秒都不浪费，熄灯之后还躲在被窝里打着手电筒背书。

明秀的成绩成为班级佼佼者看起来只是个时间问题。

可是明秀的表现却又一次出乎了我的预料，她的数学成绩名列班级前茅只是昙花一现，此后，她一直在中上游徘徊。其他学科的成绩也不突出，英语则处于班级后列。在短暂的爆发之后，明秀很快恢复了平庸。尽管我在班级里对明秀的很多学习方法赞赏有加，其中一些方法比如说订正作业的错题分析法我甚至在全班推广，但这些举措似乎对明秀的帮助并不大。明秀遇到了学习的瓶颈。

这个瓶颈首先是来自于英语学科，我们班的学生大多是从本校小学升上来的，而我们学校小学从一年级就开始学英语了，明秀是初一才开始学英语的，这之间的巨大差距短时间内根本无法赶上。其次，明秀尽管学习十分用功，但效率并不高，上课的时候她几乎把老师的所有板书都记下来，却并没有完全理解。而有些学生，尽管没记什么笔记，可是都理解了，做题反而比明秀好。

我知道明秀的这个瓶颈不太容易突破，即使突破也需要时间。明秀的眼中有一些迷茫，明秀能最终克服这道难关吗？看着她焦急的样子，我也忧心忡忡。

期中考试成绩出来了，明秀在全班40名学生中排名19位。我们学校的成绩排名是不对学生公布的，老师们只是私下来排个名自己做一个参考，学生如果想知道自己的名次也可以去问老师。明秀没有来问排名，她知道自己考得并不好。考试结束后的那几天，明秀的情绪非常低落。我感觉明秀的信心有点动摇，决心找个机会帮助她。

那个星期，我让每一名学生写一篇文章，对自己的期中考试作一番总结。在每一名学生的总结后面，我都会有针对性地写上一段话，作为评点。

明秀的总结是这样写的：

这一个学期以来，尽管取得了一定进步，但对自己的成绩还是不满意的。我花了比别人多得多的时间，到头来成绩反而不如他们。我心里很着急，可是越着急越考不好。想起老师说过的话，可能我考试的心态没有调整好……

明秀的小结让我又心疼又难过，一个十几岁的孩子，背井离乡到上海来学习，该克服多么大的困难，承受多么大的心理压力啊！我拿起红笔，在明秀的总结后面写道：

千万不要泄气，明秀！和刚来时相比，你的进步是有目共睹的，老师们都很看好你，你的前途是一片光明的。当然，在前进的过程中可能暂时还会有一些困难，也会有一些痛苦，可是，这些终将会过去的。曾经有人说，每一个人都是一个苹果，每一个苹果上帝都会咬一口，如果你感觉痛了，那是上帝在咬你，如果你痛得厉害，你应该感到高兴，那是上帝对你特别偏爱的缘故啊！

我的鼓励极大地恢复了明秀的信心。周末发总结本的时候，我特别注意明秀的表情。明秀看完总结本上的评语后，抬起头看我，我也在看她。我露出笑容，冲她点点头，然后张嘴做了个吃苹果的动作，明秀也忍不住笑起来，脸红扑扑的，又有了光彩。

期中考试后，年级里进行了总结，开年级大会表彰了在期中考试中名列前茅以及取得大进步的学生。明秀没有得到表扬。为了继续鼓励明秀，我"巧立名目"，在班级里开展了"学习之星"的评选。我让各门功课的老师按照本学科的表现在班级里选出最值得表扬的三至五名学生，我特别强调，不一定要选成绩最好的学生。统计结果出来了，明秀竟然得到了语文、数学、英语、物理、政治、历史、生物、体育所有八门学科老师的提名，她得到了八颗星！

我虽然已经预料到明秀会得到很多星，但还是没有想到所有的老师都被明秀的学习精神所感动。我决定在班级里开一次主题班会，请得星比较多的几位学生来给大家作报告。事先我让明秀给我看了她的发言稿，我对她说，写得不错，正式发言的时候最好不要照着稿子读，如果有一些发挥或者举一两个例子就更好了。明秀答应了。我又一次没有想到的是主题班会取得很大成功，明秀的发言感动了很多人。

明秀是第一个发言的，起先她照着稿子读了一段，大抵是一些上课怎么听讲，作业怎么做之类的，讲了五分钟，明秀突然脱稿了，她说，我给大家讲一个真实的故事吧。

明秀开始讲起故事来，她的声音低缓而清晰：有一个星期六，我一早出来乘公共汽车去补课班上课，在公共汽车上我拿出英语书背单词，突然间有一个人对我说，闺女，坐下来看书吧。我一看，是坐在我对面的一位白头发的老奶奶。我一想，只有小孩给老人让座的，哪有老人给小孩让座？就不肯。奶奶说，闺女，你坐下来看吧，这样能看得更清楚一些。

明秀的故事极大地出乎我的意料，也出乎了所有人的意料，我们大家都认真地听起来，教室里非常安静，静得连根针掉在地上都能听见。明秀语速非常慢，声音也比较轻，她讲得非常投入，尤其是直接称呼故事中的老人"奶奶"，让我们备觉震撼。

明秀接着讲下去：我还是不肯坐，我对奶奶说，奶奶，我不累的，我已习惯了。我注意到奶奶的座位旁边放着一件很大的行李，似乎是一床被子，就问，奶奶，你上哪儿去啊？奶奶说，我去看我的儿子。我接着问，你儿子在哪儿啊？奶奶就不说话了，我发现奶奶哭了。

明秀讲到这里，我们就觉得她的声音有点不对了。仔细一看，原来明秀的眼睛里也流出泪来，我们一下子就被感染了。故事很吸引人，明秀的叙述更感动人。大伙都静静地看着明秀，也都静静地等着明秀继续讲下去。

明秀停顿了片刻，接着说，我看见奶奶哭了，还觉得奇怪，不知道哪句话说错了，就听到奶奶说，我的儿子在监狱里，我今天是去监狱看他的。闺女，知道我为什么要让你坐吗？我是看到你想起了我的儿子啊，他以前读书要是有你一半用功，现在也不会去坐牢啊！

明秀这个故事本来就讲得慢，这段话更是哽咽着说完的。我们班那些学生哪见过这个！都被震住了。有一些感情脆弱的女生眼圈也都红了，全班学生包括我都愣在那儿，呆呆地看着明秀。

……

明秀后来又说了一段话，可能是她自己的感受之类的，我基本没有听进去。我还沉浸在刚才的那个故事里，明秀的故事太精彩了，我从来没现场听过这么感动人的话语。

明秀发言结束后，大家给了她热烈的掌声，我看到很多人一边鼓掌，一边还保持着听故事时的那种吃惊的表情。

明秀的一个故事胜过我千言万语，那次班会以后，班级里的学习氛围浓了许多。课余，明秀的身边多了很多和她一起学习的人。明秀的故事感染了全班，她的学习热情也同样感染了大家。

一年半以后，明秀考上了一所区重点高中，她的父母非常满意，她自己也很高兴。新学期开始前，我们在办公室里整理东西，我无意中扫了一眼语文老师清理出来的一本试卷，第一份正好是明秀的，那页正好是一篇作文，是中考之前的一次语文模拟考试的大作文，题为"选择"。我一下子产生了兴趣，打开试卷看了起来，明秀是这样写的：这一年多来，我无数次地选择了战胜自己，战胜自己的懦弱，战胜自己的懒惰。感谢老师们给我的鼓励，让我选择了坚强……

我呆呆地看着明秀这段话，不由自主地想起初二时那次不可思议的班会课的情景，明秀不屈、坚强的形象又一次在我的脑海中浮现出来。

二十 | 瓮中捉鳖

　　　　　　　我轻轻地放过了他们。因为，我已经处罚过他们了。

　　一次上课，我说，请同学们把练习本拿出来，我们做一些练习。很多学生很快打开练习本做了起来。杨良和另外几名同学却迟迟没有做。他们正低着个脑袋在课桌里找呢。陆续有人找了出来。杨良却一直没有找到。我走过去一看，杨良的抽屉乱得跟狗窝一样，东西又多，要找出一样东西确实挺难的。我兜了一圈，发现一部分同学特别是女生抽屉非常整洁，但也有相当一部分抽屉很糟。杨良直到别人做完题目也没找出练习本，我非常生气，作为班主任，我认为这个问题要抓一下。

　　下课之后，我把班长和卫生委员找来，和他们商量解决这个问题的办法。她们出主意说得检查，光说不检查是不行的，特别是有几个男生，行为习惯很差，平时说他们都不太听，只有老师您去说他们才听呢。我当然知道他们指的那几个男生是谁。好吧，我对班长和卫生委员说，你们去班级宣布一下，就说请大家把抽屉整理一下，从明天起开始检查，你们俩把每次检查的情况记录下来。检查下来不合格的同学怎么办？她们问。你们说呢？我反问道。那就罚他做值日。好主意。我赞赏道。

检查顺利开展起来了。而由于有了检查，大家都特别认真。开始两个星期，大家都做得很好。原先几个抽屉一团糟的同学现在也整理得颇为整洁。我偶尔也抽查一下，抽查的结果令我比较满意。对于表现比较好的同学，我在班级大力表扬。有进步的同学也大力表扬。抽屉整洁的阵营是越来越大，眼看着"我们一天天好起来，敌人一天天烂下去"。连杨良也把抽屉整理得颇像个样子啦。有时候我走过他的身旁，他还会侧开身子，指着抽屉对我说，老师，你检查吧。脸上的表情像是个打了胜仗的将军，得意洋洋。而我总是不会让他失望，看一眼，唔，确实不错，保持得很好。然后摸摸他的脑袋。还连摸好几遍。

这个表扬，的确是个好东西。学生就喜欢这个。对老师来说，张嘴就来，毫不费力。不仅不用付出，而且绝对是种享受。比如说，你可以表扬两个竞争对手中的一个，然后看另外一个脸上的表情，看他的表情变化，你会知道嫉妒是什么样子。"楚王好细腰，宫中多饿死"，怎么办呢？学生既然爱好这个，我们就得多准备一点。更重要的，还可以摸小男孩的头。尤其是班级里那些长得比较小的很可爱的小男孩，又理了个小平头，头发特别短，摸上去真的是种享受呢！

除了奖勤之外，罚懒也是必要的。有几个男生，平时态度不太好，又很傲慢，正好可以趁此机会杀杀他的威风。其实，老师，在这个时候还是很有主动权的。比如说，你趁他们上体育课或去其他专用教室上课的机会去教室检查，如果有几个你在班里推崇的好同学正好抽屉不整洁，你便作罢。最多私下里跟他（她）说一下，提醒他（她）一下，他（她）必定会感激涕零，面露愧色而去。而一旦你要抓的对象正好抽屉不行，立马把名字写在黑板上。格式可以是这样的：星期三上午第四节课检查抽屉情况，总体情况非常好，只有某某某，某某不合格，请这两位同学到办公室来一下，万老师。证据确凿，赖也赖不掉。所以我们说，这个机会，就像草丛里的虫子，只要你去捉，总是有的。

光阴荏苒，一晃两个月过去了。我去抽查的次数越来越少。学校里班级里又不断有新的热点产生，保持抽屉整洁的事情我渐渐有些淡忘了。一日，我进教室上数学课。上课之中，让学生做练习，有两个学生又开始低头找练习本。我突然想起很久没有注意学生抽屉的情况了，心中不禁一动。脸上却不动声色，借着学生做练习的机会，在教室中巡视起来。

学生以为我在看他们做练习的情况，其实我是在从不同角度窥视他们的抽屉是否整洁。相当一部分学生表现确实很好，良好的行为习惯已经养成。可是包括杨良在内的一小部分学生（主要是男生），抽屉状况又几乎恢复如初。在教室里转圈的时候，我的脑子飞速地转着，怎么办？停课让他们整理？下课后再说？前者效率是高，但影响上课。后者效率太差，给这些学生留不下什么印象。可是这事一定得有个办法，数学课得上下去，但是又不能拖，要趁热打铁，下课之前在现场没有破坏之前当场解决这个问题。当我转回到讲台的时候，我脑中灵光一闪，哎，有了，就这么办！

这节数学课的内容很快上完了，实际上，我有意加快了一些速度，我看了看表，离下课还有 5 分钟。所以实际上，45 分钟的课，40分钟是完全可以上得完的。因为我 40 分钟的课，35 分钟就上完了。我抬起头，把教科书合上，对全班说，同学们，我们数学课上完了，离下课还有 5 分钟。我们来做一件事。

学生们一下子兴奋起来。做游戏？讲故事？有人在下面小声猜测道。我含笑不置可否。现在，每个人都坐正了，我们来看一看，谁坐得最正。好，杨良坐得非常好。下面，请每位同学把双手放桌子上，我们看哪一组先放好。非常好，手放好之后不许动，不许离开桌面，大家互相监督，谁动了就站起来。我一个步骤一个步骤地发着指令。事情顺利地进行着。全班同学都非常好奇，他们不知道我葫芦里卖的是什么药，有些学生小声说，哎呀，要检查手的卫生。几十双眼睛齐刷刷地盯着我。我镇定地扫过每一个人的脸。在杨良的脸上，我甚至看到了愉悦的表情。可怜的人哪，他不知道危险已经越来越接近了。

好！下面，老师要来检查抽屉的情况。我斩钉截铁地说道。

教室里一片骚动。所有的人都不约而同地低下头去看自己的抽屉。哎，手不许动，谁动了谁马上站起来，大家互相监督，有人动马上告诉我。我提醒道。看完抽屉的学生脸上表情各异，有庆幸的，有紧张的，我清楚地看到了杨良脸上慌乱的表情。我微微一笑，不知道他有没有捉过活的鳖，但是被人瓮中捉鳖的滋味，这下，可全让他体验到了。

我一个抽屉一个抽屉检查过去，我走得很慢，在接近杨良的时候，杨良开始用他那瘦弱的身躯挡住抽屉，可是怎么挡得住呢？我便站在那里看着他，他似乎想说什么，我笑着摇了摇头，周围的同学也不禁笑了起来。

下课铃响的时候，我让他们每个人都把自己的抽屉整理一遍。整理好的同学再下课。我没有处理那些抽屉整理不好的学生。我轻轻地放过了他们。因为，我已经处罚过他们了。

唉，我真的不是一个很好的老师，那些简单可爱的孩子们啊，他们纯真稚嫩的心，总是要被我煎熬！

二十一 ｜ 一立千钧

> 那个晚上一个小时的站立，给所有学生上了刻骨铭心的一课。

一个普通的晚上，我在自己的班级值晚自修，教室里纪律很好，同学们都在认真地看书、写作业。突然，口袋里的手机发出了震动，我拿出一看，原来是一位家长给我发来短消息，希望我有时间给他回一个电话。于是，我起身离开教室，去办公室打电话。

这位家长上星期开家长会的时候由于在外出差赶不回来，因此希望能通过和我电话联系得到一些"补偿"。家长的心情我能理解，也尽量满足。我拨通了家长的电话，热情地跟家长聊起来，一转眼，十几分钟过去了，那边家长的话语还是滔滔不绝。

教师办公室离我们班教室有一段距离，中间隔着很长的一段走廊。在电话中听家长叙述的时候，我已经隐隐约约听到走廊的另一端传来很响的说话声。我竖起耳朵细听，这声音不见停歇，且有越来越响的趋势。我十分怀疑是自己的班，但是又心存几分侥幸。很想去看一看，但又不好意思打断家长的谈话。这样犹豫着又拖了十来分钟。

吵闹声越来越大，我实在放心不下，心中十分焦急，家长的话也听不进去了。我终于忍不住对家长说，对不起，我现在在值晚自修，我去班级里处理一点事情，等有空再给您打电话，好吗？挂上电话，我大步流星向教室走去，我担心的一点不错，离我们班教室越近，吵闹声越清晰，我甚至已可以分辨出一些学生的声音了。快到教室门口时，我已经满腔怒火了。

学生自修课不守纪律的问题曾经困扰过我很长时间，如同其他许多年轻班主任一样，我并不知道该如何让学生能够真正做到自律。我曾经也规定了班级的值日班长必须维持班级纪律的任务，但一来学生管理学生毕竟缺乏力度，二来依靠外在的监督维持的纪律并不是我期望的真正的自律，因此也没有坚持下去。我只能一次次耐心地跟学生讲道理，希望能感化他们。我的言语似乎起到了一点作用，有时候，他们的纪律确实也不错，也让我欣慰，但是，一旦有些学生不自觉，打破了寂静的自修氛围，就很难再恢复原状。

我猛地推开门，怒气冲冲地出现在教室门口，所有的人都抬起头来，喧闹声戛然而止。我心潮澎湃，想大发雷霆，但是另一股力量却不断提醒我，要冷静，要冷静。我铁青着脸，一句话不说，站在门口，看着他们。我非常恼怒这些学生的不自觉，但是我强压怒火，竭力控制住自己。

无数次惨痛的教训告诉我，在最生气的时候把学生痛骂一顿并不能起到预期的效果，而一旦说出什么过分的话，冷静下来之后还需要做工作去弥补，其实非常不合算。可是，今晚学生的表现的确非常不好，一定要趁此机会给他们一个大的教训，让他们切实地知道遵守纪律的重要性。我该怎么办呢？

我站在教室的门口，怒容满面，脑子里却在飞快地想着解决问题的方法。

做班主任工作以后，我就一直喜欢搜集一些小故事。有些小故事寓含很深刻的道理，我可以马上拿来讲给学生听，一个故事讲完，学生也明白了道理，我的情绪也会趋于平静。有些小故事则包含很有价值的教育原理，我可以效仿之，常常能收到奇效。于是，在这个时刻，一个个小故事很快掠过我的脑海。蓦地，一个故事跳上心头，那是我刚看过不久的一个故事，由于特别有感触，我还特意记了一下。故事是这样的：

我16岁那年的一个早晨，父亲说他要去一个叫米雅斯的村子办事，一路上可以把汽车交给我驾驶，但条件是在他逗留于米雅斯村期间我要替他将车子送到附近的一个修车铺检修。要知道，我当时刚刚学会开车，但却极少有实践的机会，而到米雅斯村有将近20英里，足可以让我狠狠地过一把开车的瘾。在修车铺的师傅检修车子时，我去附近的一家电影院看电影，我接连看了四部。出了电影院，我一瞥手表，已经是六点钟了。比我与父亲约好的时间迟了两个小时！

我知道，如果父亲得知我是由于看电影而迟到，一定会生气，可能因此就不再让我开车了。于是，我心中编了瞎话，告诉他汽车需要修理的地方很多，所花时间也相应地长了。他向我投来一瞥。"贾森，你为什么一定要撒谎？""我没有撒谎，我说的是实话。""四点钟的时候，我给修车铺打了电话，他们说车早就检修好了。"我的脸顿时羞得通红。我向他承认了看电影的事实，并解释了决定撒谎时的想法。父亲认真地听着，脸上蒙上一层阴霾。

"我非常生气，但不是生你的气，而是生我自己的气。我想，我是一个不称职的父亲，我让你感到对我撒谎比说实话更有必要。我要步行回家，好在路上深刻反思自己这些年来在子女教育方面的失误。"

不论我如何恳求，如何抗议，如何道歉，他都置之不理。父亲大步踏上了乡村崎岖的泥路。我赶紧跳上汽车，驱车跟在他后面，希望他能回心转意。我不停地央求他，不断地自我批评，但均无济于事。将近20英里的路程他就这样走过，平均每小时走了五英里。

看着父亲承受着疲惫和痛苦，作为儿子，我却无能为力，这是我生平有过的最难受的经历，也是最让我刻骨铭心的一课。从此以后，我没有对父亲说过一句谎话。

这是个极好的故事，我第一次看这个故事时就被它强烈震撼，从中我感受到了教育的力量，也领悟到一个好的教育者应该具备的品质。

我开始说话，在足足盯了他们好几分钟之后，我终于开始说话。

我说，我非常难过，不是为你们难过，而是为我自己难过。刚才我只不过去给一位同学的家长打了个电话，你们就这么吵，以至于这个电话都没有打完我就不得不很遗憾地挂断它回到班级里来监督你们。我非常生气，不但生你们的气，更生我自己的气。我要好好反思一下这段时间来对你们的教育，为什么竟然如此失败！

我的话音低缓而清晰，全班的学生都不说话，眼睛一眨不眨地看着我。我接着说，我是一个不称职的老师，我要惩罚自己，我决定在教室里站到八点半钟，我要从头开始反省自己的失误！

这番话说完，我已经相当冷静了，接下来我紧闭牙关，一个字也不再多说。我的坚定举措让学生们目瞪口呆，他们呆呆地看着我好一会儿，发现事情已经毫无转机，遂先后低下头去，开始看书、做作业。

其时是七点半，晚自修八点结束。我站在那里，像一尊雕塑，一动不动，眼中看着虚无缥缈的窗外。

接近八点的时候，大部分学生的作业都陆陆续续做好了。他们抬头看看我，又看看手表，最终还是很无奈地做起了其他事情。有人开始背英语单词，有人开始看起了报纸，还有两个人干脆坐在那里，发呆。

八点的铃声响了。教学楼里一下子热闹起来，别的班级晚自修下课了。走廊里也变得很吵，年级里其他班级的学生在排队准备回宿舍。我仍然站在那里，一个字也不说。教室里一片沉寂。

走廊里的喧闹又回归平静，排队回宿舍的队伍渐渐远去了。教室里寂静异常，如果有一根针掉在地上绝对能听到响声。

站了四十分钟，我的腰已经很酸了。读大学期间，由于历史的原因，我参加过一年军训。在军校里，我们多次在烈日下进行过站立练习。那时有句口号，叫作"坐一小时不动，站两小时不倒"，当然那种"站"是标准的立正姿势，非常吃力的。我现在的站姿还比较放松，腰和腿并不是挺得那么直。饶是如此，我还是有点吃不消。我只能在心里说，现在只要再多坚持一分钟，对他们的教育都会增加成倍的效果。这样的教育时机千载难逢，绝对不能错过，一定要挺住。

学生们显然是受到震撼了。许多人脸上露出焦急、不忍的表情。他们犯了错误，却让老师站着自罚，而自己还得坐着观看。对一些懂事的孩子来说，这绝对是一种心灵的煎熬。有一些班干部想说话，嘴巴动了动，可是看到我的眼睛根本就不在看他们，最终欲言又止，只得放弃。

这天晚上的七点半到八点半虽只有一个小时，但可能是他们到这个学校之后最难熬最难忘的一个小时了。八点半的钟声响起时，全班竟然没有任何放松的声音，当然，大家的眼睛都看着我。我十分平静，也不愿食言，我对他们说了两句话。第一句是：如果你们平时的自修都像这一个小时一样，我将永远以你们为豪。第二句话是：给大家一分钟的时间，迅速收拾好物品到教室外面排好队。

我的声音很轻，听上去甚至有点虚弱。可是虚弱的话语所产生的作用是巨大的。学生们反应神速，事实上仅用了半分钟，所有人就在教室外面排成了整齐的队伍。队伍整齐而肃静，所有的人都似乎心事重重，心情沉重。我对体育委员说，你带他们先走吧，我稍后就到。

那天以后，我处事一下子变得果断坚决起来，我从不跟学生提起那天晚上一个小时的站立，但是，很奇怪，学生只要看到我坚定的眼神，一下子就警觉起来。我的工作效率有了极大的提高。我发觉，只要我下了决心，没有我做不到的事情。

这之后，不断地有教师夸赞我们班自修课纪律好。在自修课上，如果有同学不小心说话声音大了一些，马上就会有人提醒他不要讲话，而被提醒的人也没有半句辩解马上改正。我自己也几乎没有再就纪律问题批评过他们。那个晚上一个小时的站立，给所有学生上了刻骨铭心的一课。

二十二 | 明修栈道

这个年轻人将一辈子不会有成就，因为他心里不想着赶马，而这是他的正经事。

初春的季节，万物复苏。下午的课却成了一个难题。这个学期我每周有好几节课都在下午，我知道教导处排课也有他们的难处，大家都不愿意上下午的课，所以只能相互将就了。再说了，只要课上得精彩，即使是在下午又有何妨？

话是这么说，实际上起来就不那么容易了。"春眠不觉晓"是自然规律，我怎么能跟自然规律相抗衡呢？唯有使尽浑身解数，把课尽量上得生动一些了。于是每逢下午的课，备课就格外认真，也花了更多的时间去思考教学方法，一段时间下来，反而很有收获，不禁感叹起古人所说的"塞翁失马，焉知非福"这一句经典成语的含义来。

一日下午，第二节课的时光，我正在教室里很投入地上课，学生们也听得很认真。教室后面的门突然打开了，进来两个学校总务处的工人。他们拿着一卷铜线，径自走到教室旁边的窗前，开始工作起来。

原来这个教室处在教学楼的顶楼最旁边，教室里有一个最大的窗户开得太低，窗台不超过大腿的高度，学生开窗关窗颇有危险。这件事我们以前向学校总务处反映过，但是没想到竟然在上课时来解决问题。解决的方式也就是在窗户下方拉上几条铜线，做成一个简单的网格，这样就相当于抬高了窗户的高度。

随着这两个人的进来，学生原本聚精会神的课堂气氛一下子就荡然无存了，他们的注意力纷纷被吸引过去，很多学生目不转睛地看起工人的工作来，一些人还在窃窃私语。我有一些愠怒，想把这两个人赶出去，毕竟这是上课时间，但是转念一想，也有可能这是领导的一个紧急命令，他们俩不过是下面的工人，受人差遣，也不容易。再说，看这架势，好像几分钟也就能解决问题了，于是便任由他们工作。

我拍了一下手，待到学生们都看着我时，我说，同学们，我们接着上课，大家可不要受影响啊，现在就是考验谁的注意力更集中的时候了。我们可以比一比，看哪些同学可以抵抗住外界的干扰。此话果然奏效，所有学生都端正了坐姿，眼睛也都集中到黑板上来。

我接着开始上课，不过一分钟，就发现有几个男生的眼光仍然止不住地往窗口瞟，一边瞟一边看黑板，他们的动作被另外几个人发现了，那几个人就一边看他们，一边看我。那两个工人的工作并不是静止的，他们不但走动，还不时小声地交谈两句。而移动的和发声的物体总是很容易吸引学生的注意力的。我意识到强行继续上课不是一个明智之举，于是心中一动，放下书本对全班说，既然有些同学思想无法集中，那我们就这样，趁着工人师傅工作的时候，我给大家讲一个故事吧。

学生们兴奋起来，好的，有人说道。经验告诉我，不管多大的学生，讲故事还是很受他们欢迎的。我开始讲道：一次，约翰·洛克菲勒和一位朋友一起乘车，遇到一个男孩赶着一辆马拉的雪橇，上面装着一些桶。两个人都注意到这个快乐的孩子在晴美的天空下吹着口哨，欣喜若狂。对此，洛克菲勒说了一句话。

说到这里，我故意停下来。洛克菲勒说了一句什么话呢？大家猜猜看，我问。为了增加故事的互动性，更吸引他们的注意力，我卖了个关子。

这个男孩很快乐！有人说道。我摇摇头。年轻人，停下来，又有人说。我还是摇摇头。眼看学生七嘴八舌，我提示道，洛克菲勒对这个男孩的前途作了一个预言。这个男孩将来会很有出息，有人马上说。为什么？我问。因为他的心态很好，积极向上，很乐观啊！我笑了笑，你讲得也有道理。可是洛克菲勒有他自己独到的眼光，他说的一句话是"这个年轻人将一辈子不会有成就"。他的朋友迷惑不解，洛克菲勒紧接着作了解释。请问他是如何作解释的呢？我又卖了个关子。

一名男生举起了手。好，请你来说，我指着他。男生站起来，缓缓地说，因为那个男孩子做事情注意力不集中，一边赶着马拉雪橇还一边唱着歌。万一雪橇翻了怎么办？这句话说得旁边听的同学都笑了起来。我敏捷地向他竖了一个大拇指，说得太好了，请坐。洛克菲勒正是这么说的。你达到了洛克菲勒的思想境界！我狠狠地赞扬他。洛克菲勒的原话是："这个年轻人将一辈子不会有成就，因为他心里不想着赶马，而这是他的正经事。"

说完这句话，我就缄口不言，微笑着看着全班。学生们若有所思，都在想着这句话的含义。突然，有人恍然大悟地"噢"了一声，老师是在说我们注意力不集中呢！

此言一出，全班同学都会过意来。刚才那几个东张西望的男生不好意思地低下头去。我总结道：是啊！我们将来要想有成就，就一定要百分之百地把精力投入到自己所做的事情中去，如果三心二意，做一件事情的时候却想着别的东西，他是很难成功的啊！

说完，我接着开始上数学课。这回，全班同学都听得很认真了，那几名男生，也睁大了眼睛，一副注意力很集中的样子。两位工人也很快完成了工作，静静地从后门走了。教室里又恢复如初，除了窗台上那几道铜丝构成的网格线。

二十三 ｜ 指鹿为马

> 我照顾旦旦的面子，却不能容忍他撒野。

对班主任来说，班级里发生失窃事件是极为头疼的。对失窃事件的处理也是对班主任工作能力的巨大考验，稍有不慎，便会陷入尴尬境地。

比较常见和有效的一种做法是用言语感化。比如说，丢了东西之后，我在班级里可以作这样一番发言：同学们，今天，某某同学的什么东西丢了，而拿东西的人就在我们当中。在老师的眼中，我们班的每一个孩子都是最纯洁可爱的。我不相信有人会故意做这样的事情。我想，一定是有人觉得某某同学的东西好玩，就借去玩了，但是后来却忘了还。现在，他自己心里也一定很懊悔呢。当某某同学在到处找他的东西时，我想，这个同学的心里一定像是有了包袱一样沉甸甸的吧。老师也希望他及早卸下这个包袱，也愿意帮他卸下这个包袱……

在作了这样一番感化之后，我再告诉他们还东西的方式。一种是规定一个截止时间，在这个时间前希望这位同学来找老师。一种是让这位同学自己悄悄地把东西放回去。还有一种方法比较绝：老师准备一个只开一个小口的大箱子，每名学生在教室外面排队，每个人轮流进去一次，到最后，打开箱子，东西便会在里面。

这是感化的方式，当然也有威吓的方式。在班级里宣布若是那个东西再不还回来学校就会报警，请公安局的人来查验指纹等等。这种方式有时也会奏效，虽然班级的失窃事件通常都够不上请公安局来验指纹的级别，但学生不一定知道。必要时，教师还可以装模作样打两个电话或甚至请穿警服的朋友到学校里转两圈，以增强效果。

感化也好，威吓也好，都是没有确定怀疑对象的做法。若是有了确定的怀疑对象，那么事情便会好办得多，旁敲侧击，围而不打，或者干脆单刀直入，皆可解决问题。

有人可能会问，要是以上方法都不奏效怎么办？你那些方法对付低年级的学生或以前的学生可以，现在大一点的孩子可老练了，即使是他拿的东西，他仍然可以做到脸不变色心不跳，反而睁着两只无辜的大眼睛看着你，你一点办法都没有。而且，除非你用摄像机拍下他作案的整个过程，否则，他给你来个死不承认，顽抗到底，最终老师多半也是没辙。

要是真的碰到这样的学生，那么便不是人民内部矛盾，而演变成为敌我矛盾了。既是敌我矛盾，那么老师也就不必留有情面。这次暂且放他一马，但是却暗中布置陷阱，他要么从此不再犯案，否则，他只要一伸手，聚光灯马上打起，人赃并获，当场拿下。当然，教育是爱的事业，我们要做慈爱的老师，不到万不得已，遇到的不是把学校和班级搞得鸡犬不宁的惯犯，绝不要轻易下此杀手。

因为有此"狠招"，所以碰到悬而未解的失窃案，我们才可以说，那是老师的慈悲，而不是老师的无能。事实上，在作决定之前，教师一定得慎重，因为我们是在有价的失窃钱物与无价的做人尊严之间作选择。有人说，他既然伸手偷东西了，那就是自己已经不要尊严了，我们还要去维护他的尊严干什么？我说，不对！学生毕竟还小，许多学生拿别人的东西并不是因为缺钱，而是有心理问题。一个人的尊严是他最宝贵的东西，我们没有任何理由任何权利可以剥夺他人的尊严。把那些偷东西的人看成是"病人"，而不是"坏人"，我们的做法就会更加人道一些。

对于校园偷窃行为，最高明的做法是事前防微杜渐而不是事后破案。一旦发生此类事件，教师的工作总难免陷入被动。破案的结果无外乎把失窃的东西找回来，但是有时候，要了解事情的真相就必须让偷东西的人浮出水面。偷东西的人一旦浮出水面，就比较麻烦。东西找出来自然是好事，但是这个人会因此受到伤害，他的心里以及老师的心里会永远留下一道挥之不去的阴影。

好了，闲话少说，言归正传。那一年，我接了个新班，开学之后，一切都很顺利。我只是牛刀小试，班级事务便被我处理得井井有条。可是，在期中考试后的一天，班中还是发生了失窃事件。

秋游前的一天晚上，灵灵来找我，说她放在书包里的80元钱不见了，丢失的时间是下午。我立刻到班级里展开调查，马上就掌握了大量有价值的信息。

原来下午有两节课是英语分层课，灵灵到另一个教室去上课了，别的班级有一些学生到我们班来上课。据同学反映，灵灵的位置上坐的是我们班的旦旦。旦旦是一个外地来的男生，平日里寡言少语，单凭这点还不能说就是旦旦拿的钱。问题是很快有不止一个学生反映说，上课时看见旦旦在翻灵灵的书包。通过进一步的调查，我了解到旦旦经常在课间翻别人的书包或抽屉。旦旦无疑是最大的怀疑对象，但是我还不能确定钱就是他拿的。这时，有热心者过来提供线索曰，旦旦下午下课后到科技老师那里买了一个120元的船模，而昨天晚上，他还跟同学说，他只有几十元钱，不够买呢。

原来我带的这个班级是六年级的孩子，这个年龄的学生尤其是男生行事还比较幼稚，做事不会拐弯抹角，有什么意图旁人一看便知。有了这些信息，案情基本明朗，我接下来便只需处理好善后之事即可。提供线索者犹在面前，我却不动声色，对他说，谢谢你提供的情况，老师需要再作一些调查。你刚刚跟老师讲的情况暂时不要跟别人乱说，明白吗？男孩点点头。

为谨慎起见，我又从另外的渠道核实了一下刚刚几位学生反映的情况，证实确凿无误。我心里有了底，事情非常简单：旦旦有随便翻别人东西的坏习惯，最近正好想买一个船模，但是缺钱，今天翻灵灵的书包无意中发现 80 元钱，一时糊涂，竟然悄悄据为己有。

不需要兜圈子了，我直接把旦旦叫出来。老师，什么事？旦旦居然还强作镇定。灵灵今天丢了 80 元钱，我说，眼睛看着旦旦，旦旦的脸色已经变了。我不知道，他摇摇头。

旦旦的抵抗是在我意料之中的。据说，连动物都有自尊心，更别说人了，人喜欢撒谎的缘故就在于此。旦旦亲眼见到我找好多学生了解情况，他一定已经作好了应对的准备。因此，我需要出其不意，不与他在细节问题上过多纠缠，更要避免与提供信息者当面对质的情形发生。明天就秋游了，灵灵的钱却丢了，她很着急呢。我不动声色地说。那跟我有什么关系啊？旦旦高度警觉。

我看着旦旦的眼睛，那双眼睛本应是清澈的，现在却不太透明。旦旦戴着眼镜，由于没有及时清洗，镜片上有些灰尘，也成了他的一道天然屏障。旦旦及时调整了情绪，在我看他的同时，勇敢地看着我。这个孩子，本来是很聪明的，为什么要做糊涂事呢？我在心里叹息道。

你拿出 80 元钱来，给灵灵明天秋游用。我大踏步地向前，跳开偷钱的话题，直接挑明观点。

为什么？旦旦叫起来，我又没拿她的钱。

你叫什么？我的语气严厉起来，我照顾旦旦的面子，却不能容忍他撒野。老师说过是你拿的钱吗？我逼问道。旦旦低下头，不响了。

这样还好说，我心里道，大家心知肚明，事情便好解决。你平时是不是一直喜欢翻别人的包？我问旦旦。旦旦点点头。今天下午上英语课的时候你有没有翻灵灵的书包？我接着问。旦旦无奈地点点头。

这就是了嘛！我说，这些都是事实，班级里的同学都知道。哎，你没事老是翻别人的包干什么？旦旦张了张嘴，我……却说不出什么话来。

这时，走廊里有人走过，我搂住旦旦的肩膀，把他往角落里搂了搂。这件事情，老师不想让更多的人知道，也不想再作调查，因为所有的证据都对你不利，这样，你从你的钱包里，拿出 80 元垫给灵灵，这事就解决了。我真诚地对旦旦说。

旦旦却不愿放弃，仍要负隅顽抗。老师，不是我拿的，为什么我要给她钱？他问得掷地有声，堂堂正正。

我闻听此言，马上变脸，你是真不知道假不知道？我显出生气的表情，说，老师已经跟你说得明明白白，不再追究是谁拿的钱，让你还钱，并不是说你拿的钱。我问你，你翻别人包对不对？旦旦摇摇头。

就是啊，我接着说，现在别人丢了钱，只有你动过别人的包，你不是自己给自己找事吗？你不但今天翻了灵灵的包，以前也多次翻过。现在别人就算认定是你拿的，你也没有话说！我说着说着竟真的有点生起气来，差点想把船模的事情也说出来，终究还是忍住了。现在老师不愿调查是谁拿的钱，也没人说是你拿了灵灵的钱，但是你总该为你做的错事付出一点代价吧。花 80 元钱，买个教训，以后别再翻别人的包了！

我这番话是精心思考过的，确保万无一失，即便小概率事件发生，那个钱鬼使神差的确不是旦旦拿的，旦旦付出这 80 元也事出有名。更何况，我的感觉非常清楚：旦旦的反驳其实非常软弱，他的底气明显不足。

老师，真不是我拿的……旦旦还待逞嘴上英雄，我打断他，行了行了，快去拿吧，早拿早还，这件事情早点了断。

老师，我没有钱，旦旦可怜巴巴地说。我一愣，随即警醒过来，哎呀！我竟忘了他的钱已经花掉的事实。我眼珠一转，马上说，去跟别人借。啊，旦旦张大着嘴，我不知道跟谁借。

哼，我在心里冷笑一声，暗道，今天老师送佛送上天，好事做到底，我对旦旦说，你在这儿等着，老师帮你去借。

很快，我从教室里回来，手里拿着 80 元钱，我对旦旦说，这钱是文翰的，你下周别忘了还他。旦旦点点头。

最后，我把灵灵从教室里叫出来，当着旦旦的面，我把这 80 元钱交给了灵灵。我对灵灵说，旦旦翻了你的包，致使你丢了钱，经过老师的教育，觉得过意不去，因此，他决定赔偿你的损失。灵灵有些犹豫，不肯接钱。我劝道，没关系的，他犯了错误，受点损失是应该的，你拿着吧。

待旦旦回了教室，我对灵灵说，老师没有查出来到底是谁拿的钱。这个钱是旦旦赔给你的，因此，别的话你就不要多说了。灵灵点点头，谢谢老师，她说。还有，我叮嘱道，以后，你的钱也要放好，自己的东西要注意保管。灵灵用力地点了点头。

这次事件以后一直到我班主任卸任，班级丢钱的事情再也没发生过。旦旦和大家都平安地度过了我和他们相伴的这一年快乐时光。

二十四 ｜ 投石问路

> 有些人外表平静，你又何尝知道，他过的不是轰
> 轰烈烈的一生呢?

　　班级里有一个沉默寡言的男生，名叫庆庆。他似乎天生就不爱说话，有一次老师们聊天时谈到他，有老师说，我一天都听不到庆庆说几句话，我说，别说一天，我都教了他一学期了，也没听到他说过几句话。众人都"昏倒"。

　　我这话当然是稍微夸张了点，不过从中也可以反映出庆庆的性格特点。庆庆天生内向，没什么朋友，在学校里常常独来独往，上课也从不举手发言，老师若是点名叫他回答问题，他站起来一言不发，对他自己和老师都是一种折磨，时间长了，老师们也就不叫他了。庆庆的脑瓜子很聪明，尽管他学习不算是很用功，但是成绩还可以，从不会掉到平均分以下。

　　可是最近一段时间，庆庆的表现有些反常，他明显是碰到了什么不顺心的事情，本来就落落寡合，现在更是郁郁寡欢了。上课时经常会发呆，课后的作业也不认真做，几门学科的测验成绩都明显下滑。庆庆一定是有什么事情在心里，这是我的初步判断。我找班级里的学生了解情况，可是他们都摇头，不知道，庆庆从来不跟我们说，他们

回答我。我没有办法，只好直接找庆庆，我把庆庆叫到办公室，请他坐下来。庆庆坐在我的对面，眼睑低垂，面无表情。

我问，庆庆，最近有什么事儿吗？庆庆摇摇头。我一点都不急躁，接着说，没关系的，告诉老师，老师说不定可以帮你呢。庆庆还是摇摇头。我问，那你最近这段时间怎么成绩下降得很厉害，上课也走神？庆庆低头不语。家里有什么事吗？我试探着问。庆庆摇摇头。同学之间有什么不愉快？庆庆摇摇头。老师批评你了？庆庆还是摇摇头。那究竟是怎么回事，你倒是说话呀！我有点急了。老师，我没事。庆庆终于说了五个字。我不说话了，我也沉默下来，眼睛一直看着庆庆，心里说，小子，你倒挺厉害的，牙关很紧啊！庆庆抬眼看一下我，复又低下头去，低垂着眼帘，脸上的表情丝毫不变。

就这样对峙了几十秒钟，我忍不住了，我对庆庆说，你先回去吧，要是有什么事一定得跟老师讲啊。庆庆仍旧低着头，他站起来，转身就走。

办公室里的其他老师都很同情我，他们说我遇着这么一个学生真是倒霉，从来没见过这样的学生。我后来坐在办公桌前，发愣了半天。和庆庆的这次交锋，我是惨败而归，我摇摇头，太轻敌了，我自言自语地说。

庆庆是单亲家庭的孩子，很小父母就离异了，庆庆跟父亲过。庆庆的父亲是一家大公司的总裁，平时工作非常忙，根本顾不上管庆庆。庆庆一定很孤独，大概这也是他如此沉默内向的一个主要原因吧。虽然不抱希望，我还是打了个电话给庆庆的父亲，我把庆庆这段时间的反常表现跟他讲了一下，然后问，您知道是什么事吗？庆庆的父亲有些惊讶，不知道，他说，周末回来我问问他，有什么情况我再跟你联系吧，万老师。

我知道，庆庆的父亲有时候连双休日都要在外面应酬，他又怎么会有很多时间和庆庆交流思想呢？人在江湖，身不由己，庆庆的父亲不可能放弃事业一心扑在孩子身上，偶尔抽出一点时间也是杯水车薪。我也没有办法要求庆庆的父亲作更多的改变，就像富裕家庭的孩子永远不知道生活的艰辛是怎么一回事一样，有些事情不是人力可为的。生在这样的家庭，是庆庆的幸运还是不幸？

庆庆把自己的心封闭得紧紧的，别人很难进入。内向性格的学生从外表来看，不像外向性格的学生那样有大起大伏的变化。但是外向型的人苦恼来得快，去得也快；内向的人就不同了，他的苦恼郁积在心里，无法轻易发泄出去，如果没有别人的关心，他们会愈加地孤僻。

我开始有意识关注庆庆的行为，并且布置了一个和庆庆住在一起的学生一个任务，随时向我汇报庆庆的情况。初次交锋的失败让我不得不重视庆庆这个"对手"。

成长课的老师让每一名学生选择一个最能表现自己的动物，把它画下来，并加以文字说明。我把学生们的作业本要过来，一本一本地看，孩子们的想象力很丰富，绘画的天分也很高，我不由得为成长课老师的创意击节叫好！突然间翻到一本作业，上面画的竟是传说中的鼻涕虫，鼻涕虫细致生动，纤毫毕现，旁边只有一句话：我是一只可怜的鼻涕虫。我查看前面的名字，赫然竟是庆庆！

庆庆平日不言不语，他的内心世界却是多么丰富多彩啊！只可惜，这个色彩一大半是灰色的。庆庆一如既往地沉默，从外表根本看不出什么，我的"小密探"也提供不了什么有价值的情报。庆庆的问题仍在，表现依旧没什么起色。我考虑再三，终于决定主动出击了。

几天之后开运动会，运动场上高潮迭起，喊声震天，其他学生都在看台上为运动员加油，我却注意到庆庆从看台上孤独地往教室方向走。我叫过来一名拉拉队员，悄悄对他说，你到教室里拿两个杯子给参加比赛的同学装点水来，顺便看看教室里有没有人，在干什么。好的，拉拉队员飞也似的去了。

过了一会儿，那个拉拉队员回来了，他告诉我，庆庆在教室里，正在看动漫书呢。庆庆喜欢动漫，这我是知道的，要不然，他怎么会把那个鼻涕虫画得那么逼真呢。只是，平时我是不允许他们把动漫书带到教室里来看的，因为不良的动漫书实在太多，一旦放开，不好管理。难怪庆庆会偷偷摸摸抓紧时间回教室。应该说，庆庆不愿意参加集体活动让我很气恼，但是这一次，我倒要感谢他，他的行为给我提供了一个机会，我要好好利用一下。

运动会结束之后，我马上回到办公室，把刚刚印好的单元试卷藏起来。然后，我到教室里，把班长叫出来，对她说，老师今天早上刚刚印好的数学试卷不见了，丢失的时间就是开运动会时，你去调查一下，刚才运动会时有谁离开过操场。班长答应一声，进了教室，过了一会儿，跑来告诉我，一共只有两个人，其中一个是回教室装水的，他还说是老师您让他去的。我点点头，是的，还有一个呢？还有一个是庆庆，他不肯说他回来干什么。好吧，你帮我叫庆庆到我办公室来一次。我说。

我在办公室里摆开阵势，等着庆庆。第一次的交锋因为准备不充分，败下阵来，这次可就不一样了。庆庆进来之后，我指着已经放好的椅子，对他说，坐。庆庆坐下来，他还是低垂着脑袋，不说话。我在心里哼了一声，小子，又来了。我也不说话，眼睛却一眨不眨地盯着庆庆。庆庆被我看得有些毛，他忍不住问，老师，什么事？终于开口了，我心里说，不好意思，今天可得委屈一下你了。

我不再绕弯，单刀直入，数学试卷是你拿的吧？我问。什么数学试卷？庆庆有点丈二和尚摸不着头脑。今天开运动会的时候老师刚刚印好的数学试卷放在桌上不见了。我话说得很少，逼着庆庆多说话。那怎么就是我拿的？庆庆果然有点着急。老师调查过了，一共只有两个人离开过操场，一个是老师让他回来拿水的，还有一个……我故意不说，目光炯炯地看着庆庆。

被人冤枉的滋味是不好受的，我理解庆庆的感受。庆庆的气恼明显写到了脸上，他想分辩什么，可最终又没有说出来，憋了半天，说出一句话，反正不是我拿的！不是你拿的那是谁拿的？我咄咄逼人。我不知道，庆庆说。你能有什么证据证明不是你拿的吗？我问。我不能证明，但反正不是我拿的。庆庆说得非常坚定。那么试卷难道会自己飞走？我毫不退让。庆庆突然抬起眼睛，有点恼怒地问，老师，你有什么证据证明是我拿的?

庆庆很少这样直视着别人说话,看来这次他是真的急了。

老师为什么认为是你拿的?你这个问题问得好!我接下来就告诉你,你要是觉得老师说得不对,可以反驳。我看着庆庆,一字一句地说。

拿试卷的人首先得有作案时间,刚刚也说了,具备这个时间的人只有两个,你是其中一个。其次是作案动机,那个人为什么要拿试卷?他如果学习成绩很好,怎么会拿试卷呢?他还巴不得老师早一点把试卷发下来呢。因此,他一定是考试成绩不好的人,这样,老师找不到试卷,这次的单元考试说不定就会取消了。你说是不是?你最近一段时间学习怎么样?我看着庆庆。

不太好,庆庆摇摇头。对了!我接着说,上次考试全班一共有五个人不及格,你就是其中之一。因此,具备作案时间和动机的只有你一个,换作你是老师,你会怀疑谁?我目光如炬,侃侃而言,这种感觉真是太好了,一雪前次失利之耻。庆庆的问题我其实早有预料,早就在心里准备好怎么回答了,欲加之罪,又何患无辞?

庆庆被我这番话说得张口结舌,他做梦也没有想到一项莫须有的罪名就这么轻松地加到他的头上。蝼蚁尚且偷生,庆庆岂甘束手就擒?我肯定没有拿!庆庆一口咬定。

你说这个话是没有用的,我轻轻地说,任何人做这个事情都不会承认的,现在所有的证据都证明是你拿的,你自己又拿不出证据证明不是你拿的,你把这个事情交给别人去评理,你可以想得到别人会怎么看这件事!

看着无话可说的庆庆,我乘胜追击,你回教室干什么?我问。庆庆不说话。你看,你说不出来吧?我得意地说,别人都在操场上看运动会,你却一个人偷偷回教室。好了,你把试卷拿出来,老师就原谅你。

庆庆的脸有些扭曲了,他的内心极度地不平静,我看到有泪珠在庆庆的眼眶中打滚。极少有人受到这种不白之冤的时候仍然能在内心保持平静，更何况是庆庆这样的少年？我的内心早已不忍了，可是，好不容易今天让庆庆说了超过前面一学期总和的话，我岂能就此罢手，而前功尽弃？

我当然要趁热打铁。痛苦虽然难熬，可也是一帖良药。我要让庆庆再痛苦一些。

庆庆，人人都会有一念之差，犯了错误不可怕，可怕的是一错再错，错上加错。你要想清楚……

我说这话的时候一直看着庆庆，庆庆的眼泪本来就已经准备好，我的这番话摧毁了他最后的闸门，庆庆的眼泪霎时夺眶而出，泪飞顿作倾盆雨。老师，你冤枉我！庆庆的这声呐喊带着哭腔，却发自肺腑。他接着叫道，我没有拿试卷，我真的没有拿。

我不再说话，只是静静地看着庆庆。庆庆泪如泉涌，我递过去一张纸巾，庆庆接了过去，哭得却更厉害了。今天的冤屈显然触动了他内心更多的苦楚与郁闷，哭的动力源源不断，一哭未平，一哭又起。

内向的人平时一直压抑自己的情感，很少有这样痛快淋漓的发泄机会，男孩哭吧不是罪，哭能消除心中的负累。庆庆哭得越彻底，他的心灵也就会越纯净。

办公室里有其他老师进来，看到庆庆哭得这么伤心，想劝劝他，被我用手势制止了。我不能让他破坏我的计划。哭是一种很好的解决问题的方法，以前我观察过三四岁的小孩子，发现当他们受了委屈，或是闹情绪，大人最担心的就是不哭，不哭那个情绪会一直在，最快最好的解决问题的方法就是让他哭出来，小孩子一旦哭出来，问题就解决了一大半。

也许是觉得哭的滋味很不错，庆庆竟没有停歇的意思，我已经递过去四五张纸巾了，泪还没有止住。看起来，庆庆已经不单单为今天受冤枉而哭了，哭的时候，他在想什么呢？严厉的爸爸，遥远的妈妈，还是失信的朋友？

哭什么呢？庆庆的情绪平静下来之后，我问他。那个时候，办公室里已经没有其他老师了，只剩下我们两个人，我们面对面地坐着，空气静静的。庆庆的眼睑又低垂下来，神态有一些安详，我的眼光已柔和了，我们俩都若有所思。

没什么，庆庆低声说，老师，试卷真的不是我拿的，我发誓。哭过一场之后，庆庆似乎又恢复了以往的冷静，心情也不那么急躁了。

老师相信你说的话，试卷不是你拿的。我看着庆庆，一字一句地说。庆庆抬起头，脸上有一丝意外的表情。我接着说，也许老师放在了另外的地方，也许是别的老师拿走了。老师不了解你，老师错怪你了。

我的话语平常，可在这种时候，这样的话却能量巨大。庆庆的眼眶里又无声地流出两行泪来。我把椅子朝庆庆挪了挪，用纸巾帮他擦去脸上的泪迹。究竟是什么事闷在心底，能不能跟老师说一说？我轻声地问。

老师，我已经好了。庆庆的回答异常简洁。

庆庆还是不愿意讲出实情，也许，那是他心底深处的秘密吧。我也不能指望只凭一次谈话就让别人说出所有的秘密。庆庆是个内向的孩子，要得到他的信任，需要我长期的努力。可是，至少，庆庆告诉我，他已经好了。我应该满意了。

我放庆庆走了，没有结果的努力只能适可而止。今天这场战役耗时巨多，我也感到一丝疲惫。

接下来的几天，庆庆果然有了明显的变化，不管是上课还是作业都认真多了。有时候班级里一些值日的活儿还抢着去干，在我和他的眼神对话中，我也能感受到他对我的感激之情。在周末的周记本上，我也不忘记给庆庆分析他之所以遭受怀疑的原因是因为他的不与人沟通以及独来独往。我希望他能改变自我，成为大家的好朋友、老师的好学生，同时再一次地确认了我对他的信任。

我扔出去一块石头，原来是想探探路，没成想这块石头却激起庆庆心中的巨大波澜。现在，庆庆心中的包袱算是卸下了，我的心里却有了包袱。为了防止弄巧成拙，那次的数学单元测试最终没有如期进行。我重新出了一份试卷，另外安排了一个时间，算是给这件事情作了一个了结。

　　常常在晚上一个人看星空，想起天上的一颗星星就是地上的一个人的说法，也因此而想起庆庆。如果人永远都像天上的星星那样寂寥，我想大多数人都宁愿做地上的凡人。有些人外表平静，你又何尝知道，他过的不是轰轰烈烈的一生呢？

二十五 ｜ 化敌为友

> 欺负别人并不快乐，而照顾别人呢？仅仅这个想法就让人很振奋了。

"十一"长假后的这个星期特别地长。以往每到星期五的下午，学生离校之后，教师就会有解脱的感觉，可是这个星期不行了，还得再坚持两天。在这所寄宿制学校里工作了好几年，我们都很有经验了，知道这么长的时间把学生关在学校里，如果不在当中安排点活动的话，学校里破坏公物的事件将会明显增加。因此，这个星期四，学生们便顺理成章地外出参加"社会实践"活动，而晚上，学校将在操场上播放露天电影，因为今年是抗日战争胜利六十周年，所以电影选的是《太行山上》。

电影将在晚上六点准时播放，我要求各个班级提前五分钟在操场整队。在办公室处理了几件事情之后，我一看表已经五点二十了，赶紧去食堂吃晚饭。我走在操场边的路上，边走边看着操场上活动的学生，有人向我问好，我也热情地向他们挥手致意。突然有两个学生跑过来，其中一个用很大的声音对我说，老师，他骂我！

我定睛一看，原来是六年级学生肖飞。六年级学生我认识的不多，肖飞是其中一个。他的脸从小被开水烫伤过，脸上留下非常明显的疤痕，我们老师都很同情他。陪着肖飞的人从身材来看，应该是他的同学。我顺着肖飞的手指望去，骂他的人是初二的一名学生，名叫王胜利，长得又高又胖，面貌凶恶。王胜利在校园里有点能量，算是他们年级的"小霸王"了，到我办公室就作过好几次检讨，我对他的印象十分不好。

我招招手，王胜利有些犹豫又有些不在乎地走过来。他乱踢我们的球，王胜利狡辩说。肖飞已经哭了，他气愤地说，我没有乱踢，你以前就骂我，还让其他人一起骂我。他们骂你什么？我问。大花脸。肖飞哭着说。我问肖飞的同学，是这样吗？他点点头。

我看着王胜利，他的脸本来就暗红暗红的，即便有羞愧的表情我也看不出来。但是王胜利有些游移的眼神告诉我，他骂人的情节基本属实。王胜利还要同肖飞争辩，我一挥手，到我办公室来吧。

碰上学生间的矛盾，如果能当场解决，那是最好的。但是这件事不同，两人有积怨，王胜利一贯霸道，肖飞又有心理伤痕，在操场这样空旷嘈杂的地方，显然不适合化解这样复杂的难题。晚饭不吃没关系，解决学生问题要紧。那么，怎么才能短平快地拿出解决方案呢？在回办公室的路上，我的大脑高速运转起来。

三人进了办公室，我对肖飞说，你先说。肖飞愤愤地讲了事情的经过，大意是以前发生过一次冲突，王胜利就骂他大花脸，从此见他便骂，这次更是发动同学一起骂，正好我经过，肖飞向我哭诉。

肖飞还在絮絮叨叨地说，我打断他说，这样吧，你先回教室，把你刚才说的情况都写下来，记住，一定要实事求是，写完之后让你同学看一下，如果全部是事实，请他也签上自己的名字，以作证明，好不好？肖飞点点头，两人走了。

我把门关上。办公室里只剩下我和王胜利两个人，我们俩面对面站着，在不大的办公室里，我能感觉到对方的细微情绪变化，这正是有效谈话所必需的场景。我看着王胜利，他的嘴巴张了张，刚要说什么，我一扬手制止了他。什么也别说了，我说，我非常失望。

他的脸是小时候烫伤的，你知道吗？脸上的伤是次要的，心里的伤才真正痛苦。肖飞最怕别人拿他的脸做文章，平时走在路上，如果有人盯着他的脸看，他都会很难过，更不要说被人骂了，你还发动很多人一起骂他，这种事情你居然做得出来？我越说语速越快，越说越愤怒。

老师，我……我再一次扬手打断王胜利，要放在平时，我可能会耐心听他讲完，然后再一一分析，但是今天没有时间了，事实已经基本清楚，再探讨细节意义也不大，而我必须尽快地把道理给他讲清楚，让他心悦诚服地向肖飞道歉。

我放缓语气，耐心地说，你这样做相当于在人家的伤口上撒盐，你知道吗？譬如万老师长得很瘦，最怕别人说我什么？你说！王胜利有些狐疑地看着我，不敢说。你不说我也知道，瘦猴！王胜利听了这话，又定睛看了看我，忍不住笑出了声。你还笑！我瞪着他说，你长得这么胖，别人要是骂你肥猪，你会不会生气？不生气是吧？要是见你一次骂你一次呢？要是所有人一起骂你呢？你还跟他们很友好？

王胜利不说话了，他若有所思，我知道我这番话打动了他，他长得那么胖，一定也是被别人嘲笑过的。

肖飞很不幸啊！他也不想这样，他也想和正常人一样，脸被烫伤不是他的错，可是他现在却要去忍受别人的嘲笑和谩骂！你现在知道你以前的行为是多么错误了吗？我问道。

王胜利点点头，他是真的理解我的意思了。好！我热忱地看着他，你能明白道理就好了。犯了错误不可怕，只要能改正就会被别人尊重。

正说到这里，门开了。肖飞拿着一张纸和他的同学走进来。我接过肖飞递给我的说明书，顺势把王胜利拉过来，正好，先向人家鞠三个躬道歉！在我的命令声中，王胜利居然真的弯下腰去。弯90度！我命令道。好，再鞠两个。

肖飞显然对这样的变故有些不知所措，他嘴巴张了两张，却没说出话来。我对他说，你先去班级吧，待会儿看电影的时候我们再来找你。

　　两人走后，我赞赏地对王胜利说，刚才表现不错，这才是男子汉的风范！你有这样的态度和认识，老师也没有必要处罚你了。老师有一个建议，你想不想听？王胜利点了点头。

　　很好。作为初二的大同学，应该学会照顾低年级的学生，而不是欺负他们。肖飞很敏感，一定还会有其他不懂道理的人欺负他。所以，他现在特别需要别人的保护。你做他的大哥怎么样？保护他不受别人欺负。不但你自己保护他，还要发动你的同学一起保护他。你这样做，他一定很感激你的，他会感激你一辈子的！

　　我讲得慷慨激昂，王胜利听得两眼放光。他点点头。好极了！我说，待会在操场上看电影的时候，你去告诉他，就说你做他的大哥，如果有谁欺负他，让他马上来告诉你。好不好？好了，你去吧。我等你的好消息。

　　王胜利兴奋地走了，走的时候看我的眼光也不一样了，那是一种由衷的敬佩。欺负别人并不快乐，而照顾别人呢？仅仅这个想法就让人很振奋了。

　　我看了看表，才五点四十，还来得及吃饭。我赶忙带上门，快步向食堂跑去。

　　看完电影整队的时候，我走到王胜利的班级前，问他，你去过了吗？去过了。王胜利轻快地说。那他说了什么？他说，啊，好极了！王胜利咧着个大嘴，很夸张的样子，他是在模仿肖飞的表情呢。

　　那一瞬间，王胜利凶恶的面容突然生动起来，成为一幅美好的图画，深深地印在了我的脑海里。

二十六 | 一路奔跑

> 说时迟，那时快，只听我大喝一声：站住！两人
> 一怔，我和体育老师已经迅猛包围过来，将两人
> 团团围住。

发令枪"嘭"的一声，一百多名男学生拥着跑了出去。我们几个老师立在原地，看着他们越跑越远，并陆续在前方的路口转弯处消失，脸上都露出不易察觉的笑容。

这是我们学校"一二·九"长跑比赛的一幕。"一二·九"长跑比赛是我校一项传统的迎新活动，已举办了很多年。比赛是绕学校周边的马路跑一圈，起点和终点都设在学校大门口，总长正好2000米左右。由于街道不是很宽，总距离也不长，因此比赛是分年级进行的。同一个年级男生先跑，一分钟以后女生出发，然后，体育老师就手握秒表，面朝另一个方向，等着"飞毛腿"们在前方街道的转弯处出现。

男生出发后女生迅速站到了起跑线上，有两位老师也换上了运动服，站到了学生队伍当中。我这个年级组长很是欣慰，这些老师以身作则，从细节处可以显现出他们的教育境界。队伍很快出发了，眼看着他们跑得很远，我突然心中一动，也跟着跑了出去。

长跑是一项极好的运动，我本人非常赞成学校搞这样的活动。在体育运动中，长跑最能锻炼一个人的意志品质，而现在的学生，意志品质薄弱的数不胜数。因此在比赛前对学生的动员中我说，参与是最重要的，不求每个人都跑第一，但求竭尽所能。跑不动的话可以慢一点跑，但是绝不能停下来走。

刚出发的学生都跑得很快，我看前方，绝大部分的人都已看不见了，只有两位老师还在肩并肩慢慢跑着。我很快赶上了她们，冲她们笑了笑，说，受二位老师感染，我也活动活动筋骨！

等跑到第二个转弯处，我已经赶上大部队了，此时，总路程已快到了一半。我抬眼看前方，让我气恼的景象出现了：那些跑在最后的学生，或单个，或三五成群地在路边走。有些学生回身看到我，马上迈开大步跑起来，一会儿工夫也跑出很远；有些学生迅即加速跑一段，然后在前面不远处停下来接着走；最可气的是极个别女生，作彻底放弃状，眼看我跑过来，仍旧在那里懒懒地走。

跑起来跑起来！我大声招呼道。有几个人马上响应，她们跑到前面去了，有两个女生却动也不动。我大声问道，为什么不跑？其中一个胖胖的不说话，另一个瘦瘦的回答我，老师，我们跑不动。跑不动可以慢慢跑啊，我说，但是绝对不能走，走不等于放弃了？瘦女生闭上嘴，胖女生却开口了，老师，我们真的跑不动，我们肚子痛。我知道她们在耍赖，身体状况不佳的学生事先都到校医那里开了证明，并没有参加这次比赛。我不与她们纠缠，只是把脸一沉，呵斥道，快点，跑起来！

我的话语还真有效，两人虽然速度没怎么明显加快，但那个动作至少可以算是跑了。我对她们说，就是这样，跑得慢一点没关系，但是千万别停下来。后面还有两位老师，可别让她们追上了，否则，你们要受到处罚的。说完，我加快步伐，继续向前跑去。

一路上，我不断提醒学生们要加快步伐，坚持到最后。跑着跑着，我突然感觉自身状态很好，在大学读书时我曾经练过长跑，现在长久不锻炼了，偶然一跑居然脚步还不太沉重，眼看着转过了最后一个拐角，已经能看到终点，我也忍不住加速冲刺。

我是几乎和几个男生一起冲过终点线的，旁边有体育老师大声报时间：12分05秒。12分钟跑两公里，也就是一小时跑10公里，这个速度可是够慢的。不过考虑到我前面晚跑了一段时间，途中又跟学生说了不少话，这个速度已经不错了。

刚冲刺完，身体总是有点反应，我立在一边大喘气，看着后面的学生陆陆续续冲刺回来。有些途中跑得很慢的学生到了快到终点的地方，鼓起余勇，作最后一番努力，其中不乏冲刺速度异常的。这几个家伙肯定途中没怎么花力气，否则2000米最后一段不可能跑得跟100米冲刺那么快，我想。他们冲过终点时，我半开玩笑地对他们说，途中偷懒是不是，现在力气倒挺大！他们通常缩缩脖子，不好意思一笑，也就过去了。

过了几分钟，我的气息渐渐均匀了。到终点的学生越来越多。两位女教师也慢慢跑了回来。她们的速度不快，不过可称得上是比较精确的匀速运动。在她们前后还有个别零星的学生，很明显这些人前面一直在走，转过拐角暴露在我们视野之中后，便开始跑起来，跑过终点在众目睽睽之下自知理亏，不等我们开口，即迅速逃走。眼见着16分钟的时间过去了，我们视线里的最后一个学生也即将到达终点，体育老师问，结束了吧？我突然想起那一胖一瘦两个女生，她们好像没有回来，于是对体育老师说，等等，好像还有人。

果然，一会儿工夫，那两个女生在转弯的地方出现了。只见她俩不慌不忙，不紧不慢，就跟平时散步一样，缓慢向终点踱来。我和体育老师做了几个让她们跑起来的手势，嘿！这两个人竟毫不理睬，我行我素，继续悠闲地走着。

我是个较真的人，此时更是压抑不住怒火。这两个女生并不是我班里的，大概平时娇生惯养、养尊处优久了，跑得慢还情有可原，这么一路走实在无法让我容忍，要知道，今天这个活动好歹也是一个比赛啊！哪有这样参加比赛的？还是"一二·九"的活动！

两个女生走到终点时居然镇定自若，当然，她们也很聪明，低着头快步就想往校园深处走，说时迟，那时快，只听我大喝一声：站住！两人一怔，我和体育老师已经迅猛包围过来，将两人团团围住。

我一脸盛怒，手指着二人痛斥道，你们俩哪个班的？有你们这样参加比赛的吗？我注意到其中那个瘦的女生衣领上还别着一枚团徽，更是气不打一处来，指着她说，就你这样，也能叫团员？你把那团徽摘下来，你不配戴这个团徽！

我本来也就一说，没想到瘦女生真的开始卸团徽，让我有些发愣。这时体育老师也你一言我一语说起来，你们俩怎么回事？2000 米居然跑了 20 分钟！我们这么多老师，就在这里等你们两个人！你们俩以为自己是谁啊？公主还是小姐？太不像话了！

2000 米跑 20 分钟，一小时也就是 6 公里的样子，这简直就是走路的速度。这两个人前面跑了一段，后面全是走。她们的班主任已经回去了，我本来也想让她们先回去，请班主任处理这件事，但是这两个人的表现实在太过分，让我无法容忍，并且若是让她们有所喘息，她们又会有很多的借口搬出来，到时再教育她们就没什么力度了。我决意当场处理此事。

此时整个运动会已经结束，工作人员正在收拾场地，天色也开始有些灰暗了。我沉思片刻，严肃地对这两个女生说，给你们两个选择，要么重新跑一次，要么全年级大会作检查！

两个人显然有一些吃惊，她们没想到会是这么严厉的处罚，不约而同地"啊"了一声，抬头看着我，直到看到我义正词严的样子，才意识到我不是在开玩笑，脸上生出害怕的表情。

我态度坚决，对她们说，给你们一分钟时间考虑，一分钟之后告诉我！瘦一点的女生不愧是团员，觉悟高，马上就想通了，老师，我重跑一次。好！我说，请体育老师给你记一下时间，12 分钟之内跑回来。

瘦女生跑远了，我问胖女生，你呢？胖女生面露难色，老师，我太胖了，真的跑不动。我心里说，就你这样还叫胖，你还没见过真胖的呢！嘴上说，你打算怎么办？胖女生牙一咬，我全年级作检查。

我一惊，没想到她居然会这么说。你想想清楚哦，我提醒说，乘着天还没黑，赶快去跑一圈，为了一个区区的 2000 米在全年级那么多同学面前作检查，让自己名誉扫地好像不太值得吧。女生有些犹豫，我趁机说服她，你看你同伴不是也去跑了？跑不动跑慢点嘛！看到她仍旧不言语，我索性一不做二不休，对她说，这样吧，老师陪你跑。走！

我的话语带动了胖女生，她终于跟着我慢慢跑起来。我作出这个决定其实也并非一时冲动。因当时天色确实有些晚了，十二月的冬天天暗得特别快，我们学校又地处开发区，周围街上人烟稀少，让女生独自在外面跑一圈，我委实有些放心不下，所以迫不得已，作出自我牺牲，另一方面，也可以对她做一个监督和推动。

一路上，我教她要注意调整呼吸，要注意脚步和呼吸一样有节奏，教她把注意力集中在呼吸上面。女孩表现得比较努力，也很吃力，她的腿像是灌了铅一样，沉重无比，几乎抬不起来，每一步的幅度很小，这么小的步幅，根本无法跑快。我控制着速度，嘴里喊着一二一二的口令。就这样，我们一点一点跑进夜色。

跑到将近一半的时候，女孩突然很痛苦地说，老师，我真的跑不动了。看得出，她确实有很大困难，由于胖，她平时肯定很少参加体育锻炼，体育课上的长跑大约都是走的。我看着她痛苦的表情，大声鼓励她，一定要挺住，我们已经跑了一半了，你的表现还是很不错的，跑不动步子再小一点，但是这口气绝对不能泄，一定要坚持住！

女孩在我的鼓励和陪伴之下，到底还是没有停下来走。前面不远处有一个路人在行走，我几次想追上他，但是被身边的女生所累，竟不能如愿。女生的速度简直就跟走差不多嘛，我心想，但是无论如何，她还是在跑，这和走是有本质区别的。途中，女孩也好几次想放弃，每次都在我的鼓励下咬牙挺住了。

我们一路慢跑，不知不觉，天就很黑了。突然间，四周一亮，原来是街边的路灯打开了。我们俩孤独地跑，我能听到女孩越来越重的喘气声。

转过最后一个拐角的时候，我说，太棒了，我们已经看到终点了，再坚持一下，马上就要到了！女孩受到了刺激，也不知哪里来的力气，竟然奇迹般地加快了一点速度，我则不断地给她打气，还有200米，150米，100米，50米……

在最后的关头，女孩的力气似乎耗尽了，她慢下来，但最终还是跑到了终点。在越过终点线的瞬间，她的身子一晃，差点要倒下去，我连忙扶住她，没事吧？我关心地问。女孩拼命地喘气，说不出话。

我提示她说，做深呼吸，一二三四吸气，五六七八呼气，自己调整一下。然后我作示范给她看。女孩跟着我呼吸了一阵，逐渐缓过来。我大声地表扬她，今天真的不容易，老师很感动，你坚持了下来，没有走。刚刚老师看了一下时间，14分多，15分不到。真不错！我这番话其实有点不符合事实，我们这一圈实际上用了将近16分钟多，但是为了让她有成就感，我只好骗她。怎么样？以前是不是从来没有像这样跑过？我问。女孩点点头。

我告诉你，我语重心长地说，只要你以后每天的晨练坚持这样跑，就像今天这样，慢一点没关系，只要别走，这样坚持一个月，老师保证你一圈下来能跑进12分。怎么样？要不要试一试？女孩感激地点点头。

这就对了嘛，我柔声说，回去吧，记住今天这次跑步，以后再碰到什么困难，千万要挺住，可别让老师再失望了！

很久以后的一天，我开会迟到，一路往会议室奔跑，在楼梯拐角差点撞上两个女生。我一见两人面孔，心中一动，不就是上次被我罚跑的两个女生吗？其中那个胖女生，明显比以前瘦了很多。我放慢步伐，露出微笑。你比以前苗条多了，我对"胖"女生说。女生们也笑起来，"胖"女生说，我减肥成功了，比以前瘦了整整10斤呢！接着，她看着我说了一句，谢谢老师。

我觉得这句话意味深长，可是因为时间紧，来不及慢慢体会，眼看又耽搁了几秒钟，遂脚下使力，向会议室狂奔而去。

二十七 | 转怒为抚

女生走出教室时脸上那不断变化的表情告诉我，
她的脑子里已转过无数的念头。

我参加工作也有不少年头了，但是有一个毛病却一直没有改掉，那就是太容易冲动，碰到学生不像话的时候尤其容易发火。这不，这次我的情绪又有些失控了。

这是一个平常的晚上，我是晚自修检查纪律的老师。我们学校晚自修一个楼层只有一位老师值班。晚自修开始时，我到各个班级转了一圈，那时纪律很好，学生们都在安心学习，我也就放心地回了办公室。可是，不多久，我就听到走廊里传来不小的说话声。

我起身推开办公室门走出去，走廊上没有人，声音是从班级里传来的。我一个班级一个班级地走过去，走过去的班级都很安静。吵闹声逐渐清晰了，那是从最边上的一个班级里传出来的，那个班级我以前还曾经代过一段时间的课。

我走到那个班级的门口，里面简直吵翻了天，打闹声、嬉笑声、大喊声、尖叫声此起彼伏。我猛地推开门走进去，教室里一下子安静了。有几个在自己座位上站着的学生马上坐下来，一个女学生正在和离自己座位很远的一位学生打闹，教室里安静下来之后，她站在那里，显得很突兀。

我非常生气，整个年级的学生都在安心晚自修，就是这个班级特别吵，自己都不知道声音能传到九霄云外去。那名女学生正在快速地溜回自己的座位，却被我大喝一声，你，到办公室去。女学生惊恐地抬起头，看到我的手正指着她，我的眼睛充满怒火。

在我血气方刚的日子里，我常常会在学生面前发很大的火，我以为那种方式有用。事实上，面对不自律的中学生，要在很短的时间内快刀斩乱麻式地解决问题，采取雷霆震怒的方法确实能起到立竿见影的效果。可是，这种方法的确也非常危险，一旦被批评的学生恼羞成怒，与教师当面发生冲突，教师很可能骑虎难下，没有经验的教师如果应对不当，冲突便会升级，教师与学生也就渐行渐远。

现在，我虽然没有抛弃发火这种方法，并且由于个人性格问题，也不时地要发一些火，但是我的内心已经非常平静了。我能够做到表里不一：外表很愤怒，内心却非常冷静。一旦学生情绪有什么变化，我会及时采取应对措施，而不会沦为愤怒的奴隶。

这次的情况就是这样的。我的发火使得班级里很快安静下来。那名女生在我的呵斥下呆了一呆，随即往教室外面走，在那个时刻，我注意到她脸上许多复杂的表情交织在一起，转瞬即逝。

女生走出教室后，我对着剩下来的学生训斥了几句，并且示意班长举起手来，让他负责维持班级的纪律。随后，我马上离开教室，发现女生就在教室门口，没有走。

女生我是认识的，是他们班的班干部，平时很活跃的一个女孩子。让女生罚站是非常忌讳的一件事，尤其是这种有一定能量的女生，我必须非常谨慎。

人都是要自尊的，十五六岁的女孩自我意识已经非常强了。我有点后悔，刚刚太冲动，不应该把她撵出来。女生走出教室时脸上那不断变化的表情告诉我，她的脑子里已转过无数的念头，此刻，她在想什么？

提起申诉？冷漠置之？强力顶撞，或者伺机而动？她大概也在想着应对的措施吧。教室里如此吵闹的原委我并不很清楚，也许是有原因的，可是，纠缠于那些细节没有什么大的意义。此事快速产生，我也必须快速解决。

女生见我出来，嘴巴动了动，似乎是想说话。我却先下手为强，我把她拉过来，我对她说，我带你去看一看。语气却是极和蔼的。

女生脸上的表情写着诧异，我却已开始走了，女生只好跟着我。我们走到隔壁的一个班级，透过窗上的玻璃，我们可以看到教室里的学生都在安静地自修，我对女生说，你看看，教室里有没有老师？女生没有说话，她甚至没有仔细地看教室里的学生，她的脸有些红，头稍稍有些低下去。

我们去了下一个班级，情况是一样的。又去了下一个班级，情况也差不多。很快，我们走到了走廊的尽头。这样吧，我们再去看看楼上的班级，看看比你们低一级的学生晚自修是怎么样的。我平静地说。

我们兜了一圈回到原来教室门口的时候，女生已经满面羞愧了。她大概早已经放弃了申辩的念头，也绝不会跟我顶撞了。她在想什么呢？想我怎么处罚她吗？

我停下来，语重心长地对女生说，刚刚你也看到了，全校同学都在安静地晚自修，整栋楼里，就只有我们班吵得厉害，你大概不知道，刚刚我们班里的声音老师在走廊另一头的办公室里听得一清二楚，你要理解老师，老师刚刚发那么大的火是有原因的啊！

我接着说，我是认识你的，你是班级里的班干部，平时很活跃，工作能力很强，在我印象里，老师们都很欣赏你。可是身为班干部，不为维持班级的纪律作贡献，却带头破坏班级纪律，实在是不应该啊！

女生的头埋得更低了。受到别人的批评固然难过，但是最难过的是自己意识到自己犯了错误，并且还让赏识自己的人失望。女生大概现在就是这种感觉。这个时候，我不需要再说什么了。我轻声说，回去吧，老师相信你应该知道该怎么做的。

女生进去了，教室里一片安静。这个班级的纪律我已经不用担心了，虽然我在他们面前露出"凶狠"的一面，但是那名作为当事人的女生会把我人性化的一面大力宣扬，那是对我的形象的最好维护。

二十八 ｜ 外圆内方

> 知道你爸妈为什么给你取名叫袁方吗？我说，他
> 们希望你做一个外圆内方的人。

上午最后一节是我的数学课，预备铃响了之后，我像往常一样，拿起课本进教室。走到班级门口，发现情况有些异样，语文老师与班主任都站在教室门口，语文老师正朝着教室里愤怒地说着什么，班主任则愁眉苦脸地站在那里，显得无可奈何。我走进教室，才发现原来惹语文老师生气的是袁方。那个瘦长的大男孩，面对语文老师的喋喋不休，他突然蹦出一句，你不值得我尊重！我一下子愣住了，语文老师则气得发抖，她几乎是嚷道，作业不做，老师连说都说不得了？你还算是一个学生吗？

这是一个让我猝不及防的场景，也是在学校里老师可能遇到的最糟糕的场景之一。我曾经无数次地告诫老师们要避免当众与学生发生冲突，如今这一幕竟然就发生在我眼前！正在这时，上课铃响了，我一下子清醒过来。我当机立断，马上走过去，轻轻地把语文老师劝到门口，低声说，你先回办公室去吧，剩下的事情我来处理。说完，冲着班主任使了一个眼色，班主任心领神会，马上过来劝语文老师。语文老师虽仍旧气愤难平，也只好跟着班主任回办公室。

　　我转过身重新回到教室，把门轻轻地从身后关上。教室里的气氛非常压抑，语文老师的怒气似乎还弥漫在空气里，袁方坐在座位上，一付犟头倔脑的样子，全班同学的表情尴尬，没有人发出一点声音。我感到了笼罩在学生心头的一层坚冰，怎么办？是不闻不问，当作什么事也没有发生过，照常上课，还是放弃上课先解决问题？我站在讲台上，嘴上一句话不说，脑子里却飞快地转着。那边语文老师还在光火，这边袁方也不服气，唉，为什么这节课是数学课呢？我不禁有点暗暗叫苦了。

　　眼看着教室里已经沉默了一分钟，不行了，总得说点什么。我清了清嗓子，看了看袁方，说，其实我很理解大家。

　　全班同学的情绪都被我这句话吸引过来，大家静静地等着我说下去。我也是从大家这个年龄过来的。我说，我上初中的时候，也有过很叛逆的时候，对大人的管教非常反感。这话说完，我注意到很多人脸上的表情明显缓和了，袁方尽管还是低着头，脸上倔强的表情似乎不是那么强烈了。这种年龄的孩子，正处在逆反的顶峰，在他情绪失控的时候，绝对不能硬来，我深知。

　　记得有一次，不知道是什么事，我爸被我气昏头了。他抡起巴掌要打我，我就躲。我爸追我，我就跟他绕着桌子玩猫捉老鼠，他几次伸出手，可始终够不着我。我讲得如此生动，学生们都被我的故事吸引了。我爸气得不行，他停下来，脱下脚上的皮鞋就向我猛扔过来。我一边说一边做出脱鞋的动作。结果，我头一低，鞋子砸中了后面橱里的一个花瓶。有人笑了起来，我继续说，只听"哗啦"一声，瓶碎了。我爸气死了，他说，这是你爷爷传下来的花瓶，今天居然被你打坏了！我说，又不是我打坏的，是你打坏的。说到这里，我自己也忍不住笑了起来，所有人都被我感染了，教室里笑声一片。袁方也抬起头来，他没有笑，情绪的转换没有这么快，但是脸上已经明显没有敌视的表情了。小时候我爸生气用鞋子扔我的事是有的，但是砸破花瓶却是我灵机一动杜撰的，居然起到了非常好的效果。

　　我爸气得发抖，他说，我没有你这个儿子，你给我滚出去。我说，滚出去就滚出去。说完，就滚出去了。我越说越轻松，教室里已是笑成一片。

在外面转了一圈，天晚了，我没地方去，只好回家。可是，到了家门口，又不好意思回去，就站在一个电线杆子旁边，等着有人出来。这是我亲身经历过的事情，因此，讲得十分真实，可能很多人都产生了共鸣，大家都听得十分有趣。后来过了很久，我妈终于出来了。她看见我站在那里，说了一句，都这么晚了，还不回去睡觉？我一听，机会来了，一句话不说，马上溜回家睡觉。

讲到这里，我顿了顿，看了看大家说，那时候小，不懂事。现在长大了，才知道父母虽然唠叨，都是为我们好。其实，老师也一样，有时候对大家严格要求，都是为大家好。即使说的话有人不爱听，你耳朵一捂也就过去了，当面顶撞老师总是不好的。

教室里重归安静，大家的表情又严肃起来，但是这种安静不再是尴尬，而是沉思。我两眼直视袁方，接着说，如果有同学不能控制自己，我希望大家也都能劝劝他。都说旁观者清，但是碰到同学和老师发生冲突，大家不能总是做一个旁观者。我这话既像是劝慰，也像是批评，有些直接，但经过前面的铺垫，大家很容易就接受了。

我的一番话打破了学生心头的坚冰，教室里的气氛回复如常，当我紧接着开始上数学课时，学生的反应如同往常一样活跃，袁方也非常专注地参与到课堂教学中来。

下课之后，大家纷纷去食堂吃饭，我慢慢地收拾东西。袁方没有走，他静静地坐在位置上，看着我，他是个懂事的孩子，知道我会跟他说什么。我走过去，用手拍了拍他的肩膀，轻轻地说，到我办公室来一下吧。

在办公室里，我询问了事情的起因。原来语文老师课间拿着一叠作业进教室，大声点名批评作业不认真的人，其中就有袁方。别人都没有什么声音，为什么你要跟老师对抗呢？我问。他们也有意见的呀，他们没有说出来罢了，我这是代表民意。袁方说。我笑了起来，真是天真可爱的孩子。你们上语文课也不是一天两天了，都知道语文老师是刀子嘴，豆腐心。再说，她那么大年纪了，你把她气成那个样子，现在是不是觉得有点过分了？我说。袁方点点头。知道你爸妈为什么给你取名叫袁方吗？他们希望你做一个外圆内方的人。什么是外圆内方呢，就是内心要正直，要坚持原则，但是表达的时候要灵活，不能犟头倔脑。你的内心还是蛮正直的，就是态度常常不太好，以后得改哦！

袁方心悦诚服地接受了我的教导。我后来安排班长陪同袁方一起向语文老师道了歉，冷静下来的语文老师也愉快地接受了袁方的赔礼，当然忘不了继续数落他一番，数落完了，心里面的怨气也就消了。

二十九 | 后来居上

骆克想当总统，莫非是因为他受了无尽屈辱，所
以才有了要解救天底下受压迫孩子的愿望？

暑假里，我被邀请至南方的一座特区城市讲学，去之前，我给一个一直保持联系的学生打电话，告诉他我要去那座城市的消息。没想到作完报告的那天晚上，我住的三星级宾馆里一下子来了十几个人，都是我曾经教过的学生。骆克显得尤其活跃，他用挑剔的眼光扫视了一下房间里的设施，然后眉毛一扬，说："怎么能让老师住这种档次的宾馆呢？走，退房，换个酒店！"骆克扬眉毛的神情一下子触动了我，我的眼前又浮现出少年骆克忧郁深邃的眼神，那些十几年前的景象如潮水般迅速展现开来。

我坐在办公室里，埋头批改作业，英语薛老师拿着一张试卷走过来，气愤地说："万老师，你看看，你们班的骆克，根本就不读书！这份卷子其他人都在 80 分以上，他才考多少？他一个人拉了班级多少后腿？"我转过头一看，46 分的鲜红数字马上跃入眼帘。我轻轻地笑了一笑，没有说话，只是从抽屉里拿出另一张试卷，放在薛老师面前，薛老师一看，不说话了。那是一张数学试卷，右上角的分数是 8。

我对薛老师说："骆克的英语成绩算是最高的呢，因为他觉得英

语还有点用，所以还花点工夫，其他的学科基本上都不学。""那怎么办？就让他这样下去？有他在，你的班级数学平均分不得低两分？"薛老师很着急。

我难道不着急吗？自从接手这个班级以来，我在骆克身上花的时间是最多的。而我对骆克的了解越多，就越觉得这个孩子与众不同。

与其他不学习的孩子不一样，骆克喜欢读书。他读了很多课外书，历史书和名人传记尤多。"现在那些课本知识有什么用？我将来要当总统。"骆克在一次谈话中对我说。"哦，这样啊，"我沉吟着说，"可是据我所知，现在总统也不是那么好当的，至少得大学毕业。要读大学，首先得考上一所不是很差的高中，你说呢？"骆克不言语了，他似乎从来没想过这个问题，因为他一反常态地没有马上进行反驳。

骆克的家庭很特殊，我家访的时候，没有见到他爸爸，他的家在城郊的一条很破的街道上。家里条件出奇地差，骆克却十分注重衣着的整洁，和他家的房子形成鲜明的反差，难怪骆克非常不愿意我去他家。我后来问骆克他爸爸做什么，骆克说是开公司的，我问开什么公司，他说是开"晃荡公司"，我不禁哑然失笑。骆克向我解释说，他爸爸整天在外面晃荡，似乎在做生意，又不知道在做什么生意，但是每个月都能拿出钱供家里开销。

骆克的反叛情绪和独立性由此形成，他根本就不听父母的话，甚至有些以生活在这样的家庭为耻。偶尔他爸爸回来给他一顿暴打，骆克居然一声不吭地硬挺下来。骆克想当总统，莫非是因为他受了无尽屈辱，所以才有了要解救天底下受压迫孩子的愿望？我不得而知。但是那次家访以后，我对骆克就完全放弃强硬手段，代之以温言软语，哪怕他再不肯学习。他已经经历了他爸爸那样的暴力铁拳，难道还会把我的那两句没有底气的狠话放在眼里？

我对薛老师说："骆克其实很聪明，他只要愿意学了，成绩会很快上来。""那他要是一直不愿学习呢？"薛老师问。"不会的，"我说，"学生到了年龄，总会开窍。在他开窍之前，如果我们着急，只会把关系搞得很对立，这样，反而得不偿失。"薛老师看着我，愣了一会儿说："那我就不管了。""怎么能不管呢？你以为我不想骂他吗？可是骂他又有什么效果？骂他只是发泄了我的愤怒而已，对他没有任何帮助。相反，给他以宽容和期待，反而会对他形成压力，促使他早日警醒。"

初二快结束的时候，骆克犯了一件事。有人在图书馆的一本书上看到一句攻击政府的"反动"标语，高度警觉，马上汇报。图书馆的老师非常重视，经过详细缜密的调查，最后终于把骆克给找了出来。在办公室里，我对骆克说："你怎么这么傻，在图书馆的书上乱写？""我以为没人知道。""你也太幼稚了，就你这样还想当总统？"我又好气又好笑。骆克突然间眉毛一扬，急切地说："老师，您能不能帮帮我，千万不要把这件事写到我的档案里去？要不然我就完了。""那你想怎么样？"我问。"我要好好读书。"骆克斩钉截铁地说。

我不知道骆克的巨大转变是否真的是因为这件事而起，但是，初三开始的时候，骆克的确变成了另一个人。上课的时候，他坐得笔直，目光紧盯着黑板，专注而有力；一下课，他就拿着课本或习题册，找老师问题目；中午的时候，别人都去吃饭了，空荡荡的教室里常常只剩下他一个人在做题。有很多次，骆克问我题目，我耐心地给他解答，骆克没听懂，他焦急地问我，"老师，我还有希望吗？""当然有！"我斩钉截铁地说。

同学说，骆克的嘴里一直念叨"来不及了，来不及了"，而我只要一看到他的眉毛扬起，就知道他又搞懂了一道题目。骆克的动力完全来自于他的内心，我又做了什么？我什么都没做。我所能做的只是劝他晚上早点睡觉。

那天早上宿舍的老师来找我，很委屈地说，骆克晚上不肯睡觉，到了11点半钟，老师想强行拉闸，骆克板着脸孔吼了一声："我考不上高中你负责？"宿舍的老师哪负得起这个责任，只好第二天来找我。我能说什么呢？我只能劝他要保证睡眠，否则第二天上课睡觉反而得不偿失。骆克于是逐渐能在12点前上床休息。

各科老师对骆克的进步都表示了惊叹，初三的第一次期中考试骆克的英语就考了八十多分，除了数学之外，其他科目全部及格。薛老师很高兴，对我说："万老师，我服了你了。骆克果然像你说的那样，太厉害了。"骆克的进步神速源自于他的醒悟与专注，尽管他基础极差，但是初中的那点内容绝对难度实在不能说大，哪里架得住他的那种疯狂学习的状态呢！

初三毕业时，骆克的数学考了八十几分，超过了全市的平均分，他也考上了一所不算很差的普通中学，与我提示他的总统必经之路一模一样。只是后来，他并没有从政，大专毕业之后，他只身去南方的特区城市打工，从一个普通的销售员做起，在销售经理的职位上干了几年，然后抓住机遇，果断辞职自己做老板。由于熟悉市场，又握有一批顾客资源，他的公司很快发展壮大，最终成了一家拥有几百员工的大企业。

骆克给我换了一家五星级的酒店。"你不想当总统了？"在酒店的咖啡吧里，我当着所有人的面这样问他。"那时候幼稚，不懂事。"骆克有些害羞地说，"不过真的谢谢您，您的鼓励对我的帮助特别大。"我摇摇头说："骆克，老师只是做了应该做的。你能有今天的成就，都是你自己努力的结果。""不是的，以前我犯了那么多错误，您是唯一没有骂过我的老师，在我开始认真学习的时候，您总是鼓励我先把别的学科补上去，数学最后再补。我今天能够把企业经营到这样的规模，也是您教育的结果啊！"

骆克的眼中泛起了泪花，所有的人都鼓起掌来，大家纷纷端起酒杯来敬我。我的脸却红了，原来整个咖啡吧里的人都朝我们这边看，我成了大家瞩目的焦点。

三十 | 乍暖还寒

初春的日子，乍暖还寒，要迎接温暖的到来我还需耐心等待。

夜晚，我一个人在办公室里看书，突然响起了敲门声。他走进来。我的嘴边露出微笑，你来了？他点点头。我热情地为他拿过来一把椅子，请坐请坐，我友好地说。

我和他坐下来，不完全面对面。我坐在办公桌前，他坐在办公桌旁，我们的椅子形成一个角度。教导处的办公室不大，办公桌却放了好几张，我们俩坐在里面，并不显得空旷。我看着他，他的脸庞消瘦，神色异乎寻常地平静，在刚刚进来的一瞬间，脸上似乎闪过一丝不安的表情，但是很快，就恢复安详了。

这次出去，收获应该很大吧？我引出话题，谈谈好吗？

男孩似乎有一些紧张了。他调整了一下，平缓地说，我是礼拜二下午走的，5 点钟上的火车，礼拜三晚上 12 点到的贵阳。吃的什么呢？我问。上火车前，我花 10 块钱买了一袋面包，火车上有水。他说。只吃面包，不饿吗？我问。不饿，在火车上，旁边的人一直给我东西吃的。他回答。

真是一趟奇妙的旅行啊！我惊叹道，在你这样的年龄，我还从来没有一个人坐火车出去过呢，你不怕吗？不怕的，他摇摇头，我一个男孩子，怕什么？万一有人给你吃东西，把你当成他的朋友，让你跟他走呢？我不会跟他走的，男孩摇摇头，我不会跟陌生人走的。我笑了笑，不错，你是很有经验了，说说你在火车上是怎么过的吧。

在火车上，我先睡觉，我睡最上面一层。一直到了第二天早上才醒来。睡在我下面以及最底下一层的是一对上海的老年夫妻，他们是到云南走亲戚的。睡在我对面的三个人，最上面的是一个二十几岁的女青年，她说她是贵州人，到上海来办点急事的，办完了乘火车回去。中间是一个四十几岁的妇女，她是重庆人，说女儿打算考上海的大学，她就到上海来找工作，结果在徐汇区的一家店里面做了一个月会计，觉得不开心，就辞职回去了，工钱也没有拿到。哦？是吗？我很感兴趣地听着，那还有一个呢？

还有一个不知道做什么，好像是做生意的，因为他在火车上用手机和别人打电话时好像讲的是做生意的事情，他是贵阳人。男孩一边思索一边说，我们在火车上聊天，他们都很喜欢说话，到了吃饭的时间他们也把吃的东西分一点给我。

他们有没有问你是干什么的？我问。问了，男孩说，眼睛里一片迷茫。你怎么说？我接着问。我就说我是学生，在学校里有点闷，出来散散心。那他们怎么说？他们说，散心不应该跑这么远的地方，应该在离上海近的地方，比如说浙江什么的，散完心回去也方便。我说，他们说得对啊，这个世界上毕竟还是好人多。他们知道你是逃出来的学生，所以很照顾你，是吗？男孩点点头。

我跟男孩应该说是有点熟的。四年前他读六年级的时候我在他们班代过一学期的数学课，男孩那时候数学成绩非常好，在我印象里经常考100分。现在，男孩长大了，他读高一了，他坐在我面前，神情忧郁而平静。四年前的男孩应该是喜欢我的，经常到我办公室来问问题，有时候也会聊一些其他的事情。后来我不在他们班代课，我们也就再没交流过，偶然在校园里相遇也会打个招呼。师生之间的相遇也是需要缘分的，有时候，老师和学生可能在一个学校里待了 3 年或更长时间，却没有机会相互认识。我看着长大了的男孩，我和他是有缘分的，我想。

作为你的朋友，说心里话，我是蛮羡慕你的。我微笑着说。男孩有些讶异，他抬起头来，看着我，确定我不是在开玩笑。我真的是这样想的，我解释道，像你这么大的时候，我也有过到离家很远的地方散心的愿望，可是，我胆子很小，没有这个勇气。可是你不一样，你这样做了，出去这一圈，认识了天南海北很多人，长了不少见识，收获不小啊！

男孩的嘴角也不禁露出一丝微笑，他的神色依旧平静。在经历了许多事情之后，他显得沧桑了。

到了贵阳之后呢？我接着问。

因为是夜里到的贵阳，我就决定到网吧里待到天亮。睡我对面的那个人也在贵阳下的火车，他是贵阳人，路熟，他帮我拦了一辆车，说好地方，讲好价钱，然后我就上了车。男孩说。好人哪！我感叹道，坐车花了多少钱？10 块钱，男孩接着说，在网吧，我玩了一会儿游戏，后来想起来他们说《手机》比较好看，因为我以前没有看过，就在网上把《手机》也看了。到了早上 6 点多钟，我上海的一个朋友也上网了，我就用 QQ 问他贵阳那个朋友的电话，他告诉了我。然后我就打电话给我贵阳的朋友，我们就这样碰面了。

后来呢？我很好奇地问。

我本来想到他们学校听一天课的，我朋友的学校是贵阳最好的重点中学之一。但是后来只听了一节课，他妈妈就到学校来，把我接回去了。听的是什么课？我问。是生物课，男孩的眼神又凄迷起来，在课堂里，我感受到了读书的气氛，他们是真正想读书的学生……

男孩的班主任星期三找到我时，神情非常着急。一个学生在学校里失踪了，这可不是一件小事。宿舍里，他的被子平铺在床上，人却不见踪影。男孩上午第三节课就跟老师请假，说身体不好，想到宿舍里去休息一下。不料，一去即不复返。

你是怎么出校园的？我问。从学校围墙翻出去的，学校围墙有一段报警器是不会响的。男孩话语坦白而平静。

我的心里泛起一丝苦涩。学生是厉害的，他们能够找到学校管理的任何一个漏洞。作为校规的制定者之一，我是该感谢他们还是该抱怨他们呢？

后来怎么回来的？我问。后来我朋友的妈妈给我爸爸打了电话，并且帮我买了星期五上午的飞机票。你没有身份证，也可以上飞机吗？我问。一开始他们不让我上，我给他们看学生证，告诉他们我是一个学生，后来他们就让我上了。我当时已经想好了，实在不行，我就坐火车回来。

我仔细地观察男孩的脸，我看不出一丝一毫的虚情假意，在我面前，男孩像水晶般透明，我喜欢这样透明的谈话。

为什么想出去散心呢？我问。其实我想出去散心的想法很早就有了，那天决定走也是突然的。早上就觉得头很疼，课听不进去。这段时间学习上感觉很糟，压力很大。

我沉默了。男孩讲的是实情。他读的是我们学校高中的 IB 班。IB 是一个国际文凭项目，所有课程除了中文之外，全部用英文授课。课程本身就有一定难度，再加上英语，许多同学都觉得很吃力。

我眼神迷离，若有所思。出去了一圈，你现在是怎么想的呢？我问。男孩的脸闪过愧疚的表情，我觉得有点愧疚，让老师替我担心了。是啊，我接过话茬，知道老师那两天怎么找你的吗？晚上都没睡好觉啊！你只顾着自己散心舒服了，却忘了这已经不是你一个人的事，许多人受你牵连啊！男孩低下头去。我这才发觉，他其实是很瘦弱的，我的呵护之情油然而生。

每个人学习都有碰到困难的时候，逃避总不是办法，你觉得问题出在什么地方呢？我问。我英语不好，又不愿花工夫。我爸爸说我太率性，只读自己喜欢的课程。男孩说。

你爸爸说得真对啊！我从心底说出这句话。

男孩的问题非常明显，有小聪明，理科不错，但是不用功，且率性而为，自控力差。处在这种年龄阶段的男孩情绪也是不稳定的，在他出走前的一个学期，有一次，他甚至和班主任在全班公开争吵起来，班主任气得发抖，可是也无可奈何。在男孩碰到挫折的时候，也没有人及时地和他交谈沟通，以至于这种郁闷一直徘徊在心里，不能散去。

你应该提高自控力，我接着说。可是隐隐之中，我觉得男孩的出走也许是个不错的选择，出走让他散去了心头的抑郁，要是一直关在学校里，他还会像现在这样纯净透明吗？

我该怎么提高自控力呢？男孩问。这个问题问得很好，我肯定道，我不知道你是不是想成为一个有成就的人。在得到男孩的肯定答复后，我接着说，还得看你想成为有成就的人的愿望有多强烈。如果足够强烈，那么，在你碰到一些困难时，你就会想方设法克服它；反之，你就会很容易退缩。

你们班有没有自控力很强的同学的例子呢？我问。有的，男孩点点头。那就好，以他为榜样，观察他是怎么做的，再对照你自己，你自然会找到差距。这件事情已经发生了，但是我看如果你处理得好，可以把它变成好事，成为一股不断鞭策你努力学习的力量。

男孩点点头，他在努力地思考。有空的时候，多找老师谈谈心，交流一下思想，尤其是在苦闷的时候，好吗？男孩的眼睛明亮了，我什么时候来找您呢？什么时候都可以，只要我有空，当然不一定每次都能有这么长的时间，在白天如果有十分钟二十分钟也可以说很多话了。你说呢？男孩点点头。老师，我会受处分吗？他问。

我凝视着男孩的眼睛，他也凝视着我。学校里其实已经有了决定。男孩神态也依旧平静，他来找我之前，想必也是已经做好了打算的。其实从今天的谈话来看，老师觉得给不给你处分意义并不大，但是……一个有责任心的男子汉，是应该对自己做过的事情负责的，你说呢？我慢慢地说。

男孩沉默了，许久，他抬起头，看着我，却不说话。

其实，如果你当时真的觉得很苦闷，想出去散散心，你来跟我讲一声，我说不定会同意你去的。我说。老师并不愿意处分你，从心底深处来说，老师觉得你其实是一个很理智的人，这次出去对你来说也许并不是一件坏事。可是，老师也有难处的，你知道的，你这次不辞而别，很多人都在看学校的反应……

我知道，男孩垂下头，我现在也很后悔，当时应该跟老师讲一声，也应该征求一下爸爸的意见。可是，我怕他们不同意。

……

我想我大概永远不会忘记这次谈话的，这是我与即将被处分的学生之间最奇妙的一次谈话。我们俩都心平气和，像是多年的好朋友。后来我们又谈了一会儿，男孩终于犹豫着起身向我道别。我把他送到门口，看着他消失在楼梯的拐角。回到办公室里，我关上门，回想刚才的谈话，仍感觉如梦境一般。

我伏案看书，门忽然响了一下，似乎是有人敲门，我紧盯着门口，也许是男孩想起什么事返回跟我说呢？可是没有人，隐约听见外面风吹的声音。风吹的声音似乎很响，像冬天一样。初春的日子，乍暖还寒，要迎接温暖的到来我还需耐心等待。

下编
Banzhuren Bingfa | 理论篇

一 | 总 论

自从当了教师，就免不了与学生打交道。事实上，学生工作是教师最重要的工作之一。教师的工作必须以学生为中心。所有成功的教师都有一个共同的特征，那就是与学生关系良好，相互信任。一个不能处理好师生关系的教师，其工作必然是失败的。可是，随着时代的发展，现在的师生关系，的确是越来越难处理了。

新教师接一个新班的时候，由于大家都不熟悉，所以最初的一段时间基本是相安无事的。通常情况下，双方都会相互试探一下。学生有时会有两三个人率先发难，出一些难题让教师解决，如果教师显示出强大实力，学生们自然收敛起虚浮，认真对待教师；若是教师被试探出来"营寨空虚"，那么学生不久便会大举进攻，教师势必抵挡不住，迅速败下阵来。

有些教师会选择先下手为强，所谓"两强相遇勇者胜"，如果接手的新班调皮捣蛋的学生比较多，他们会在遭遇战中，振作精神，给学生一个下马威。一些临时代课的教师，通常会作这种选择。不管三七二十一，先劈上三板斧再说，等到学生探明虚实，早已得胜回营，圆满完成代课任务了。

还有一些教师则根本不给学生接近的机会，冷若冰霜，从不跟学生拉家常，上完课就走，若有学生搦战，高悬免战牌，不与学生正面接触，不找学生谈心，不暴露自己的真实想法，总之，不跟你战斗。你若不守纪律，我不与你交锋，回马便走，你若追上来，旁边自有班主任出来接招与你厮杀。对于一些副科老师来说，这是一种常用策略。

一个班级教的时间长了，师生双方知根知底，便进入了持久战。有时候教师运气好，会碰到一个比较"弱"的班级，学生天生老实的居多，战斗力太差，教师不费什么力气便全部拿下。学生被拿下之后也没有"造反"的念头，学习成绩不一定好，班级工作也不一定突出，然而很稳定，不会有什么惊天动地的事情发生，教师很省力。遗憾的是，从千千万万班主任的工作实践来看，这样的班级是可遇而不可求的。

可能有人会问了，在你眼里，师生就是对立面，动不动就交战，你的教育观有问题。请不要着急。教育观的问题不是看你怎么说，而是看你怎么做的。爱学生当然是基础，没有人会否认。但是，爱便能解决所有问题吗？去看看天底下的母亲，有多少因为不恰当的爱反而给子女造成成长的障碍的？今天，我有爱国壮志，便手执大刀长矛向洋枪洋炮冲过去，人家会赞扬你吗？因此，打仗讲究兵法，教育需要策略，好心更要办好事。

从兵法的角度来研究师生关系，其实是为了更好地解决教育问题。兵法作为古代军事行为中的一般原则，其适用范围早已经不限于战场，这一点从《孙子兵法》即可得到例证。兵法之所以受人推崇，主要是因为兵法揭示了人世间很多基本规律，这些基本规律都是用血的代价换来的，不仅正确，而且珍贵。坦率来说，教育是允许犯错的，而作战是不允许犯错的，一旦犯错可能就再也没有机会。因此，用兵法的原则来指导教育问题，其实是对自己的严格要求。

教师与学生天生就是两个阵营的人，教师对这一点必须要有清醒的认识。传统教育学告诉我们，对学生成长影响最大的不是教师，而是学生群体自身；现代教育学告诉我们，教师与学生是两个平等的群体，教师对学生有影响，学生对教师也有影响，教师对学生有控制，学生对教师也有控制，教师与学生之间永远存在着控制与反控制、斗争与反斗争。其实本书探讨的就是教师在与学生的平等交往中如何做得更高明并最终取得教育主动权的问题。学生不是教师，教师也不是学生，把学生看作是对手，其实是真正体现平等原则、充分尊重学生的表现。在我们现实生活中，那些因为不重视学生而栽在学生手里的教师可太多了！

禅里面有一个经典的公案叫作"他不是我"，故事是这样的：

宋朝时，两位日本僧人道元与明全结伴，渡海来中国留学。他们落脚在天童山景德寺参禅修行，孜孜不倦地求悟禅法。

一个大热天，午饭后，道元前往延寿堂探望因病静养的明全。当他经过东廊来到佛殿之前时，看见一位老和尚，背驼如弓，眉白如雪，一手撑着拐杖，一手将香菇一棵棵地排在地砖上。僧人们都知道，寺院里需要食用大量香菇，必须趁着暑天烈日晒干，以便储存备用。

道元禅师认识这位老和尚，他是寺院里负责膳食炊事的"典座"。道元看到尽管骄阳当空，老和尚却没戴斗笠，全身汗水淋淋地专心工作着，不由得停住了脚步。赤日炎炎，热浪逼人，连廊荫下的道元都受不了，何况酷日下的古稀老人呢？年轻的留学僧顿生怜悯之心，于是趋前探问：

"请问老师父今年贵庚？"

老和尚稍微直直腰，答道：

"老衲今年68岁。"

道元关切地说：

"老师父年岁已高，这种工作就让院里其他僧人来做吧。"

哪知典座头也不抬，严肃地回答：

"他不是我。"

"他"当然是"他人"，而不是"我"，此话的意思显然是指他人的修业并不能代替自己的修业，他人的体验代替不了自己的体验。原来老和尚把"晒香菇"也看作是参禅的功课呢。道元在那电光石火之间如醍醐灌顶，豁然开朗，苦苦思索多年的禅法一下子明了了。

他不是我，绝妙的禅机。所以说，他们不是我们，我们不是他们，你不是学生，学生也不是你，学生永远不能了解教师们的真实生活，教师也永远无法融入学生的真实世界。我一直说，教师眼中的学校生活与学生眼中的学校生活是完全不一样的，除非我们可以互换角色，亲自去对方的世界体验一番。教师和学生永远属于两大阵营。教师可以想方设法去理解学生，体谅学生，但是，把自己当成学生，并且让学生像对待同学一样看待你，是不切实际的想法。真的这样做了，不仅教师的下场很惨，对学生也有弊无益。高明的老师会尽量缩短这两个阵营的距离，求同存异，大家为了同一个目标而共同奋斗；不高明的老师会使这两个阵营完全对立，极端者甚至势同水火，互不相容。

了解了教师和学生永远属于两大阵营，我相信我们的教师就不会犯以下两大错误。

第一个错误，是让学生来做师生冲突的评判者。有一些不高明的教师，不能很好地控制自己的情绪，与学生当众发生冲突，将事情搞得很大。起因常常是学生先不好，但是教师在情绪失控时也有不当言辞，若这名教师幻想在场的其他学生支持你共同讨伐那名犯错的学生，我劝他还是趁早收起这个念头。因为无数的事实表明：学生总是帮学生的。即使犯错的学生再不好，教师只要有一丁点儿错误的地方，也会受攻击。因此，切记不要与学生当众发生冲突，冲突一旦发生，教师肯定陷入被动。此外，也最好不要当众骂个别学生，当众罚个别学生，原理同上。至于杀鸡儆猴的事情，做的时候也要尤其谨慎，否则一旦自己有什么把柄让学生捉住，局面将会难以收拾。

第二个错误，是在师生冲突中站在学生一边。校园里常常会有意外的事情发生，有时候你教的学生与别的教师发生冲突了，学生拉你去帮忙，或者在你面前哭诉。通常这种情形中的教师一定有一些问题。此时，你一定要头脑冷静，可不能帮学生去出头，否则，你就是丧失了立场。几个月之后，人家师生言归于好了，你算什么？就算没有言归于好，铁打的营盘流水的兵，学生毕业之后，你和人家教师抬头不见低头见，到那时，就是仇人见面，分外眼红了！你说你算怎么回事？还有一些教师，和其他教师有矛盾，竟然发动学生或者家长去告那位教师的状，这是典型的采取了下下之策还自以为得计的行为，这样的教师，基本上都是要自吞苦果的。所以，任何时候都不要站错立场。

现在无论哪位老师去接哪个班级，没有两把刷子通常是应付不下来的。运气不好者碰到一个棘手的班级，三下五除二便败下阵来。前几年，有关学校生活的日剧与港台片很多，大都是讲学生怎么戏弄教师的，教师形象被极度丑化。学生最后通常被一个临时教师或代课教师摆平，而这个临时教师都不一定有教师资格证，甚至还有可能是流氓出身，经过一番惊涛骇浪，教师与学生斗智斗勇，教师智勇双全，将所有调皮学生一一收入帐下，最终大功告成！这种片子极受学生欢迎，但是，不幸的是，剧中大多数的教师，都以一种很愚蠢的形象出现，不管是对学生严格的教师，还是对学生宽松的教师。尤其是教导主任，好像所有的学生都非常恨教导主任。我有时在想，教师是教学生知识的，怎么说也是知识的化身吧，怎么就成了"蠢"的代言人了？归根结底，是在与学生的交往中，教师并没有展示出自己"智"的那一面。

学生最佩服的教师是什么类型的？让学生服气可以依靠做事公正，让学生佩服只能依靠教师的智慧了。师生是分属不同阵营的，教师在与学生的"交战"之中，如果能够智胜一筹，以智取胜，学生会甘愿做你的"手下败将"的！既然要以智取胜，我们就不能不依靠兵法，兵法中有大智慧啊！

二 | 自保第一

学生对环境适应之后，师生之间的关系马上进入第二个阶段。这个阶段我称之为"黔之驴"阶段。此时学生开始试探老师了。这段时间对新的老师是一个极大的考验。

一切兵法的最基本原则是：尽可能多地消灭敌人，尽可能多地保存自己。道理虽然简单，未必人人都懂。以此类推，一切学生工作的最基本原则就是：尽可能多地转化学生，尽可能多地保护自己。

消灭敌人最好最彻底的方式是什么？是把敌人变成自己人！学生工作同样是如此，要抓住一切机会把对立面的学生转变成为支持你的学生，如果班级里所有的学生都支持你，教师的工作无疑是成功的。同时，在转化学生的同时，一定要学会自保。

说起这自保，真是太重要了。有一些老师因为不懂这个道理而丢了饭碗。举个例子，我们有没有遇到过被学生或者家长联名投诉赶下讲台的教师？好像这并不是很罕见吧。说起来，虽然教师与学生是冤家对头，但是，也有相当一部分教师和学生关系处理得很好。可见，教师要自保还是能够做到的，但是，真正要自保得很好，也不是那么容易的。

对一名新教师而言，与学生保持一定的距离是自保的一条途径。

因为新教师还不太懂教育的规律，与学生太近，很容易为学生所伤。这就好像与敌人作战，如果敌强我弱，那还是与敌人离得远一点比较好。与学生保持距离，可以弥补新教师经验的不足，因为离学生太近，被学生一眼就看出虚实，从此对你没大没小，甚至称兄道弟，这教师的威信可就一点都没有了。

很多有经验的老教师，是绝对不会让学生靠得很近的。学生对他们可谓既敬且怕，一些平日里不苟言笑对学生冷若冰霜的教师偶尔露出一点笑容，学生会觉得特别温暖，作文里都会写上。而新教师即使对学生笑得再灿烂，学生可能还不一定买账。

那么是不是教师就必须与学生保持距离呢？非也。譬如李镇西，他与学生的关系就很近，但是学生也很尊重他。为什么呢？因为李镇西有个人魅力。关羽关云长可以单刀赴宴，全身而退，我们这等虾兵蟹将就别逞这个能了，否则便是壮士一去兮不复还。

师生之间的距离相当于战壕，教师可借以藏身，一旦消除这个距离，那就是与学生短兵相接了，这个时候其他武器就没有用了，就得靠教师的真功夫了。

当然有时为了教育的需要，教师可能必须与学生"亲密接触"。遇到一些特殊的学生，远远地教育可能就像隔靴搔痒一般没什么效果，这时候就需要"近身战斗"——走进学生内心世界。要走进学生内心，教师首先得敞开自己的心灵，这需要老师有很高的技巧。以后我们会谈到这种方法，这是一种比较高级的"战法"了，但是在敞开心扉的过程中自保的原则是不会变的。学生思想工作能做则做，不能做就罢手，千万不能硬来，最终把自己搭进去。

接下来不能不提身教，身教也是自保的重要途径。现在的学生和家长，可不像我们小的时候那么普遍地和蔼可亲了，他们维护自身权益的意识很强，对于教师和学校的一些不恰当的做法，一些家长会选择投诉。一些平时言谈举止比较随便的教师，以为自己也就是不拘小节，但实际很容易被别人抓住小辫子，真要被投诉了，也是事实清楚，证据确凿，没啥说的。

这个问题不展开谈了，实际上大伙儿都很明白，古人就讲为人师表，这也是教师这门职业的特殊性，既然选择了做老师，又想继续做下去，就得注意自己的言行。你要真是放荡不羁，那么还是去做艺术家吧，做教师真不合适。

只有先保护自己才能消灭敌人，只有你自己先做好了才能教育学生去做。比如说，我们教育学生读书先做人，我们自己得会做人，而且得做给学生看；再比如，要是你自己整天戴着耳机改作业看书，那么就别去勒令学生写作业不准听音乐，否则，你要是强制执行下去，你自己会被这个规定所伤。

自保得比较好的老师通常都是有一些"绝活"的。教师如果学识比较渊博，学生总是很崇拜的。一个数学教师如果总是算错或者做不出学生提出的问题的话，赶紧回家买几本习题集狂做，事实上，数学教师之所以不太爱写文章，其原因就在于数学老师的大部分课余时间都花在做题上了！语文教师如果自己觉得写作水平尚可，大可以"下水"与学生同游，如果能够有文章发表在报纸杂志上最好，这样学生跟你学也更有信心。英语教师如果说一口流利标准的美语，那基本就高枕无忧了，学生会跟别的班的学生吹，我们老师，那英语说的，比美国人还标准！

除了在专业上能镇住学生之外，教师的幽默感也是学生很看重的。幽默的教师通常都很受学生的欢迎。学生每天读书也挺累的，碰到一个上课乏味的教师确实没劲，如果这教师还经常骂人，不反抗才怪。所以，既然学生喜欢有幽默感的教师，我们就努力培养一下自己的幽默细胞吧。

如果你幽默感实在太差，还有一个办法，这个办法很好，简单易行，就是多参加体育活动。要知道，几乎所有的学生都喜欢体育，爱屋及乌，他们对于喜欢体育的教师也会特别有好感。所以，如果你乒乓球打得好，不妨露两手，绝对能让学生崇拜你！经常参加学生的体育活动是教师自保的一个良方。

真正懂得自保的教师是不会做体罚学生这样的傻事的，咱首先得懂法，《未成年人保护条例》也好，《教师法》也好，都写得明明白白的，如果不明白最好先回去研究研究。你说你一腔热血为教育，你说你所做的一切都是为了学生，可是最后人家给你录个像，曝个光，甚至闹上法庭，你这教师也未免做得太失败了！不能怪别人，只能怪自己，要是真在战场上，最先被消灭的，不是像你这样有勇无谋的人又会是谁呢？

真正懂得自保的教师，会非常重视师生关系。这是一切学生工作的根本。有时为了解决一件事情，而把师生关系破坏了，是非常得不偿失的。为了师生关系，该忍的要忍一忍，该让的要让一让，这是自保的需要，也是以后更好地开展工作的需要。

学生当面与你顶撞怎么办？你感觉到全班学生内心反抗情绪很激烈怎么办？这个时候千万要记住这个原则：自保是第一位的。先估量估量，实在不行，先避其锋芒，日后再徐徐图之。

三十六计，走为上计。走为什么是上计呢？原来这是在敌强我弱的情况下，保存实力的最好办法。现在的撤退是为了将来大踏步地前进，现在的自保是为了将来更大地发力。

有诗为证：胆大心细好，足智多谋高；留得青山在，不怕没柴烧。

三　｜　攻心为上

　　孙子兵法说：攻城为下，攻心为上。这是一条至高无上的原则，也是一切兵法的核心思想。鄙人认为，这也是一切学生工作的核心思想。

　　那么，何谓攻城，何谓攻心呢？攻城，乃是以武力去征服之，比如，我们碰到学生做错了事，抓到办公室里劈头盖脸就是一顿批评，如果学生不服气，接着批评，必要让其服帖为止；我们要让学生学习，以强力胁迫之，对于不认真学习或学习成绩不理想的学生施以高压政策，必要让其崩溃；教师以自己的理解去要求学生，规定学生必须要做的事情，全然不顾学生年龄特点与心理特点，对于不同意见，千方百计打压之，必要时亮出校纪校规或请家长来校等法宝，定要让学生就范。由于教师是强者，学生是弱者，攻城之术乃是以强击弱，教师很容易就取得胜利，因此，广大人民教师甚好之。

　　可是，攻城是有副作用的，而且副作用极大。首先，学生总是要反抗的，有些是表面反抗，更多的是默默反抗。青少年学生逆反心理相当严重，教师若采用强攻的办法，学生即使最后就范了，心里必不服气，由此会造成学生的心灵扭曲，从长远看，对学生良好人格的形成与健康发展不利。其次，在攻城的过程中，教师也会有损伤。由于是硬攻，教师难免发火，怒火伤身，急火攻心，加之学生再有反抗，急切之下，怒从心头起，恶向胆边生，于是，身不由己，口不择言，一片爱生之心付之东流。教师一旦控制不住自己，有了不当言行，最终反而伤及自己。正所谓"杀敌一千，自损八百。"

攻心就不同了，对于学生中出现的问题，教师一定要研究学生的心理，思索学生的动机，站在学生角度体会学生的感受，然后对症下药，采取措施。使用的办法通常都比较缓和，但是正好击中学生要害。犯了错误的学生，不但乖乖认错而且心服口服，教师的任务通常也能很好地贯彻下去。学生的行为表现完全出自自愿，并非老师强迫，但却是老师的目的。

因此，我们主张，学生工作，只可智取，不能硬攻。攻城为下，攻心为上。

攻心，首先要能控制自己的心灵。有一些老师，自己情绪失去控制，当众与学生发生冲突。为师者绝不可如此，否则必败无疑。教师要提高自己的修养，使自己的心灵像天空一样开阔。

攻心，还得了解学生心理。不了解学生心理，你如何去攻呢？所以教师要研究学生，要知道学生的真实想法，知己知彼，百战不殆。切忌想当然，以己之心，度人之腹，目标不明，方向不清，就开火进攻，到头来，一无所获还是好的，学生离心离德害莫大焉。

攻心，一定要善于随机应变。学生的心理千变万化，在一些具体场景中，常会有突发情况发生。当学生的心理发生变化时，教师一定要随机应变，及时调整策略，方可牢牢锁定目标。青少年的心灵敏感而脆弱，同时，也十分多变。学生在成长的过程中，在不同的年龄阶段有不同的心理特点。影响学生心理状态的因素也有很多。教师不是圣人，不一定能够洞悉一切，计划没有变化快，根据实际情况及时作出调整就显得更加重要了。

要知道，我们教师所试图改变的，不是学生的身体，而是学生的心灵。所以，攻心乃是第一要务，不仅是手段，也是目的。

有些教师，运用了错误的方法，比如说体罚。有些体罚，确实有震撼学生心灵之功效，但是更多的体罚，只能使学生情绪更加对抗，心理更加逆反，这与我们的攻心原则是背道而驰的。体罚就如同攻城一般，学生即使被征服，教师也会付出一定代价。本着保护自己的原则，我们反对使用体罚，对人对己都没有好处。

那么，对于个别特别顽劣的学生，难道真的就没有办法了吗？非也。错误是得用心灵去认识的，有效的惩罚也一定是触及心灵的。因此，真正有效的惩罚一定是对学生心灵的惩罚。

譬如说教师的表扬与批评，就是一个很好的惩罚的工具。对于学生来说，教师的不公正的表扬与批评会让他产生很大的困惑，他会不理解：为什么老师表扬别人却不表扬我？为什么老师对我的进步视而不见？是不是我做错了什么事情？老师为什么不批评我？教师的不公正的态度会在学生心中激起巨大反响，使他久久不能平静。这是一种心灵的惩罚。

譬如说教师对学生的故意冷落。有人说教师对学生的冷落是对学生最残酷的惩罚，此言不虚。人人都有被肯定被重视的需要，学生尤甚，如果明显受到教师的冷落，必定心中极为痛苦，此种惩罚，教师若能巧妙用之，效果与体罚不可同日而语。

这还不算，还有更大的惩罚。曾有一人在报上登载寻人启事，寻找"文革"中教他的老师，原来"文革"之中他造老师的反，强迫老师跪在地上并把粪浇在老师头上。多年以后，他事业有成，但每想到此事都悔恨不已，不找到老师当面道歉便寝食难安。老师最终找到，已是白发苍苍。老人轻轻一笑，我不怪你，那时你还是个学生，不懂事。一番话，说得此人痛哭不已，羞愤难当，老师骂他一顿他反而会好受得多。可是就这么轻轻一句话，反而让人心灵受到更大的惩罚。所以最大的惩罚乃是让一个人自己意识到他所犯的错误，等到他翻然悔悟的那一天，羞愧难当之时，恨不得地上有一条缝能够钻进去，而教师的宽容更会使他的心灵备受煎熬。

需要说明的是，对心灵的惩罚杀伤力极大，教师要慎用之。若是使用不当，会对学生产生不可弥补的心灵伤害。对普通学生最好不要采用，对犯错的学生也只能偶尔为之，而且，最好在专家指导之下或是自己成了专家之后使用，以防误用。

一名教师，与其说他从事的是传授学生知识的职业，不如说他肩负的是改变学生心灵的重托。学生心灵改变的过程，是他自己体验、自己感悟的过程。其实，不需要很多，也就在关键的时候、关键的地方，我们稍微使一点点力，就可以使学生的航船纠正方向，加足马力，驶向光明美好的前方。

攻城为下，攻心为上，以此为准则，则我们的工作必将事半而功倍，无往而不胜。

四 | 战略战术

　　战略战术的最高原则就是：战略上藐视对手，战术上重视对手。教师可以将自己的工作看作是"对手"，可以将学生的问题看作是"对手"，也可以将自身的弱点看作是"对手"。

　　走进教室，面对几十双眼睛，首先要有底气，要知道，不是你怕学生，而是学生怕你。在与学生的对视中要信心十足，不可以有目光的躲闪，因为你是教师，在战略上你要藐视他们。

　　许多教师，虽然教了几十年书，但是在底气这方面做得其实远远不够，举个例子，请他们在大会上面对全体教师发言，很多人都畏畏缩缩不敢讲。我是敢讲的，而且侃侃而谈，我是这样调整自己的：我上台之后，会很冷静地看台下的人，我假想他们都是欠了我钱的人，我是来找他们要债的，而他们都还不出来，正在苦苦哀求我宽限几日。所以，我就是上门讨债的债主！有了这种感觉，我还怕谁？

　　可是，光有战略是不够的。还得讲究战术。有些教师，气势很足，对学生很凶，很严格。但是缺少工作方法。给他一个班级，纪律能摆平，教学任务也能贯彻下去，但是教育目标却很难实现。为什么呢？因为他工作方法简单，态度粗暴，把学生当机器，忽略了他们也是活生生的有情感有生命的不同个体。还有一类教师，对学生工作充满热忱，也不乏爱心，试图对学生实施宽松自由的教育，但是缺乏对学生工作的艰苦性和复杂性的足够认识，他们同样把学生工作看得太简单了，他们虽然尊重学生，也鼓励学生，但是却不能令学生信服，对学生产生不了足够的积极影响，这是缺乏战术素养的表现。战术的失败使得好的战略不能取得预想的效果，最终也会影响到教师的信心。

所以说，战略是全局，战术是局部；战略是方向，战术是细节。

优秀的教师在做学生工作时，战略与战术是兼备的。高明的战略战术素养并非天生具备，而是后天习得的，什么叫"战略上藐视对手，战术上重视对手"？为什么要"战略上藐视对手，战术上重视对手"？我们需要在实践中不断地去体会，去琢磨。

战略上要藐视学生，他们不是你的对手。学生不守纪律了，你应该高兴才是，为什么呢？因为你又可以实施你的教育管理了，又可以显示你教师的作为了。一个好的教师，是有很强的求战欲的。如果让我去接一个差班，我会很兴奋，因为这样的工作有挑战性，如果我整天没事，班级的学生都很听话，我反而会闲得慌。

战略上藐视对手，就是遇到任何情况，都要做到不慌。教师在学校里常常会碰到一些突发事件，有很多是在课堂上发生的，甚至在个别情况下，会有学生向你挑衅，碰到这些情况，教师首先要做到不慌。为什么不慌呢？因为有底气，不怕，和学生相比，你一定是智胜一筹的。你是强者，他们是弱者。最最忌讳的是教师先乱了阵脚，碰到一点点小事就乱了方寸，手足无措，举止失当，这样的教师难免要把事情弄砸，也必定要被学生轻视。

要做到战略上藐视对手，教师必须不断地提高自己的教育教学技能，所谓"仓中有粮，心里不慌"。教师要不断地总结以往的经验教训，不断地学习新的知识技能，不断地思考以往工作失误的原因和正确的工作方法，才能逐渐增强自己的信心。新教师由于经验不足，在碰到具体问题时往往不知道如何应对，不要着急，经验的积累需要一个过程，我们要不断反思自己的错误，不断动脑筋思考解决问题的办法。要知道，办法总比困难多。经历的失败越多，教师也就成熟得越快。终有一天，你会发现，面对学生的时候，你已经心中有底，可以俯视他们了。

战术上重视学生，就是要尊重他们。因为你一旦不尊重他们，便会忽视他们，忽视他们的能量和能力，你要犯轻敌的错误，就要吃败仗。要打败对手，首先要尊重对手，这是一条原则。尊重学生，也就是要平等地对待他们，凡事以理服人，不要去压制学生。批评也好，表扬也好，务必要让学生心服口服。学生有思想情绪了，不要认为这是一件小事，一定要抽时间做学生的思想工作，千万不要有"小孩子的事，没什么大不了"的思想。否则，日积月累，等到学生的问题成为"三尺之冰"，病入膏肓，后悔也就晚了。

战术上重视学生，就是要研究他们。知己知彼，才能百战不殆，敌情不明，你如何打仗？要做深入细致的调查研究工作，了解学生的学习情况和思想状况，在决定动手做学生工作之前，一定要把情况了解清楚，并作好详细计划，不打无准备之仗。研究学生，还得尊重自然规律，要了解教育学和心理学的基本原理，知道各个年龄段孩子的特点，不把自己的意志强加给学生，不做违反教育规律的事情。

要做到战术上重视对手，教师必须勤勉，要关心学生，与他们亲近，要知道他们在想什么，喜欢什么，讨厌什么。要经常参加学生的活动，而不要整天坐在办公室里，离学生远远的。对于学生的行为，要及时予以关注，不要忽略学生一丝小小的变化。学生的一些反常的行为，一定是有其深层次原因的，不能只看到表面，要挖掘深层的原因，设法打开学生的心锁，解开学生的心结。

对于学生的不良言行，教师要勇于指出来。有些教师，主要是副科教师，碰到学生违反纪律，睁只眼闭只眼，事不关己高高挂起，这是极端错误的，必然招致学生的轻视和不尊重，最终自食其果。遇到学生做了违反原则的事情，教师应该大义凛然，坚决与学生的不良行为作斗争。这是战略上藐视学生的表现。

学生犯了很大的错误，也不要惊慌失措，更不要一棍子打死。要怀有宽容之心。要知道，在学生成长的道路上，难免要犯一些错误，这是正常的现象。要相信学生总是向上的、向善的，要对学生抱有期望。学生出现了反复，不要气馁，要有耐心，要鼓励他克服困难，战胜自我。用长远的眼光来看，学生的错误都是可爱的错误，现在的调皮大王将来很有可能是和你感情最深的学生。教师的心态要平和，要有主帅的胸怀与气质，这也是战略上藐视学生的表现。

在具体处理学生问题的时候，则要讲究策略，光有大无畏的气概是不够的。教师要精心备课，要精心布置战术，要善于等待时机。教师要深谙因材施教的准则，要重视学生的差异，对不同的学生采取不同的方法。在具体操作过程中，能随机应变，具体情况具体处理，考虑问题要全面，做到要么不出手，一出手必得手。这是战术上重视学生的表现。

教师要冷静地看待自己的不足，要清楚自己的长处和短处。对于不能做的事情，不去勉强做。自己失误或做错的地方，要勇于承认，而不是遮遮掩掩，或千方百计寻找理由。教师对于形势要有清楚的判断，特别是在学生情绪激烈的时候，不妨退一步，避其锋芒，而不是强行压制学生。平时，教师也要善于听取他人尤其是学生的意见，要学会反思，对于师生冲突和矛盾，教师要有承担百分之百责任的勇气。这也是战术上重视学生的表现。

学生毕竟还是可爱的，虽然有时候犯了很严重的错误，但孩子毕竟还是孩子，对孩子要有爱心，要理解他们。教师看学生的眼光应该是俯视的，这是战略的需要。学生犯的错误，教师不要耿耿于怀，要学会以德报怨，不要跟学生一般计较。对于那些迷失了方向的孩子，还应该给予更多的关爱和帮助。

另一方面，对学生中出现的一些不良倾向也要保持高度警惕。学生的教育工作很重要，不能放任自流，不能轻描淡写，不能无为而治。这也是战术的需要。该执行的规章制度一定要执行，该惩罚的一定要惩罚，惩罚的目的是为了帮助学生，惩罚小的错误是为了避免他将来犯更大的错误。

战略与战术不是矛盾的，而是一个问题的两个方面，是紧密结合在一起的。我们常常说从"大处着眼、小处着手"，这里的大处指的是战略，小处便指的是战术。因此，我们做学生工作时，一方面要高瞻远瞩、胸有成竹，这是战略的需要；一方面要战战兢兢，如履薄冰，这是战术的要求。什么时候我们将这两方面都做好了，什么时候我们的工作就进入境界了。

战略上藐视对手，战术上重视对手，是我们克敌制胜的法宝，也是一名教师高水平高能力的体现。

五 | 预 篇

预者，准备也。教师的工作，上课只是一部分，还有相当多的时间是备课。按照苏霍姆林斯基的讲法，好的课是要用一生去准备的。高境界的教师，时刻都准备着上一节精彩的课。对普通教师而言，备课是常规工作之一。一个不作任何准备就进班级上课的教师，要么是一个满肚子学问、水平极高者，要么就是一个"捣糨糊"者，是南郭先生，是不合格的教师。

奇怪的是，教学中的"预"广受大家重视，教育中的"预"却常受到忽视。举一个简单例子，班级里出现了问题，很多教师随随便便找学生谈话，由于没作准备，谈话往往没有效果。一次没有效果，两次没有效果，到最后，学生一到老师办公室就显得不耐烦，谈话还没有开始就注定无法进行下去。

我找学生谈话通常是十分慎重的，每一次谈话之前，我都要仔细设计谈话的策略，寻找切入点，预想学生可能的反应，准备好几种应对情况。这样想几次，心中基本有底之后，再去把学生找来。在谈话的进程中，我也是思想高度集中，随时准备应付突发情况。正因为有了充分的准备，我每次与学生的谈话都能收到效果，有效谈话也成为我班主任教育工作的一个重要组成部分。

古人早就说过，凡事预则立，不预则废。我军对敌作战有一个很好的传统，即不打无准备之仗。最精辟的论述还在春秋时的孙子那里，《孙子兵法》第一篇就说："夫未战而庙算胜者，得算多也；未战而庙算不胜者，得算少也。多算胜，少算不胜，而况于无算乎！吾以此观之，胜负见矣。"

我认识一位有经验的老班主任，无论是什么样的差班到她手里都能很快变样。她曾跟我讲过治理班级的一些细节：每天晚上睡觉前，她都要想第二天班级里可能发生的事情，她需要做哪些事，哪些话需要在全班说，怎么说，哪些话需要跟学生单独讲，怎么讲，所有这些事情在她脑子里都要过一遍，然后才能睡着。

高明的老师！真正做到了有备无患！以前打仗，最怕的就是遇到埋伏。即使双方力量悬殊，但是一旦遇到突然袭击，再强大的队伍还是会惊慌失措的。弱小的一方可以通过做好充分准备来战胜没有做好准备的强大的一方，可见有"预"还是无"预"是决定胜负的重要因素。

有些教师托大，觉得应付几个学生还需要如此兴师动众？呵斥两句不就行了。这属于骄兵必败一类的。班主任工作纷乱繁杂，不但需要教师有处理琐事的耐心，更需要教师有清醒的判断力，知道哪些事情是非常重要的，需要集中精力处置得当。绝对不能忽视学生，轻视任何一个对手都是要付出惨重代价的。

班主任与班主任也有不同，有些班主任工作轻松，效果却不差；有些班主任累得要死，班级里还是"一波未平一波又起"。班主任工作与读书一样，有一个从薄到厚又从厚到薄的过程。起先觉得一本书是薄的，没多少内容；但是在读的过程中想到了很多问题，读出了书中隐含的大量知识，书一下子变厚了；等到把这些问题全部解决，书中很多内容都成为自己头脑中的知识，书就又变薄了，用很少的言语就可以精确概括。班主任工作最初看似没什么事情，但是有人却深陷其中痛苦不堪，每天有做不完的事情、处理不完的麻烦，等到参透其真谛，又可以变得很轻松，可以将班级治理得很好，班主任却有条不素，游刃有余。

把工作做在事先，你就会很轻松；等到出了事情再去处理，就已经被动了。因此，对于新手班主任来说，学会"预"是基本功之一。那么，"预"什么呢？

首先，要"预"学生。特别是要"预"个别比较特殊的学生。有一些学生，在班级里能量很大，他们的言行常常能够影响很多学生，对他们要花比别的学生多得多的精力。如果这些学生最终在班级里都表现得很好，发挥了很好的作用，那么，整个班级的局面就能稳住；反之，班级里便是"大闹天宫"，不可收拾。班主任要花时间了解每一个特殊学生的习惯、爱好、特点，预测他可能出现的问题，把预防工作做在前面，防微杜渐，这样，可免以后的更多麻烦。班级情况稳定之后，班主任应该逐渐了解每一个学生，并根据变化及时采取相应措施，把麻烦消灭于无形之中。

其次，要"预"班级。对整个班集体，要作长远规划。俗话说，人无远虑，必有近忧。这句话说得真是极有道理。班级工作不主动规划，必将陷入被动挨打的境地，教师一定会落到被班级里的烦恼事牵着鼻子走的境地。强有力的班干部队伍是不是建立起来了？班级的规章制度是不是行之有效？是不是经常举行有意义的活动让学生参与？等等。这些都需要班主任去"预"。从操作层面上讲，给班级定一个长远的目标，然后分阶段制定小目标，和全班同学一起去实现，学生的精力和能量被引导到有意义的事情上面，班级里不正常的现象就会少很多。

再次，要"预"突发事件。有些人，你让他准备一个发言稿上台去读是可以的，或者，事先把发言背熟，到时候上台脱稿也能说。但是如果临时让他即席讲话，可能就不行了。一般人的素质达不到这个层次。明天的晨会课我要讲一件事情，我可以今晚就准备好明天要讲的内容，可以考虑到每一个细节，这样的事情我可以准备得很好。但是，主题班会，学生突然邀请你上去讲两句话，你可能就有点招架不住了。这其实也是平时不注重"预"的缘故。真正的演说家，在平时的生活中就准备着要发言，并且，有许多的开场白以及结束语都是已经储备在脑子里的，中间的部分再临场发挥一下就行了。好的班主任，也是把平时可能出现的突发事件都准备好应对措施的。小到班级，大到社会，我们现在的政府对各类突发事件也都有了应急机制，一旦发生紧急情况，也不至于手忙脚乱了。

最后，要"预"知识底蕴。班主任跟学生在一起时间长了，肚子里的货再多也有倒光的时候，如果不注意补充，到后来，你一张口，学生就知道你要说什么，那怎么行呢？现在，有人把教师的知识比喻为一桶活水，也是这个道理，班主任要不断地补充自己的知识，补充自己的感悟，和学生一起学习，共同成长。平时，看到一些好的文章，收藏起来，读到一些好的故事，记在心里，在需的时候，便可以拿出来用，说不定会收到奇效呢！

"预"的方法是很多的。用卡片，写随笔、日记，做剪报，都可以。但是更重要的还是思考，要学会反思。无论采用什么方式，有一颗"预"的心才是最本质的，有了"预"的心，他自然会想尽各种办法，并且会创造各种办法。

谚语说，机遇偏爱有准备的头脑。可见，不仅仅是做班主任，各行各业都需要"预"。我们羡慕古代军事家的"运筹于帷帐之中，决胜千里之外"，我们可知他们要达到这样的境界准备了多久？人生短暂，如同白驹过隙，我们只有现在就准备起来，并时刻准备着，才能够在挑战来临时，不退缩，不紧张，并且不负所望，不让机会溜走。

六 | 形 篇

有一位班主任，这样问他的学生：你同样的错误犯了一次又一次，老师都跟你说了多少次了，你为什么改不掉？你说，老师究竟要怎么做，你才能不再犯这样的错误？学生回答：只要你不做我们班的班主任！

我想这位班主任听到学生这样回答他大概要昏倒了！我不能说这位班主任的工作一定是失败的，但是，至少在对这名学生的教育上，他是不成功的。到了这样的地步，即使让我出主意，我也是没有办法的，由于前面的教育方法已经很错误，后面再怎么努力，其结果只能是大败和惨败的分别了。

善于打仗的人，先立于不败的地位。这是《孙子兵法》第四篇《形篇》的重要思想。原文是这样说的：故善战者，立于不败之地，而不失敌之败也。首先不被敌人击败，然后不放过击败敌人的机会。

首先立于不败之地，这个想法太重要了！可惜我们很多教师可不太明白这个道理。比如说在做后进生的工作时，急功近利，缺乏耐心与宽容心的例子比比皆是，恨不得这些学生一夜之间老母鸡变成鸭，一个个都实现质的飞跃。学生进步不大，或出现反复就唉声叹气，丧失信心，结果是这些后进生经过我们教师的教育，不是变好了，而是更差了！说到后进生，他生来就是后进生吗？我们可以回想我们的学生，当他们小学一年级第一天背着书包欢欢喜喜地进学校时，哪个不是对未来的生活充满憧憬，哪个不是积极向上准备充当好学生的？可是，一年又一年过去了，一批一批的后进生形成了，最终，有些学生积重难返，甚至不可救药，个别的甚至走上违法犯罪道路，一生前途毁于一旦。对于后进生的形成和发展，我们的教师有没有责任？该不该反思？或许有教师说这些学生的失败有很多原因，家庭的，社会的，不是教师所能左右的，此言不假。但是我们的学校教育有没有责任呢？学生以一种失败者的心态从学校毕业，我们的教育有没有在其中起了坏的作用呢？

我想，对于后进学生的教育，教师保持一颗平常心是最重要的，不求有功，但求无过，只要情况不是变得更糟就是胜利。抱着这样一种思想，我们的工作才会立于不败之地，我们才有可能一点一点地转化学生，才不会犯事与愿违的错误。

有一些教师，总是心太急，对学生要求非常严格，学生犯一点点小错都不肯原谅，都要批评。学生进步不大，就要严辞训斥。于是，作业布置很多，题海战术，卷子一张接着一张；上课恨不得一分钟掰成两分钟来用，还要经常拖堂；总觉得学生的进步不够大，要是退步了更是不能容忍，至少是一顿臭骂。对于这样的教师，学生怎么可能不反感呢？可是，教师却不这么认为，他觉得自己是对的，自己是为学生好，学生不服气、有情绪，他也很痛苦，但是没有去反思自己的错误和责任。如果我们冷静下来仔细地分析情况，就会知道，这位教师违反了首先立于不败之地的原则，他很想做出成绩，弄得学生都很讨厌他，结果适得其反。我对这些教师有一个描述，叫作立功心切，用力过猛，翻了过去。

本文开头讲的这位班主任，就是一个很明显的例子。用力过猛，败相已露。事到如此，他已经没有什么取胜的机会了。他和学生的关系已经弄僵了，在师生关系中已经被动了，就好像下棋一样，一着受制，步步受制，一着被动，步步被动。一开始不谨慎，后面无论如何补救，都来不及了。所以我们在作出决定之前，一定要反复考虑，这样做有没有副作用，这样做会不会有不良后果产生，没有把握的教育，就暂时放一放，没有深思熟虑，就不要说过头的话。通常来说，多一些鼓励赞扬是没有错的，尽量不要盲目地批评学生，因为不当的批评是很容易使教师陷入被动的。

"胜兵先胜而后求战，败兵先战而后求胜。"这是深刻的耐人寻味的道理。胜利的军队总是先造成胜利的条件才同敌人作战，失败的军队总是先同敌人打起来然后侥幸求胜。其实我们很多教师就是这样的。对付不同的学生，采用同样的办法，不了解学生的实际，就进行教育，就算成功了也是侥幸。真正高明的教师必须把情况调查清楚了，胸有成竹了再出手。当然这对教师的要求很高，可是要把工作做好，我们就必须对自己高标准严要求，而不能两眼一抹黑，碰运气。教到好的学生便是运气好，教到不好的学生便认为自己比较倒霉。经验是可以积累的，方法也是可以学的。错误可以犯，但是相同的错误不能重复，时间长了，我们总能摸索到教育工作的正确途径。

决定教育成败的因素是很多的。而学生的发展也受到很多因素影响，不以教师的意志为转移。一所学校、一个班级、一位教师的教育工作可能成功还是可能失败，是有规律可循的。而且，就像成功的战争一样，成功的教育是可以预见到的，而不是通过蛮干取得的。一所学校、一个班级的教育是否能够成功，我们通常可以观察以下几个方面：

第一，这个学校或班级的规章制度的情况执行得怎么样？邓小平说，好的制度，坏人也可以做好事；不好的制度，好人也能做坏事；学校、班级是不是有法可依？是不是有法必依？教师是不是赏罚分明？学生是不是有榜样？正气是不是压倒邪气？这些都是对学生发展影响巨大的因素。好的规章制度应该是符合人的心理特征的，应该是能够调动所有人的积极性的。一个有战斗力的集体，一个凝聚力强的集体，纪律一定是严明的，制度一定是合理健全的。经济学家张五常在一次演讲中举过这样一个例子：1979 年他来广州看他的姐姐，那时候广州晚上全是黑的，街上没有灯；市场上连一个鸡蛋都买不到，到外面吃饭很难找到一家好的餐馆，有时候叫了菜也没有白米饭，因为那时候白米是要配给的。22 年之后的一个农历新年，他又到广州来，到佛山一家酒家吃午饭。那酒家里有一条食街，你可以随意选购东西让他们煮，有汤水部，有海鲜部，有小炒部，有烧腊部……光是海鲜部里就有六种虾，任君选择。那酒家全坐满了人。22 年时间，同样的地方，同样的人，产权制度改了，生活就可以有这么大的变化。如果中国还是 20 世纪 70 年代那种制度，那就连一个鸡蛋都买不到。所以说制度很重要，我们现在进行基础教育改革，反思应试教育的危害，搞课程改革，考试改革，就是为了创造一种更有利于学生发展的制度。

第二，学生的成长环境如何？所谓近朱者赤，近墨者黑，讲得已经很明了了。学生不是个体的人，是社会的人，受环境的影响是非常大的，受他的朋友的影响是非常大的。青少年学生自控力弱，由于不慎交了不良的朋友，轧了坏道，这样的例子是很多的。好的教师一定十分注重校风、班风的建设。好的环境和风气对学生的影响是润物无声，潜移默化的。有些家长愿意出很多钱把孩子送到一个好一点的学校读书，就是看中那里的氛围了。一些名校，由于历史悠久，积淀深厚，形成了独特的校园文化，这种氛围是几代人共同创造的，是金钱所不能换来的，是弥足珍贵的。我们看一个人的成长，可以先分析他所处的环境。有一个这样的实验：将两辆外形完全相同的车子停放在一起，其中一辆车的引擎盖和车窗都是打开的，另一辆则保持不动。打开的车辆在三天之内就被人破坏无遗，而另一辆车则完好无损。但是当实验人员将这辆好车子的窗户打破一扇之后，一天之内，车上所有的窗户都被人打破了，内部的东西也被洗劫一空。这就是著名的"破窗户理论"。所以在不良的环境中，人的本性中不好的一面完全暴露出来，而且因不良环境而放大，使环境更糟，形成恶性循环。对于这一点，教师不可不察。

第三，教师是不是有人格魅力？学生长大之后仍然记忆犹新、不能忘怀的教师一定是有人格魅力的。这样的教师对学生的影响是不容忽视的。学生时代是很容易崇拜一个人的，如果教师能有幸成为学生崇拜的人，对教师来说是一种很大的荣誉，对学生来说又何尝不是一件益事呢？尤其是学生所崇拜的教师又是一位优秀的教师时。好的教师不但会使学生提高自己的起点，更能够让学生确立自己的人生目标，而一个人一旦有了目标，他的成功的机会就很大了。苏格拉底有一天外出散步，在一条狭窄的小径上遇到一个年轻人迎面而来，苏格拉底首先问他在哪里可以买到这样的东西，在哪里可以买到那样的东西。年轻人一一回答苏格拉底的询问。然后苏格拉底问道："那你可知道在什么地方可以找到制造良善和美德的人？"年轻人回答："不知道。"苏格拉底说："那么就跟我来学吧！"俗语说，经师易找，人师难寻。遇到苏格拉底这样的良师，是每一位学生的幸运。教师要注重自身的一言一行，更重要的是要修身养性，让你的学生无时无刻不感觉到你的人性光辉。

第四，学生的潜能是不是受到激发？要知道人的潜能是无穷的。这个观点已为许多心理学的实验所证实。美国一个心理研究组织曾做过一项实验：安排几个志愿人员，先测量每个人的握力平均是101磅，然后将这些人催眠，并暗示他们现在软弱无力，浑身没劲。经过这种催眠暗示之后，再重新测量他们的握力，结果发现，他们的平均握力居然只有60磅左右了。但是，在同样被催眠的情况下，如果给予他们一种完全相反的暗示，告诉他们每个人都是大力士，强壮无比。如此一来，其平均握力竟可达到140磅。换句话说，他们的平均握力在瞬间增加了40%。教师应当懂得心理学，应当善于激发学生向上的愿望。苏霍姆林斯基说，要像保护幼苗一样保护学生的上进心。所谓气可鼓而不可泄，也正是这个道理。学生在他原有的基础上是不是能获得更大的发展，他是受压抑还是蓬勃发展的，他是不是形成了一种积极向上的人生态度，这是学校教育要着重关注的问题，也是我们教师要努力解决的问题。

我怎么来评判一所学校、一个班级的教育是否成功？就看以上四点。如果以上四点都做得很好，我可以这样说，它的教育已经立于不败之地了。即使有个别小的地方不尽如人意，但已无碍大局。学生在这样的教育下成长，不可能无所收获！如果我是学生的家长，我会很放心地把孩子送到这样的学校去读书。

孙子说，胜利者作战，就像掘开了的八百丈高山溪谷中的积水那样奔流直下，具有雷霆万钧之力，不可阻挡。善于做教育工作的教师也是这样，成功只是时间问题，为大势所趋，这是因为他关键的因素都抓住了，都做得很好。为什么我们许多教师觉得自己对教育事业已经很投入了，付出也很多了，但是没有得到应有的回报，感到很郁闷，究其原因，其中一点就是力气没有花在刀刃上，他所做的事情大多是没有效率的。决定教育成败的主要因素没有抓住，花再大的力气也是收效甚微的。这样的教育，只能屡战屡败。

七 | 势 篇

"凡战者，以正合，以奇胜。"这是《孙子兵法》第五篇《势篇》中的观点。意思是，凡是作战的人，都是用正面交锋，用奇兵制胜。

奇与正看起来是相反的两方面，但其实正是符合事物本来的规律的。奇正相生相成，互相映衬，互相补充。对将军来说，它是作战的法宝，对教师来说，它同样也是工作的利器。

教师平时做工作，一定要以正面的态度面对学生，常规工作、常规方法不可缺少。在我们的日常工作中，大量现有的规章制度、常规固定的做法都是"以正合"，这是我们的基本功，是必须做好，也是能够做好的。但是，要想使工作达到好的效果，则不能因循守旧，不能受旧有思维的限制，要想出一些出人意料的方法，出奇制胜。用现在流行的一句话来说，就是要会创新。

"以正合"要求教师要做好常规工作。没有常规工作哪来的"奇"？教师要建立班级的规章制度，为班级发展打下一个合理的框架。既给学生充分发展的空间，又对学生的行为有一定的约束。学校的课程设置、班干部队伍、班级日常管理、每天的作息制度、校园和班级环境等等都是一旦定下来就相对比较稳定的东西，它们对学生潜移默化的影响很大，班主任一定要注意在这些方面下工夫，使学生在不知不觉中受到熏陶，受到影响。

"以正合"要求教师要充分发挥自身的作用。有些教师，虽比较民主，充分尊重学生的意见，但忽视了教师自身的作用。在班级工作中，教师需要充分发扬民主，但是也需要一定的集中，不能什么事情都由学生说了算，甚至于对班级工作不闻不问。在处理学生问题时，该表扬的要表扬，该批评的要批评，赏罚分明，张弛有度。在碰到大是大非的问题时，教师应当迅速表明自己的态度，而不能一味躲避、忍让。对于班级中出现的问题，教师要有直面的勇气。对于一些班级中不良的倾向和不好的苗头，教师要时刻保持清醒的头脑，及时采取有效措施将错误消灭在萌芽状态。

"以正合"要求教师要善于给学生做思想工作。学生在成长过程中会不断地产生思想问题，教师不是任其自生自灭，而是正面迎上去，及时地给予辅导和帮助。大道理是必须要讲的，但是要讲得生动，要讲得让学生容易接受，能听得进去。讲道理的方法很多，最有效的办法莫过于通过讲故事来说明一个道理了。生活中有许许多多的小故事寓含着深刻的人生哲理，故事是一个载体，通过故事这个载体，道理会更容易被人接受。对于犯了错误的学生，教师也不是无原则无节制地批评，而是以理服人。善于讲道理的教师是一定能够让学生心服口服的。

"以正合"要求教师要善于以情感人。情感是人世间永恒的东西，在学生面前，教师要能够敞开自己的心灵，不掩饰自己的情感，并且用自己的情感去影响学生。教师要善于运用自己的情感来调动学生的情感。人是理性的，也是感性的，学生更是如此。做学生的工作要充分利用学生的情感变化，同时能够不断调整自己的情感，使学生产生情感的共鸣。成功的教师尊重学生的情感，但是也能改变学生的情感，并且善于创设适当的情境，激发学生的情感。对于学生的不正确的情感，教师应有能力加以引导，使学生及时回到正确的轨道上来。

"以奇胜"则是攻心为上的需要。孙子曰：兵者，诡道也。学生工作虽然不需要使用阴谋诡计，但是从心理学的角度来说，总是用老一套的方法去做思想工作，时间长了学生要厌烦，如果经常能使用一些"奇招"，往往能收到"奇效"。

"以奇胜"是符合学生心理规律的。如果教师一张口，学生就知道你要说什么，教师说的内容还有什么意义？我们做学生工作，常常会有这样一种感觉，道理学生都懂，可就是记不住，事到临头还是要犯错，对于这样的学生，你再对他讲大道理没什么用处。即使讲了，他也可能不会认真去听。相反，教师别出心裁，想出不一样的方法，必定会给学生耳目一新的感觉，把旧的道理用新的形式表达出来，会让学生对这个道理有新的认识。

"以奇胜"是有效的工作方法。我们上课也好，做学生工作也好，常感觉效率低下，跟学生讲了无数遍，可是还是有学生不能做到或忘记。有时我们忍不住要罚学生，为的是让他印象深刻。但是罚是有副作用的，必须谨慎采用。既然要让学生集中注意力，给学生留下深刻印象，那么为什么不出奇制胜呢？用学生想不到的方法，给学生一个鲜明的刺激，学生可能很长时间都不会忘记，教师的目的也达到了。何乐而不为？

"以奇胜"要求教师善于掌握学生的心理。学生是很聪明的，他们也会经常作出判断，时常揣摩教师的意图，从而制定自己的对策。比如说，学生犯了错，总是心中惴惴不安，他们等着接受批评，但是也想好了很多借口，教师如果知道学生的这些思想活动，不是一上来就批评学生，而是从其他角度入手，出乎学生所料，反而更能收到效果。反过来，若是我们在做学生思想工作时，学生已经有了准备，布好了思想防线，教师用常规方法就很难攻破了。教师就是要出其不意，攻其不备，让学生无以应对，从而一举获胜。

"以奇胜"要求教师善于隐藏自己的真实意图。学生对教师的观察可谓入微，教师的每一丝细小变化都逃不过学生的眼睛。教师进教室上课，如果脸上挂着笑容，那么这节课学生必定会稍微胆大一些，因为他们知道教师很高兴；反之，如果教师寒霜罩脸，学生自然噤若寒蝉，不敢轻举妄动。当然我不是鼓励教师不苟言笑，只是要说明一个道理：太容易被学生摸透的教师很难在学生中有威信。出奇制胜的教师是不会轻易让学生知道自己的真实意图的，否则谜底揭开之时，就没有好的效果了。

战术不过奇正两种，但是奇正的变化却是无穷无尽的。有时候，奇就是正，正反而是奇，个中变化，很难用言语说清楚。奇正如何搭配，则要看"势"了。激流飞下，能够冲走石头，这是由于迅猛的水势造成的；鸷鸟疾飞猛扑，毁骨折翼，则是因为没有控制住势。奇是一种势，正也是一种势，当奇正搭配实施时，这种势的力量会格外强大，就如同拉满的大弓一样有力。善于控制势的人，于千丝万缕之中，游刃有余，进退自如。他善于审时度势，善于做形势分析，他知道，何时该正，何时该奇。

高明的教师，能够出奇制胜，当水落石出之时，结果虽出意料之外，但细细思之，却在情理之中，这便是"以正合，以奇胜"了。出人意料又符合情理要求教师"正"的功夫要熟练，"奇"的功夫要精湛，奇正搭配，运用自如。

有一位教师说起她初中的数学老师，那是个老太太。关于这位老师，他有一事印象最深：老师有一个圆规，她曾经告诉全班，这把圆规陪伴了她的整个教学生涯，虽然现在有很多更好的，但是她从来没有换过。后来有一天，一个调皮的学生不知道怎的，把圆规弄坏了！老师当然很生气，但是她没有批评那个学生，而是自己拿着圆规在那里生气，甚至上课了都没法控制自己的情绪。全班寂静无声，谁都不知道该怎样解决这个问题。那个学生先忍不住了，他站起来大喊："你生气就骂我呀！这是干吗呀！"说完就冲出了教室。大家都愣在那里了，有几个同学要去拉他回来给老师道歉。你猜那老师说什么？"让他去吧，他在气头上，一会儿就好了。"语调还是一样的平淡，接着就开始讲课。真乃神人也！后来那个学生给她买了一个特别好的圆规，老师起先不要，他就说老师不要就是不原谅他，老师只好收下，但是她说，她还是用修补好的那个圆规，因为那是她一生的财富，而这把新的，她会好好珍藏。从此以后的数学课上，就再也没有一个学生说闲话开小差了。

在这个故事中，老教师的"奇"并非有意为之，只是本性使然，但是由于其他教师的"正"反而衬出了她的"奇"，结果这件事情给全班学生留下深刻印象，对所有学生尤其是当事人产生了很好的教育作用。以至于许多年之后，当年的学生仍然记得这位老教师，仍然记得这件事。

当然了，我们所主张的并不是这种"瞎猫碰到死耗子"式的"奇"。这样可能会偶尔奏效，但是大部分时候就没这种运气了。我们要做的是学习学习再反思，出奇制胜的招数只能是有限次，学生一旦适应了，原来的"奇"就不再是"奇"了，就得换别的方法了。

要说明的是，奇正不过是我们处理事情的两种方法而已，其目的是一样的，都是为了把事情做好。绝对不可以为"奇"而"奇"。有时候，必须要义正词严，正气凛然；有时候，必须要出其不意，迎头痛击。实践是检验真理的唯一标准，奇正策略是否正确必须依靠效果来检验。奇正作为手段和方法，脱离了具体事情本身就无法判别其优劣。我们认为，符合形势顺应形势的做法才是好方法，产生良好教育效果的方法就是好方法。为"奇"而"奇"只会弄巧成拙。

最近看到一则短消息，非常有趣，是这样的：忙碌的生活，很容易消磨一个人的热情，使人对任何事都没有兴趣，所以偶尔也要停下脚步，认真地想想……是否该去尿尿了。

短消息是最近几年出现的新的产业，果然是以奇取胜，不同凡响。所以当我们日复一日地工作，面对着同样的学生，教着同样的内容，讲着同样的道理时，我们是否偶尔也要停下脚步，认真地想想……是否该有些改变了。

以正合，以奇胜，我们便能够给不变的生活注入新鲜的血液，使平凡的思想产生震撼的效果，我们便能够促使学生思考，在思考中认识，在思考中提高。

八 | 谋攻篇

　　某位爱狗成疯的人，常常花费巨额金钱，购买昂贵的健康食品，来宠养他的名犬。他听人说深海鱼油对狗的发育很有帮助，于是每天一大早，他都把狗抓来，用双膝夹紧狗头，勉强它张大口，然后对准喉咙灌进鱼油。有一天，狗儿大力挣扎，甩脱了主人的双膝，鱼油也流得满地都是。这人生气之余，看到狗儿自己转过身来，静静地舔食羹匙，此时他才回过神来，意识到狗所抗拒的不是鱼油，而是他喂鱼油的方式。

　　这是一个极其生动形象的例子，和我们教师教育学生是多么的神似啊！我们以为我们对学生是一片爱心，我们给他们的东西都是为他们好，可是万没有想到学生竟然那么抗拒，甚至拼死不从。我们觉得很受伤，觉得学生不懂事，觉得我们的爱付之东流，可是我们有没有考虑过学生的心理感受？学生为什么会抗拒？是抗拒我们的爱心吗？是抗拒我们给他的东西吗？

　　不是的！真实的情况是：学生抗拒的不是我们给他的内容，而是我们给他的方式。

　　所以说，我们在做学生工作时，光有一颗爱心是不够的，还得有方法。爱心是基础，也是我们要给学生的内容，但是如果缺乏正确的方式方法，再好的爱心也没有效果。因此，好的老师，一定十分注重学生工作的谋略和方法。

孙子曰：凡用兵之法，全国为上，破国次之；全军为上，破军次之；全旅为上，破旅次之；全卒为上，破卒次之；全伍为上，破伍次之。是故百战百胜，非善之善者也；不战而屈人之兵，善之善者也。故上兵伐谋，其次伐交，其次伐兵，其下攻城。攻城之法，为不得已。

上兵伐谋，这是孙子军事战略的大智慧大谋略。如果认为将军的功勋应该在战场上建立，将军的丰碑只能在尸骨上竖起，这是有失偏颇的观念。孙子告诉我们：百战百胜，不是最好的将军；能够不战而屈人之兵的将军，才是最好的将军。如果最后实在要力战攻城，那已经是不得已的方法了。

遗憾的是，我们现在的很多工作方法，即是攻城之法。我们对德育工作不可谓不重视，我们的校规校纪不可谓不严格，我们有少先队组织，有共青团队伍，我们的学生从幼儿园开始到高中三年级毕业至少接受了 14 年的基础教育，而这 14 年正是学生从懵懂无知到长大成人，逐渐认识世界，形成世界观的重要时段，但是当他们毕业时，他们的好的行为规范是否养成了？我们教给他们的那些东西是否都在他们的心中打下深深的烙印了？是否成为他们生命的一部分了？当我们的大学德育工作者不得不从最基本的文明礼貌、最基本的公民素质开始教起的时候，我们是如何反思我们的教育的？我们又是如何改进的？

有这样一些教师，工作是很有经验了，班级工作井然有序，学生服服帖帖，纪律良好，似乎这位教师是成功的了。教师自己也称，不管什么样的学生，到我手里"一熨斗烫平"！教师的工作热情我不能不赞叹，充足的自信也不能不肯定，可是，这样的"用熨斗把学生烫平"的做法，图的只是眼前的太平，争的只是一时的安静，却换不了长久的平安。这是以霸气压人，要知道学生是弱小的，教师若以霸气压人，总是能压住的。可是，这其实是下等的工作方法。

不战而屈人之兵，靠的是德仁兼备，靠的是天道人心，以霸气压人，虽也能迫人服顺，但终究要埋下反叛的种子，时机一到，旧病又会复发，并且不会减轻，只会更加厉害。

故善用兵者，屈人之兵而非战也；拔人之城而非攻也；毁人之国而非久也。必以全争于天下，故兵不顿而利可全，此谋攻之法也。这是《孙子兵法》第三篇《谋攻篇》的重要结论：善于用兵的人，降服敌人，不是靠硬打；夺取敌人的城寨，不是靠强攻；灭亡敌人的国家，不是靠久战。必须靠万全的谋略争天下，所以我军不受挫折，却能得到全部的胜利，这就是用谋略战胜敌人的原则。

可是，这个原则很多从事教育的人都没能掌握。打学生、骂学生、体罚学生的事情仍时有耳闻。他们不是认真地去研究教育教学的规律，不是认真地去研究学生的心理，而是一味地局限在自己的狭隘的思想圈子中，他们问学生：你为什么不认真读书？自己却从来没有很好地去思考这个问题。为什么学生不认真读书？为什么我的学生不认真读书？我对他们了解吗？我对教育的规律掌握了吗？他们采取的是硬攻的方法，结果只能使学生离心离德，师生之间越来越对立。

不仅仅教师对学生如此，教育主管部门对学校也是如此。许多教育主管部门，要么不愿深层次地思考教育现象后面的原因和规律，要么是看到了而不愿去面对，只是依靠一纸行政命令，以为这样就可万事大吉，所有问题迎刃而解，怎么可能呢？让学校"减轻学生负担"，不许布置作业，不许补课，规定学生到校时间、离校时间，学校也这么做了，结果怎么样？学生负担真正减轻了吗？家长倒是发愁了，作业这么少怎么行？学生这么早放学没地方去怎么办？规定教师要进修，要考证，要多少多少学分，否则便拿不到上岗证，这样的规定考虑到教师的需要了吗？最终还不是流于形式，浪费精力，浪费钱财。不许学校乱收费，否则撤校长的职，学校乱收费是怎么造成的？是校长的错误吗？学校为什么能收到钱？家长为什么愿意付钱？不顾这些问题而强行禁止学校乱收费，这个规定必将成为一纸空文。

教育主管部门的强制命令就如同强攻一样，虽然表面上是以霸气取胜了，但是学校怨声载道，教师怨声载道，学生得不到任何益处，于是上有政策，下有对策。上面严厉禁止，下面"打擦边球"，风头一过，所禁止的事情只会变本加厉。

将在外而君命有所不受。这是古代君王的常识。不了解自己的军队不能进攻，而偏偏命令进攻；不了解自己的军队不应撤退，而偏偏命令撤退；这叫束缚自己的军队。不了解自己军队的实际情况，却硬要干涉三军的指挥，必然使三军将士的思想疑惧而困惑。这是君王的灾难，也是军队的灾难。

教育部门要给学校充分的自由度，学校也要给教师充分的自由度。学校领导不要具体干涉教师的教育和教学工作，任课教师做学生思想工作时，班主任和其他教师也不要过多干涉，否则，一旦大家思想不统一，造成学生的思想混乱，学生反而会乘机利用这一点，这是教师的灾难。

如果是符合我的利益的我想要做的事情，即使禁止我做，我也会想方设法去做；如果是不符合我的利益我不愿意做的事情，即使强迫我做，我也会躲避不从。这是大家都认识的道理，是符合事实，符合规律的。

按照规律办事，尊重事实，尊重实践，这是谋攻的指导思想。因此，我们要研究事实，研究实践，研究规律，研究对手，研究自己。一切都研究清楚了，认识深刻了，就稳操胜券了。故曰：知彼知己，百战不殆；不知彼而知己，一胜一负；不知彼，不知己，每战必殆。

我们的目标本质上与学生是一致的，教师与学生可以看作是在一条船上的，可是为什么师生间还充满反抗，充满"战争"？我们对学生的爱心学生难道感觉不到吗？我们所做的一切难道不是为了学生吗？好了，现在可以不必有这样的疑虑了，我们所缺少的只是对规律的认识，让我们吃力和痛苦的力量不是来自于学生，而是来自于违反规律。

有一个年轻的牛仔想把一只小牛赶进牛棚里喂食，可是这只小牛不愿意进去。年轻牛仔用力地抓住牛角，想把牛拉进牛棚，可是拉不动。牛仔的爸爸见到了，也出来帮忙，一个在前面拉，一个在后面推，可是这小牛发了牛劲，抵死不从，无论两人怎么费劲，小牛都不肯进去。这时他们家的保姆出来，轻轻地吹了一声口哨，然后把大拇指塞进了小牛的嘴巴里，小牛含着保姆的大拇指，乖乖地跟着她进了牛棚。

改变我们的工作方法吧！学生抗拒的不是我们给他的内容，而是我们给他的方式。让我们的所作所为更加符合学生的心理实际，让我们真正成为一名受学生喜欢的教师。

九 | 阵地战

　　班主任接班的时间长了，师生之间会相互逐渐熟悉起来，在最初的试探过去之后，师生间会形成一种对峙状态。这种对峙状态永远都是存在的，只不过有些教师处理得巧妙一些，有些教师处理得笨拙一些而已。在这种对峙状态下，教师与学生之间每天都在进行着一些你来我往的"斗争"，这种"斗争"与军事中的阵地战非常相似，只不过学生工作的阵地战是无形的，看不到摸不着，但是如果我们认真观察，这个阵地的界限还是非常清晰的。

　　首先有校纪校规，其次还有班规。学生要是个个都很老实，从不违反纪律，那班主任可要谢天谢地了。但是这通常都是美好的愿望，学生中常常有那么一些人比较调皮捣蛋，总会给老师添一些乱子，要是教师方法不当，处理不力，班级弄得一团糟，纪律失控，教师的阵地也就全部被学生夺走了，教师只能接受失败的结局。除了守住自己的阵地之外，教师还得进攻学生的阵地。教师总是有教学任务的，现在的学生，娇生惯养的多，能吃苦的少。教师的教学要求往往要被学生打折扣，对于个别学习情况很糟糕的学生，教师得使出一些手段。除此之外，在一些突发事件中，教师也不得不面对一些难度很高的攻坚战，教师如果缺乏经验，仓促上阵应战，遭遇"滑铁卢"也常常发生。

对于教师来说，要守的阵地很多。以前的教师通常要守住"师道尊严"这个阵地，现在的教师观念比较开放，对此并不斤斤计较，然而教师毕竟还是教师，有一些底线是不能被学生攻破的。

譬如说，我不大能容忍学生当面直呼我的名字，虽然我知道学生直呼教师其名也未尝不可，在有些地方有些学校甚至得到推广，但我相对比较保守，把它作为我的阵地，必要守住。

其实，我主要是不能容忍学生对教师的不尊重，因此，学生在我面前直呼其他教师名字时，我也要加以批评，当然，如果有其他更加过分的学生不尊重教师的行为，我更是要与之斗争到底。

客观地说，教师要守住自己的阵地还是很容易的。相对于教师来说，单个的学生的攻击力并不是很强，教师可轻松战而胜之。但是如果教师面对的是一个学生群体，就要谨慎了，不能力拼，必须找个"战壕"躲起来，以此作掩护。这个"战壕"就是师生间的距离，教师隔得远远的，藏在掩体或工事的后面，不用担心自己会有被学生射中的危险，对于胆敢来进攻的学生，来一个，"灭"一个，来两个，"灭"一双。

有人考试作弊，那是一定要按照校规或班规处罚的。违反一人处罚一人。断不可将首犯放过，否则，此人就成为你的软档，将来一旦对面有个什么风吹草动，他马上就被利用，来个里应外合，你的阵地不保矣！

要坚守阵地最好建一些坚固的工事，比如碉堡什么的。仅仅靠与学生拉开距离做战壕还不太保险，难保没什么冷枪打到你。因此还是躲到碉堡里安全。那么，碉堡怎么建造呢？我以为，最坚固的碉堡就是两个字：公正。教师只有恪守公正的原则，尽可以躲在碉堡里高枕无忧。要知道，这公正二字做成的碉堡，可是坚硬似铁，牢固如钢，学生是永远攻不破的。恪守公正原则的教师，即使暴露在学生中，也可高枕无忧，恰似穿了铁盔铁甲，不用担心会被学生的冷枪冷弹击倒。

说起这公正，也恰似一阵地，或者说是教师的底线，断不可以失守的，否则，你丢了这个阵地，必定兵败如山倒，此后，你无论如何进攻，都无法收复失地了。

阵地战，通常都是易守难攻，教师守住阵地也并不是很难，可是，进攻学生的阵地就不一样了。

进攻分两种，主动进攻与被动进攻。高明的教师总是采取主动进攻之态势，在问题刚刚出现还处在萌芽状态时，一举进攻，将其扼杀。此时的进攻是容易的，只要看准时机，当学生并无防备且势力并未壮大之时，一击得手。譬如说班级中有学生说脏话粗话，此问题如病毒一般传播极快，教师必须在第一时间发现问题，在只有星星之火时，及时出手，采取果断措施，将其扑灭，并怀有高度戒备心理，以防复发。这种策略就如同集中优势兵力，在局部战场形成绝对优势，以强击弱。如果发现得比较晚，等到星火燎原之际，教师的工作就陷于被动了。

一旦班级真的出了突发性的大问题，教师只能被动地处理，此时的进攻称之为被动进攻。被动进攻由于学生方准备充分，且已经构筑好防线，对教师来说通常颇有难度。譬如班级发生偷窃事件，教师若此前毫无思想准备，且没有掌握任何相关情况，处理起来必定十分棘手。当然了，也正因为难，教师如能圆满处理这样的事情，成功攻破对方阵地，此战一定十分经典。我看过的几则著名案例有异曲同工之妙，一般教师先对全班做一番声情并茂的思想工作，给作案者施加一定的心理压力，然后采取巧妙手段，比如说有教师做一个大的空纸箱放在一个房间里，全班学生每个人排队进去，把手放进去再拿出来，最终丢失的东西出现了，同时也保全了偷窃者的颜面。

被动进攻对教师素质要求较高，教师要以情动人，以智取胜。譬如说有学生打了架，欺负同学，性质比较严重，按规定要给予处分，班主任做其思想工作，让他接受学校的处罚，并且把这个处罚转化成改进的动力。这是一个攻坚战。我们讲教师要以智取胜，指的是教师不要硬攻，要找到学生思想深处的薄弱环节，先打开缺口，有时，不免还要使用一点迂回战术。一旦打开缺口，就要集中强大火力，使学生思想防线彻底崩溃，教师要善于晓之以理，动之以情，最终以理和情取胜。

当然，最好还是不要等问题发生了，教师再进攻，工作应该做在前面，教师应该有深刻的洞察力，对学生的情况要有充分的了解。我们说攻心为上，平时要做一些瓦解学生阵营的工作。如若班级的工作及每一名学生的思想都在教师的预料之中，教师的工作算是做到家了，如果班主任对于这个班级部分或者完全失控，今天不知道明天会发生什么事情，那么，这个班主任将疲于应付，最终学生阵地没攻下来，自己阵地丢光光。

十 ｜ 运动战

在班级的日常工作中，班主任做学生工作仅仅局限于阵地战是不够的，要想把工作做得更有效，有时候还得采取运动战。

运动战和阵地战不一样，运动战不是静止的，而是要运动起来，要根据形势大踏步地前进或是撤退，在运动中调动对手，在运动中战胜对手。

阵地战最大的优点就是比较安全，教师守着一方阵地，躲在工事后面，运筹帷幄，岂不快哉。可是阵地战虽好，但是也有完成不了的任务。举个例子。譬如有这样一名学生，在学生中影响很大，有领袖气质，可惜思想方向错误，兴趣不在学习上，总是要和校规校纪对着干，可是他又很聪明，在班主任面前表现很好，态度也很好，真正违反纪律的事情他不会出马，而是怂恿班级里一些没头脑、没判断力的学生（每个班级总有这样的学生）出头，最后，受处罚的是他们，教师虽然知道背后那个学生才是罪魁祸首，但是又很难抓住他的把柄。那么，对于这样的学生，怎么办呢？传统的阵地战的战法是不行的。因为他总是缩在后面，不会来进攻你。你要去攻他，师出无名不算，他的防守滴水不漏，你没有胜算。

像这种情况，可以采用运动战的战术了。运动战的目的是，不能让他总藏在后面，要把他调动起来，让他也运动起来，他一旦运动起来，免不了会有漏洞，你就有办法了。

要使对手运动起来，你先得运动起来，你就不能总是缩在后面防守。你也得露出来。这是运动战最难的地方。一方面，你处在运动中，你得集中精力躲避对方发射来的枪弹，你有受到对方袭击的危险；另一方面，你还得动脑筋，在自我保护的同时找出克敌之良方。因此，运动战需要有很高的作战技巧，初学者很难掌握。

可能，有人问，怎么区分运动战与阵地战？阵地战有一个固定的阵地，而运动战没有，这是主要区别。在阵地战中，大家的目标非常明确，就是守住自己的阵地，抢夺对方的阵地。而运动战的目标就不是很明显了，有时候，你不知道对方在哪里，想干什么，当然了，你也最好不要让对方知道你的目的是什么。这是运动战高深的地方。

在运动战中，最重要的是调动对手，而不是被对手调动。这是运动战的精华所在。试想，如果学生的一举一动都在你的意料之中，他的反应和行动没有逃脱你的计划，你还有什么好担忧的？你完全可以高枕无忧了！

教师若采取运动战，一定要采取一种主动的进攻态势。要牢牢地掌握主动权，这是很重要的。在运动战中，主动权是双方争夺的焦点。谁掌握了主动权，谁就能取得最后的胜利。有些教师，工作不主动，结果整天被学生牵着鼻子走，总是等班级里出了事才被动应付，焉有不败之理？

运动战是最需要计谋的。古往今来，多少著名战役，几乎都是运动战。人民群众所喜闻乐见、津津乐道的三十六计，也基本是在运动战中产生的。兵无常势，水无常形，运动战的技巧运用之妙，存乎一心。教师要善于随机应变，审时度势。在运动战的过程中，形势可能瞬息万变，计划不如变化快，教师要有一些急智，要能够及时调整战略。譬如说，你原来准备批评学生的，但是突然感觉气氛不对，学生情绪很激烈，如果你在此刻批评学生，效果一点没有，你自己反而可能陷于被动，你就要及时停止批评，把情况调查清楚再说。再如，你找一名学生谈心，本来准备好了一些话语，谈了两句之后，突然发现有重要隐情，你可能猝不及防，不要慌乱，马上调整谈话方式和计划，必要时可及时中止谈话，要知道，一次不成功的学生谈话不是零效果，而是负效果，还不如不谈。

古时两军交战，两方先锋狭路相逢，大战100回合，不分胜败，一方突然佯装败走，然后使拖刀之计，一举拿下对方，这是一种谋略；还有的，直接卖一个破绽，对方若径自来攻，会因为早有防范，便中了招儿。这些都是在运动战的时候所用的一些小技巧。

运动战的战法千变万化，但有以下几个原则要考虑：

第一，要善于打心理战。运动战几乎都是打的心理战。围魏救赵的故事大家都知道，欲解赵国之围反而去攻打魏国，就是算准了你一定要回兵去救；诸葛亮摆空城计，就是料定司马懿小心谨慎一定不敢冒险；现代战争也一样的，如伊拉克战争中充满了心理战，以至于双方发出的战场信息都是不一样的。这样的例子俯拾皆是。我们要掌握对方的心理而不让对方掌握我们的心理。学生工作中的运动战道理相同，我们不但提出攻心为上，并且指出学生工作的攻心不仅是手段，也是目的，因为我们的目标就是为了学生健康成长。一名好的教师一定是一个精通心理学的人。

第二，要善于以实击虚。要能够集中优势力量，形成局部战场的绝对优势兵力。教师要经常与家长沟通，不可给学生以可乘之机，同时也要善于运用集体的力量，集体的力量往往非常强大。如果犯错误的学生是一个群体，你要注意分清楚主次轻重，不要一网打尽，因为自古就有法不责众一说。学生人数多不要去贸然进攻，学生情绪激烈不要贸然进攻，学生早有准备不要贸然进攻，这些都是在进攻"实"，胜算不大，或者即使胜了，也要付出不小的代价。要善于寻找对方的薄弱环节，对方保护得好，要调动他，使得他把薄弱环节暴露出来。比如，不良的学生小团体可以分化瓦解之；学生有准备要不动声色，突然改变计划；学生情绪激烈等他冷静了，此时对方的"虚"暴露出来了，你再用你的"实"击之，就很有把握了。

第三，要灵活机动。何时该前进，何时该撤退，这是由具体形势所决定的。不能墨守成规。赵括只会纸上谈兵，注定要全军覆没；兵书上讲不能在河边扎营，可是韩信破釜沉舟反而有奇效；毛泽东四渡赤水出奇兵，直到晚年还引以为生平灵活用兵的得意之作。这样的例子也有很多。具体到每一名学生，也要根据学生不同的情况，采取不同的方法。自大的学生不妨灭一灭他的威风，自卑的学生不妨多给他一些鼓励，软弱的学生多给他一些独立自主的机会，鲁莽的学生多给他一些教训与忠告，等等。这既是因材施教的需要，也是灵活用兵的需要。灵活用兵还要求我们一定要抓住战机，该出手时就出手。特别是利用一些大家都很关心的重大事件，或是发生在学生身边的突发事件及时做一些文章，往往会有奇效。有经验的教师绝对不会放过这样的机会。

第四，要出其不意。如果你一张口，学生就知道你要说什么，你这个教师太失败了。教师要琢磨学生的心理，然后经常给学生一些意外，使学生的印象深刻。学生如果把教师讲的话深深记在脑子里，教师的目的也就达到了。孙子曰：攻其不备，出其不意。道理太深刻了。学生自知犯了大错，你已举起了板子，在给了学生足够的心理负荷之后却出人意料地轻轻地落了下来，你首先作自我批评，承认自己的疏忽，并承担大部分的责任。学生印象一定极为深刻，教育效果一定不会差。有一些教师，善于设疑，制造悬念，结局出人意料但又在情理之中，是运动战的高手。

回过头来讲本文开头提到的那名学生，教师是有很多办法来应对的。无论面对什么样的学生教师都要有信心，要坚信自己智胜一等。比如说，教师可以以静制动，先不采取任何措施，只是重点观察，掌握虽然隐蔽但十分确凿的证据，做到有理有据；还可以突然改变态度，冷淡他，忽视他，甚至有意无意地激怒他，看看他有什么反应，最好是他失去控制，他一不冷静，就会犯错误；或者去亲近他，感化他，宽容他，甚至"纵容"他，最终让他惭愧，让他自责。方法很多，目的却很明确，要改变他的心灵，要帮助他走上正确的道路。

优秀的老师，总是善于打运动战的。教师和学生在实力上不平等，因此在和学生的运动战中，教师握有先天的主动权，如果失败了，实在无颜见江东父老。

十一 | 游击战

在学生工作中，居然还有游击战？教师还需要打游击？别着急，听我慢慢道来。

游击战为大家所轻视是由来已久的。当毛泽东运用游击战术成功粉碎蒋介石对中央苏区的前三次"围剿"时，当时党内的"左"倾领导人仍然认为游击战不上台面，博古等人就这样议论毛泽东：他是个成不了大事的农民！最终，在他们的战术思想指导下，第五次反"围剿"失败，红军被迫进行战略转移，最终走上长征之路。在之后的抗日战争初期，党内外仍有很多人轻视游击战争，他们把希望寄托于正规战争。毛泽东于 1938 年 5 月写成《抗日游击战争的战略问题》一文，把游击战提升到战略的高度。事实证明，毛泽东的战略是成功的。八路军新四军从抗战前的 4 万多人发展成为日本投降时的 100 多万人，最终在与蒋介石的内战中取得胜利。

游击战主要是在敌强我弱的情势下采用的。在学生工作中，有时会碰到令教师非常头疼的情况，学生非常调皮，用通常的办法很难奏效。教师若采取强硬措施可能根本不会有效果甚至会遭到学生强烈反抗。教师有时会有一种人单势孤的感觉。此时，不妨试一试游击战。

作为副科教师，有时需要用到游击战。众所周知，在学校里，上至领导、教师，下至学生、家长，对副科相对都不是很重视。这是一个客观事实，有多方面的原因，回避或抱怨于事无补。班主任或主科教师直接握有学生的"生杀大权"，事关学生的命运，学生不得不有所顾忌。副科教师就不同了，学生从心理上就不重视你这门学科，你没有"杀手锏"，对学生形成不了约束，此外与主科冲突了你还得让路，这是副科教师所面临的实际情况。这个时候，游击战的方法便可以采用了。当然了，要最终解决问题，副科教师还应该多多地与班主任联系，毕竟有些问题不能拖，不能躲避，最终还是需要解决的。

学生情况不明朗时，要使用游击战术。大概有以下几种情况：教师新接一个班，对班级情况缺乏了解，马上采取行动是不太可能的，即使要烧三把火，也得一段时间之后，等情况摸准了摸透了才能实施；事情的牵涉面很广，且错综复杂，牵一发而动全身，教师对前因后果不是非常了解，此时不可贸然下结论，要谨慎对待，轻率会导致失误；有事件发生，但当前的主要矛盾不在于此，比如正值大考，或者学校班级有主题活动之时，教师有更重要的事要做无法花费大量精力处理此事件。具体情形会有很多，总的原则是没有把握或条件不具备时可以用游击战术。

新教师或新班主任初次工作时，可以使用游击战术。新教师本身从教时间短，对教育教学的规律了解不多，可能具备一定的理论知识，但缺乏实际工作经验，此时，能做的事情就做，不能做或者把握不大的事情暂不做或缓做，绝对不要贸然与学生硬拼，硬拼的结果很可能是两败俱伤，对人对己都没有好处。明智的做法是先保存实力，即使不能解决问题也不要把问题弄得更糟，使自己陷于更大被动。这符合游击战的思想。

对手实力相对比较强或者比较难以教育时，宜采用游击战术。比如说有些学生，心胸狭窄，看问题很不全面，自己犯了错就要别人原谅他，别人犯了一丁点儿小错误都不行，更要命的是，他还是典型胆汁质类型的学生，冲动得不得了，教师批评的话语稍有过激，教师的处理稍有不公平，他就要发脾气。对这样的学生，不能硬攻，只能智取，这是一种。有些学生，自身行为不正，在学生中有威信，有影响，其不良行为形成可追溯至数年前，正所谓冰冻三尺非一日之寒，因此要教育他使他早日走上正轨亦非一日之功，教师意识到学生积习较深，影响较大，凭自己威信、能力还需要假以时日再采取措施时，先采用游击战给学生一些警告作用是正招。这也是一种。还有一种学生，比较"狡猾"，表面一套背后一套，做了很多不好的事情，但防守滴水不漏，不让教师抓到把柄，对这样的学生，教师也可以掩盖真实意图，先用游击战术"骚扰"一下他，等待更好的机会来临再进行教育。

要说明的一点是，游击战是解决问题过程中的一种过渡方法，不是解决问题的最终方法，最终解决问题还须靠运动战。毛泽东在第一次反"围剿"前曾写过一副对联，生动地阐述了游击战和运动战的战术思想。对联如下：

敌进我退敌驻我扰敌疲我打敌退我追游击战里操胜券

大步后撤诱敌深入集中兵力各个击破运动战中歼敌人

"敌进我退敌驻我扰敌疲我打敌退我追"，这是著名的游击战十六字方针。

敌进我退，是当形势对学生有利，并且学生在向你进攻时，应该暂时采取撤退的战术。比如说学生情绪比较激烈甚至有失控可能时，学生有错误但是支持者甚众时，教师言语不当，已落下风时，教师应当审时度势，还是识时务者为俊杰，先撤为妙。撤不是一走了之，也不是就此撒手不管，撤是为了避免更大的矛盾，为了将来更好地解决问题。要知道，教师的尊严或威信不是靠强词夺理，靠压迫学生树立起来的，一时冲动的后果是给将来解决问题设置更大的障碍，是与我们的目标背道而驰的。大丈夫能屈能伸，此一时彼一时，谁笑到最后谁笑得最好。用毛泽东的话来说，把拳头收回来是为了将来打出去更有力！

敌驻我扰，就是说当你退却之后，学生也不再进攻了，一段之间之后，学生冷静下来了，或者是在平静的时候，我们可以"骚扰"一下他。比如说，可以问冲动的学生，你上次那么不冷静，是不是准备打老师啊？问自暴自弃的学生，你一直考不及格，将来有什么打算呢？这是属于"揭丑"型的。还可以这样问，你是不是抄作业了？是不是又欺负同学了？对方必要反驳：没有！谁说的？这是属于"诬陷"型的。还可以故意忽视某一个学生，对其视而不见，同样的成绩只表扬别人不表扬他，同样的缺点只批评他不批评别人，这是属于"挑衅"型的。当然使用最多的还是"试探"型，试探的目的也同样是看学生的反应，从学生的反应中得出对你有价值的东西。在"骚扰"的时候，一定要注意，既然是游击战，就得随时准备撤，一旦对方被激怒了，你要及时地撤退，不能让对手的重拳击中，否则，"骚扰"战术就失败了。等到顽固的学生不胜其扰的时候，他的方寸必乱，教师的机会就来了。

敌疲我打，就是说在教师的调动之下，学生已经很疲倦，从心理上已经认错，教师要好好地把握时机，对学生进行教育。学生毕竟是学生，有些学生虽然聪明，但是在教师的不断"骚扰"下，方寸已乱，方寸一乱，难免要犯错误，教师候个正着，当场拿下。在众人面前，事实清楚，证据确凿，学生只能受罚。还有些学生，在公众场合，说了对教师不尊敬的话，当时碍着人多，不便发作，等到学生落单了，教师就可以单独进行教育了。此外，学生自己认识到自己错误的时候，也是他比较"疲软"的时候，教师尽可以放心批评教育，只要讲得在理，学生自然没有话说。

敌退我追，就是在学生已经认识到自己错误的情况之下，不能放过，要一追到底。俗话说，"君子报仇，十年不晚"，指的就是此时的情景。犯错误的学生已经彻底承认了自己的错误，教师要因势利导，要深刻地挖掘他思想深处的东西，一定要触动他的灵魂深处，不如此不能让学生痛改前非。以前犯过的所有错误，都要秋后算账，以显示教师明察秋毫，对人对己都要有个交代。敌退我追，就是教师要善于利用学生的错误做文章，不仅教育本人，也要教育其他同学，要给学生以深刻的印象，其目的是彻底地杜绝学生再犯此类错误的可能性。

教师忍辱负重，如今终有出头之日！

在游击战中，教师对形势的判断是很重要的，什么时候该退，什么时候该扰，什么时候该打，什么时候该追，这个分寸要很好地掌握。否则，该退的时候进了，损失惨重，该追的时候退了，贻误战机，工作看起来也很辛苦，但是却收不到成效。

适当地把握游击战的距离感，这是一项教师需要修炼的内功。距离远了，学生感受不到你的压力；距离近了，由于"敌强我弱"，自己的安全要受到威胁。由于双方都是在运动的，所以教师要不断调整自己的态度和措施，以保证合理的师生距离，使自己有尽可能大的灵活空间与回旋的余地，同时，也能尽可能多地对学生实施有效的教育。

游击战虽然只是个辅助的方法，但是它是一个非常有效的补充教育手段，在某种场合某段时间可以作为主要方法使用，用得好可以产生奇效。

十二 | 虚实篇

河豚遇到危险之时，会把扁平的肚子一鼓再鼓，瞬间膨胀成可怕的大圆球，以此来吓退敌人。这是一种典型的虚张声势，在动物界，这样的例子还有很多，这是动物为了自保而经常采用的一种策略。

"二战"时德军也采用过隐弱示强这一战术。1940年4月9日，德军出动许多战斗机、轰炸机低空盘旋在挪威首都，一支人数不多的空降部队，突然攻击了该市附近的法布内尔机场。这支小部队在飞机的掩护下，排着整齐的队伍，迈着阅兵式的步伐，沿主要街道一直行进到市中心，让人无法相信这是一支兵力单薄的队伍。结果，一座30万人口的城市不战而降。德军的虚张声势取得了逼真的效果。

还有另一种隐藏虚弱的办法。三国时，诸葛亮失了街亭，眼看司马懿大军杀来，情急之下，摆出空城计。实际就是一座空城，也就是那么几个老兵弱卒，大模大样地摆出来，反倒让司马懿拿不定主意，以为对手以逸待劳，极其强大，越想越怕，连忙传令全军急速后退。《三十六计》说："虚者虚之，疑中生疑，刚柔之际，奇而复奇。"意思是实际空虚而又故意显示出空虚的样子，就能使对方难以揣摩，反而得出相反的结论。

明明强大，却故意示弱，以引诱敌人，这也是军事将领常用的计谋。孙膑减灶诱杀庞涓即是一个有名的例子。为了麻痹对手、诱敌深入，孙膑在与庞涓作战之初佯装节节败退，卒散将逃。第一天有炊灶十万，第二天只有五万，第三天仅剩下三万了，三天之内兵将"逃"去三分之二，终于诱动庞涓轻骑冒进，兵败马陵。

《孙子兵法》曰："善战者，致人而不致于人。"又曰："避实而就虚。"这是两个非常重要的论断，不仅仅对指导战争有效，在学生工作中我们也可以有很多的启示。

首先，作为教师，你不能让学生把你摸透。一旦被学生摸透，你就"致于人"而很难"致人"了。要知道，学生都是很聪明的，而且很会钻空子，他们很容易适应一成不变的东西并且很快想出应付的办法，教师一旦被学生调动，就只能疲于奔命了。在师生关系中，教师应当处于主动地位，教师要善于调动学生、引导学生，这样的工作才可能是有效的。

那么，如何才能做到"致人而不致于人"呢？这就需要教师懂得一点虚虚实实的原理。虚则实之，实则虚之，虚实相间，让学生找不到规律。教师要修炼内功，要有修养，有城府，有内涵。在必要的时候善于隐藏自己的真实意图。高明的将领，"形兵之极，至于无形"，已经找不出痕迹了，高明的老师，也会做得非常自然，仿佛事物原本就是如此一样。

其次，教师要善于"以实击虚"。我们都知道庖丁解牛的故事，为什么庖丁会做到游刃有余？因为他解牛所用的刀的"实"，遇到的都是牛身上的"虚"，所以旁人就觉得异常轻松。要是一个不熟练的屠夫去操作，一刀砍在骨头上，牛痛苦，人也痛苦。这叫以实击实，通常都会导致两败俱伤。我们常常见到有老师对学生发火，但是不得其法，学生并不服气，甚至发生学生当面与教师顶撞，使得教师骑虎难下的场面，这都是没有做到以实击虚的缘故。

而如果教师本身言不正，行不正，却去教育学生，或者教师不做调查研究，草率作出判断，而冤枉了学生，这便是"以虚击实"了。任凭你是教师，面对学生，也不能以虚击实啊！最终必败无疑，学生毫发无伤，教师却败得很惨。遇上教师修养不好，而恼羞成怒，结果便是一败涂地，这个班级再也无法教下去了。

那么，如何才能做到以实击虚呢？教师一定要知己知彼。了解自身的虚实，了解学生的虚实。教师要善于做调查研究，了解学生的实际情况，了解自己在学生当中的形象，了解学生的真实想法，还要善于分析学生心理，分析学生的动机，分析学生所惧怕的，所不惧怕的。能够从一些表面现象挖掘出其背后深层次的原因。除此之外，教师还要有敏锐的洞察力，善于捕捉学生思想的一些细微变化，因为事物总是不断变化的，学生的"实"与"虚"也在不断变化之中，以往"虚"的地方现在不一定"虚"，以往"实"的地方现在也不一定"实"。教师能够掌握虚实变化的规律，实践起来就得心应手了。

虚实是相辅相成的。没有虚，哪来实？同样的，没有实，何谈虚？从辩证法的角度来讲，虚与实是事物的两个方面，它们既矛盾，又统一。一名学生，数学和语文都考了80分，可是，事实上，语文的80分可能是班级前几名，而数学的80分可能是班级后几名。所以虚与实并不是单独存在的，必须在有了比较之后我们才可以判断数学的80分是"虚"，语文的80分是"实"。

从发展的眼光来看，虚实的确是可以相互转化的。比如说，小王违反纪律了，他自己也已经意识到犯了错误，这便是他的虚，教师根据校纪校规之"实"来处理此"虚"，会非常顺利，小王没有话说。但是，如果教师没有及时处理，导致违反纪律的学生越来越多，教师如果只单单处理小王，小王便有可能会产生抵触情绪，原来的"虚"便不再"虚"了，他会说又不是他一人违反纪律，教师只处罚他太不公平。再比如说，学生对某一门学科的兴趣，可能因为教师的一句不经意的刺激的话，而受到打击，从而抑制了学生在这门学科的发展，学生在这门学科中的"实"可能会变成"虚"。

由于虚和实之间对立统一的关系，我们要善于把虚和实结合起来运用。虚实对比所产生的力量是非常大的。俗语说：人比人，气死人。又云：比上不足，比下有余。说的是同样的道理。虚与实放在一起，实可以衬托出虚，虚也可以衬托出实。这两者互相衬托，显示出的效果可能极具戏剧性。古时将领用兵打仗，极其强调赏罚分明，而且是重罚重赏。若无所畏惧，奋勇向前，则加官晋爵；若贪生怕死，临阵脱逃，则就地正法。也许赏是实，罚为虚，或者罚为实，赏乃虚，但是无论何种情况，两方面一起强调都是必要的，有赏无罚与有罚无赏都是要不得的，在实际操作时只能失败，很难成功。

邓小平对于虚与实之间的关系是运用得极好的。中国改革开放碰到的最大阻力来自于"左"的思想，邓小平也在多种场合强调反"左"。但是，我们从来没有看到他是孤立地谈防"左"的。比较经典的论述是他在1992年的南巡谈话："现在，有右的东西影响着我们，但根深蒂固的还是'左'的东西。……'左'的东西在我们党的历史上可怕呀！一个好好的东西，一下子就被他搞掉了。右可以葬送社会主义，'左'也可以葬送社会主义。中国要警惕右，但主要是防止'左'。"这便是邓小平的高人一筹之处，他深深懂得矫枉过正的道理，警惕右是虚，防止'左'是实。虚实交错，我们看待问题的眼光便全面了。

具体到学生工作中，虚实的原理又有哪些应用呢？试举几例。

例子一，班级里有学生早恋，教师找另外的学生了解情况。通常这种情况之下，教师的目的如果太直露，学生可能不一定配合，也许会有所隐瞒。这便是"致于人"了。不妨这样开始谈话，先从谈话对象最近一段时间的表现开始谈起，让对方猜不出教师谈话的真正用意，况且，当教师找学生谈他本人的表现时，学生都是比较紧张的，实际上这是教师的"虚"晃一枪，随着话题的进行，可以很自然地过渡到班级里有人早恋的事情上来，这才是教师的"实"。在具体操作时，虚与实也不是固定不变的，有时甚至可以相互转化，通过与学生谈话如果了解到学生有一些其他更重要的情况，教师的侧重点完全可以调整。这样，主动权完全在教师手里，教师的灵活性充分得到体现。

例子二，教师发现班级风气败坏，学生大面积地违犯纪律，许多学生是非不分，违规现象层出不穷，教师认为已到了不整顿不可的地步。于是，教师了解情况，摸清事实，准备召开一次班会对一批为首的学生和一些严重的违纪现象进行集中处理，在制定班会计划时，千万别忘了，在处罚之前一定要表扬。表扬什么呢？无论情况多么糟糕，班级里总是有一部分学生是没有参与不良行动的，可能会有少部分学生自始至终对自己严格要求，不受环境和他人影响。那么，这部分学生就是教师要大力表扬的。在大批评之前要有大表扬！表扬的好处多多，因为我们不但要抑恶而且还要扬善。由于表扬和批评同时进行，表扬和批评的力度同时得到加强，绝大部分处于中间跟风的学生也会有方向，有目标，便于引导。当然，教师的侧重点在于处罚，处罚是"实"，表扬是"虚"，但是由于有了表扬的存在，整个措施的效果就不一样了，教师也好，学生也好，对事情的认识也更全面了。

例子三，教师拟对学生严格要求，但是如果一开始就实施，有一些学生可能就会把自己的真面目隐藏起来。教师不妨先放松要求，把自己严格的一面掩盖起来，以仔细观察学生的变化。这样一段时间之后，教师便可以了解到真实的学生状况，一些习惯不良、规范不好的学生也会逐渐露出马脚，教师做到心中有数之后，可显现出自己的真实意图，采取针对性措施，解决问题。此所谓"欲擒故纵"之法。放松是"虚"，收紧乃"实"。

例子不胜枚举。只要掌握虚实原理，则具体运用之妙，存乎一心。一名经验丰富的老师是善于做学生工作的，他有时疾风骤雨，有时和风细雨，有时风和日丽，有时"腥风血雨"。他富于变化，且左右逢源。他工作轻松，效果却极好。他爱学生，关心学生，却让学生感觉到他的严厉；他批评学生，惩罚学生，却让学生感受到他的爱心。他只有虚实两种招数，但他的办法却无穷无尽，用之不竭。

十三 ┃ 轻重篇

"轻"与"重"是围棋里的术语。"轻"指棋形富有弹性，可以放弃而不会招致严重的损失，"重"指棋子过于集中，成无效率形，易于成为攻击的目标。围棋里有"恶形凝重好形轻"之说。道理其实很简单，"轻"的棋可以有很多选择，既能放弃进行转换，也能通过治孤把薄弱的棋形安顿好。而棋走"重"了就没那么自由了，既然不能轻易舍弃，便成为对手攻击的目标，而不得不全力逃生。

围棋里还有棋诀说"取重舍轻方得胜"，意指当己方有两部分棋受到对方的攻击时，应该营救比较重要的一方，舍去不重要的一方，只有分清了轻重，取舍得当，才能获得全局的胜利。

这个道理和古人说的"两害相权取其轻"乃是同一个意思，实在是很稀松平常的，谈不上深奥高明。然而，在现实生活中，愈是听起来简单的道理，愈是深刻，愈是容易被人忽略，而不容易做到。

如果将班主任比喻成一个棋手的话，那么，他在工作中，哪些地方该"重"，哪些地方该"轻"，实在是很有讲究的。不懂得"轻"与"重"的道理的班主任，其工作很难有高的效率，要么棋走得太"轻"而被轻易吃掉，比没走更糟，要么走得太"重"，成为愚形，把自己困在其中。

我见过一些青年班主任，付出很多努力，但是班级管理一盘散沙，几乎不成形状。班级卫生一塌糊涂，课堂纪律一塌糊涂，学生成绩一塌糊涂。教师焦头烂额，几乎体会不到任何成就感。

我见过一些中年班主任，做事有板有眼，对学生颇有耐心，面上的工作似乎也能应对。但是班级表面平静，实则暗流涌动。教师除了做好常规工作之外，对班级学生的影响力十分有限。班级中一些细小矛盾不但得不到解决，反而有愈演愈烈之趋势。

我还见过一些老年班主任，做事兢兢业业，中规中矩，对学生也有爱心，但是工作方法陈旧，一点不受学生欢迎。遇到新时代的学生出现的新问题，则措手不及，头痛医头，脚痛医脚，到头来却越医越痛。

这皆是没有处理好"轻""重"关系的缘故。青年班主任毫无经验，走棋过于"轻"，没有一步棋能够走活，满盘皆输；中年班主任，能够勉强把常规工作做好，把比较容易做活的角地走厚实了，但是一遇到中盘复杂的变化，就不知道如何"轻""重"得当了；老年班主任只知墨守成规，不考虑对手的变化，殊不知"轻""重"乃是可以相互转换的，一味走自己的棋，不看对方，便如无的放矢一般，早晚陷入被动。

不同的棋手有不同的棋风，有的轻灵，有的厚重。不同的班主任有不同的工作作风，有的急躁，有的从容。我们不能妄言哪一种风格一定是好的，轻灵与厚重都可以赢棋，也都能出现高手，然而，班主任在工作中关于"轻"与"重"的一些大体原则还是需要的。

以下一些方面以"重"为宜：

一、班级常规工作。这是涉及到根据地的工作，诸如班级卫生，保持班级正常运转的各项制度等。新班级创建伊始，大家互不相识，有一个相互磨合的过程。在这个过程中，可能会有不适，班主任应下一些"重"手，一些问题要反复讲，一些矛盾要及时处理，不可过于放松，以致手段过"轻"而导致根基不稳。

二、原则问题。总有一些问题是无法退让的，再宽容的人也有一个底线，涉及到原则的问题自然要走"重"。学生出现违反校纪的重大品行问题，此时爱生如你也绝不可掉以轻心，该认错的要认错，该处罚的要处罚，挥泪也要斩马谡。否则底线一旦被突破，后果不堪设想。

三、学生虚的地方。以实击虚通常都是能获得成功的，学生的沉疴正需要我们用猛药去震撼。学生犯了错误，教师依据有关规定予以重罚，只要行事公正，学生亦无怨言。对每一名学生的不同弱点，教师可以采取有针对性的措施，此时，走"重"一点也不会有什么不好的后果。

"重"的时候必须小心，因为一旦走"重"，便无法选择。"轻"的棋可以灵活机动，随时舍弃，"重"的棋重若千斤，每走一步都需细细思量。

相对应的，以下一些方面以"轻"为宜：

一、学生比较厚实的地方。棋经说，"敌阵勿逼，己阵勿急。轻入对方坚实之地，易受围攻，陷于失败，对方借机巩固和扩张，必然于己不利，被动受制。"因此，学生在理的地方，教师最好不要用强，而要灵活一点，给自己留有余地，不可把话说重，把退路封死。

二、非原则性的问题。对于一些可上可下，可左可右的问题，教师可发扬民主，听取学生意见，而不必强求学生与自己保持一致。既然不违反原则，何不摆个高姿态，给学生充分的自主权，自己则高屋建瓴，总领全局，做一个大海航行的舵手呢？

三、自己不熟悉的变化。你不熟悉的变化，对方可能熟悉。所以一旦陷入陌生的场景，要随机应变，可以"轻"一点，而不要托大用强，每走一步都要想着是否可以全身而退。对于一些复杂看不清的变化可以暂时保留不走，以静制动，等待形势明朗之时再作决策。班主任在班级碰到突发事件时切忌一时冲动，轻易下结论，否则不是冤枉好人，就是引起众怒，对自己都大大不利。

四、其他不必走"重"的地方。围棋中有"压强不压弱"的道理，棋一旦走强，受到的压力也越大。能够不急于走重的地方，不必马上走重，因为棋局是变化的，这个世界是变化的。过早定型，一旦出现方向性错误，后悔都来不及。班主任在日常工作中也要记住这一点，除了必须强调和申明的问题之外，不要随便跟学生承诺什么。因为，"说出去的话"，"泼出去的水"，"错过的机会"，"虚度的年华"，这是人生四样不能收回的东西，因此特别要谨慎。

"轻"是有技巧的。既不是无所作为又为以后留有余地，埋下伏笔，一切依据事情发展而定。该取则取，该弃则弃。

有学生考试作弊，教师轻描淡写地批评了一下，即便是让学生作检查，也不痛不痒，这是明显地"轻"了。他日班级学生作弊泛滥，到了法不责众之境地，教师当反省自己的失职。

有学生作业不做，教师雷霆震怒，威胁学生曰：下次再不做作业就回家去。这是明显地"重"了。学生必定还有作业未完成的时候，此时，教师又该如何是好？

仿照《圣经》的说法：在该"轻"的地方"轻"，叫作仁；在该"重"的地方"重"，叫作勇；而能够区分这两者，则是"智"了。

"轻"和"重"也是可以相互转化的。你和学生本来都是"轻"的，学生偶然说了你一句坏话，不巧被你听到。说者无心，听者有意，你听进去了，记住了，你便是"重"了。学生说完就忘了，他是"轻"的。你隐忍了很久，终于有一次发作出来，学生十分惊诧，在你的批评之下，也一下子"重"了。你俩以"重"对"重"，自然双方都不舒服，你发完火，冷静下来，心中原来的"重"一下子减轻很多，负疚之"重"却又升起。心理斗争之后，你去找学生道歉，不料学生也正欲向你道歉，双方的"重"一起冰释，又共同恢复"轻"的状态。

能够驾驭"轻""重"而不被"轻""重"驾驭是一种能力，它需要教师不断提升自己的修养。

学生犯了大错，内心惴惴不安，他"重"得很。你知晓情况之后，勃然大怒，怒语相加，你也"重"了。只是学生既知犯错，早已准备好迎接一场暴风骤雨，待到风雨之后，他倒反而"轻"了。高明的教师，往往出其不意，在学生以为会有批评来临之际，反其道而行之，以"轻"的面貌出现。这种"轻"，对学生的心灵触动，往往比以"重"的面貌出现的批评更大。学生会说，"我的心里，比被老师骂一顿还要难过！"教师不就是要让学生通过错误受教育吗？既然已受到教育，且一生难忘，又何必对他说难听的话呢？

这便是一种"轻"的境界了。于教师而言，他不斤斤计较，他可以抛弃一些别人很难抛弃的东西，他表现得很"轻"，而很少"重"。围棋中，有一句有趣的谚语，叫作"弃小不顾者，有图大之心"，正好可以描述这种状态。学生不守纪律，我不生气；学生犯上直言，我不生气；学生成绩不好，我不生气。为什么？我关注的是学生的茁壮成长，我关注的是学生的心灵健康，我关注的是学生的人格健全，我关注的是学生的未来发展。我有"图大之心"，我自然可以"弃小"，我有高一层的理念，我自然可以"轻"。

"轻"也是一种人生的境界。诸葛亮说"宁静以致远，淡泊以明志"，这是极"轻"的状态了。老子的出世哲学，也是把人生看透的结果。然而，即使是隐居，也不必那么执著地隐居山林，"大隐隐于世"，你完全可以"结庐在人境，而无车马喧，问君何能尔？心远地自偏"。太过执著，反而是一种"重"的表现。

回过头来，学生犯了原则性的错误，这是教师需要"重"的时候。学生等着你的处罚，你怎么可以还用很"轻"的态度对他呢？这不是违反了原则吗？

我说，你提出这个问题，还是不知"轻""重"的奥妙啊！世人皆知"攻城为下，攻心为上"，我以出其不意之"轻"对学生进行心灵震撼，此震撼之效果远"重"于简单批评，你又焉知我不是处心积虑地"重"拳出击呢？此时看似"重"的批评，也许反而是最"轻"的处罚了。

十四 | 刚柔篇

对于许多年轻教师来说，班主任工作是他们的一个很大难题。看着许多有经验的老班主任做起工作来得心应手，游刃有余，而轮到自己时却是处处受制，举步维艰，还不明白问题出在什么地方。真是学又学不像，做又做不来。再碰到学生不懂事的反目，领导不客气的批评，也只能"自己的心情自己感受"了。

我们从新教师最关心的一个问题说起。如何处理好与学生之间的关系？新教师往往把握不准与学生之间的距离尺度。刚刚大学毕业的年轻教师，通常思想很活跃，与学生有更多的共同点，容易受到学生欢迎，也更容易与学生打成一片。但是，与学生距离近了之后，却发现学生会不尊重你，班级纪律成问题，学生们并不自重，理想中的宽容成了现实中的散漫。于是新老师开始观察老班主任是如何带班的，看来看去，看出一个字，那就是"凶"。凶的教师对学生冷若冰霜，学生在他面前噤若寒蝉。教师和学生严格保持距离，班级纪律自然是很好，各项常规评比也是遥遥领先。新教师很是纳闷不解，虽然心有不甘，然而最终还是会选择走这条道路。因为这条路走下去，至少能立马见到阳光。而宽容的办法，往往会品尝到现实的苦果。

但是用凶的办法对付以前的学生可以，现在也慢慢不行了。以前的学生犯了错误，你罚他，他会吓得发抖，乖乖听从处罚。而现在的学生就不一样了。你对他发火，他很可能会跟你顶牛，万一他跑出去不回来，你还得去找他，那个时候，你就被动了。如果再碰到不太讲道理的家长到学校里来闹，你的日子还真不会太好过。

要是不想多事，就对学生的错误"睁一只眼闭一只眼"，听之任之，只要保证在你任上别出什么大事就行。那么，你就是那个"弥勒佛"老师，这样的老师在现在的学校里也很常见。学生其实很欢迎这样的老师，碰到期中期末考试学校安排这样的老师监考，学生们甚至会额手称庆。心底里，学生们其实不大在意甚至是不太看得起这样的老师。当然，这样的教师只要心态好，大可将烦恼置之度外，完全可以活得很潇洒。

以上两种情况，一种是太刚，一种则太柔。如果你是一名有志向的教师，想做有成就的班主任，那么便不可太刚，也不可过柔，而应做到有刚有柔，刚柔并济。

刚是一种威仪，一种自信，一种力量，一种不可侵犯的气概。刚是一个人的骨头，是人的精神内核。人不可无刚。曾国藩一生刚强，坚而不摧，以为古来豪杰以"难禁风浪"四字为大忌。他曾自述道："吾家祖父教人，也以'懦弱无刚'四字为大耻。"又说："至于倔强二字，却不可少。功业文章，皆须有此二字贯注其中，否则柔靡不能成一事。孟子所谓'至刚'，孔子所谓'贞固'，皆从'倔强'二字做出。"自古以来，哪一个帝王将相不是自立自强闯出来的呢？哪一个成功的人不是在磨难面前不屈服，不退缩，最终有志者事竟成的呢？因此，刚非常重要，刚是一个人成就事业的基础。

柔是一种收敛，一种风度，一种魅力，一种婉转绰约的姿态。柔是一个人的皮肉，是一种处世方法。人不可无柔。中国谚语曰："推己及人。"孔子云："己所不欲勿施于人。"又云："己欲立而立人，己欲达而达人。"意思是说，我要步步站得稳，须知他人也要站得稳，我要处处行得通，须知他人也要行得通。我们要领会这种人情世态。我们与人交往，要谨记"谦虚礼让、柔以待人"八字。"善以不伐为大，贤以自矜为损"，舜因有谦让之德，而能名扬四海，汤礼贤下士，其圣敬之德乃日益精进。人生活在世间，总是有七情六欲，总是需要别人的帮助，因此，人际关系中，以"柔"为贵。

人不可无刚，无刚则不能自立，不能自立则不能自强，不能自强也就不能成功；人也不可无柔，无柔则不亲和，不亲和就会陷入孤立，四面楚歌，自我封闭，而拒人于千里之外。然而，刚柔也有分寸，刚太过了，产生暴虐，便会折断；柔太过了，显得卑弱，便会靡软。

有两句话，讲刚与柔的关系。一句话叫作"外柔内刚"，有人以此来描述人立身处世的原则。第二句话叫作"柔能胜刚"，古人曾经以舌头和牙齿来说明柔能制胜的道理。牙齿不可谓不刚硬，舌头不可谓不柔软，然而一个老年人，活了七八十年，牙齿都脱落光了，舌头却依旧灵活。这便是柔能胜刚的最好例证。

一名班主任如果很好地理解刚与柔的道理，并把它贯彻到日常对学生的工作中去，许多棘手问题便可迎刃而解。

初接一个新班，班主任可以先以柔弱示人，不必轻举妄动，而是要先细心观察。学生自会来试探老师，让他试探，不必理睬，不要让他感觉到你的刚强。可以冲他笑一笑，一笑置之。学生很可能会欺你软弱，而无所忌惮，以至得意忘形。你只需冷眼旁观，待到所有情况了然于胸，胸有成竹之际，令旗一挥，露出刚强本色，三把大火熊熊燃烧起来。事实清楚，证据确凿，你的刚强自然收到实效，而你行事公正，学生自然对你心生敬意。有了背后的刚强作基础，你再对学生柔和，学生既能感受到你的亲和力，同时又会对你尊重有加。

三国时刘备其实胸怀大志，但是机会不成熟时，便示以柔弱，到处投奔，甚至一度终日种菜，忙于田圃之间。及至机会来到，便紧紧把握，三顾茅庐请出诸葛亮，联合孙权打败强大的曹操，到最后西进西川灭了刘璋，并在白帝城称帝，终于成就了一番霸业。而在古往今来的历史中，用柔弱掩饰刚强的例子不胜枚举，《孙子兵法》中便有"能而示之不能，用而示之不用"的名句，这一方法也为后来广大军事将领频繁使用。

班主任建立威信之后，在班级工作中当以柔为主，以慈悲为怀。要善于容学生之短，宥学生之错。学生的过失，只要不是原则性的错误，教师以"柔弱"的方式处理为佳。因为学生的很多错误都是成长中的错误，是阶段性的产物。随着年龄的增长，他们也会逐渐意识到以往的幼稚可笑以及不懂事之处，教师若能以发展的眼光宽以待之，他们必会对教师心存感激，而有所回报的。

春秋时楚王大宴群臣，席间欢歌笑语之时，突然一阵怪风，吹熄所有蜡烛。漆黑之际，楚王爱妃许姬悄悄告诉楚王，刚才有人乘机摸了她的玉手，而她也扯断了此人的帽带。不料楚王听了之后，大声命令不要点烛，还对众人说："寡人今晚务要与诸位同醉，来，大家都把帽子摘下来痛饮。"蜡烛重新点燃之后，大家都不戴帽子，也就看不出是谁的帽带断了。这便是有名的"绝缨会"。后来楚王伐郑，有一健将独率数百人，为三军开路，斩将过关，直逼郑的首都，使楚王声威大震。这位将军便是当年揩许姬油的那个人。能做到"明知故昧"，这种涵养，同那种"睚眦必报"的人比起来，自然不可同日而语。古人有"骂如不闻，看如不见"的"柔弱"功夫，既能避免是非，又更利于成功。

学生犯了严重的错误，触犯了学校的规章制度，必须予以处罚之时，教师要恪守外柔内刚之道。对于学生的原则性的错误，比如说考试作弊，偷东西，撒谎，恃强凌弱等行为，要坚决地予以处罚。但是这种坚决，要以柔和的方式体现出来。比如说，教师与学生谈话时，态度不必非常强硬，而要循循善诱，在告诉学生处罚决定时，要从学生长远发展的角度解释，让学生理解。若学生哀求不要处罚时，教师不可丧失原则，要告诉他自己既然有勇气做那些事情就应当有勇气承担后果，要把这次的处罚转变成自己的动力等等。并且让学生感受到教师的失望和期望。有些班主任，自己班级的学生犯了大错时，往往希望大事化小，小事化了，该处罚的不处罚，结果让学生生出侥幸心理，不吸取教训，导致将来犯了更大的错误。这是太柔的表现。还有些班主任，在学生犯错之时，火冒三丈，恶语相加，并不惜用最严厉的手段处罚之，导致与学生情绪对立，结果学生索性一错再错。这又是太刚了。

三国时马谡是诸葛亮好友马良的胞弟，史称其"才器过人，好论军计"，因而深受诸葛亮的赏识，让他担任参军之职。"每引见谈论，自昼达夜"。马谡开始时也的确不负诸葛亮的倚重，在军事上多有建树，如为诸葛亮"七擒孟获"提出"攻心为上"的建议等。但是，他毕竟缺乏实际作战经验，又不听诸葛亮指挥，终于导致街亭惨败。失利之后，对于马谡这样一位颇有才能又私交极深的将领如何处置，一度令诸葛亮十分头疼。当时蒋琬等人曾规谏诸葛亮宽恕马谡的过错，饶其一命："天下未定而戮智计之士，岂不惜乎！"诸葛亮当然心若刀绞，但是他还是清醒地意识到"四海分裂，兵交方始，若复废法，何用讨贼"这一要害问题，最终挥泪下令将马谡斩首示众，严肃军纪，以儆效尤。诸葛亮的"挥泪"与"斩"的两种行为，为我们做了一个很好的刚柔如何相济的诠释。

班主任的学生工作也常常会体现出外刚内柔的方式。我们看到一些教师，对学生其实是很严厉的，但学生不但不嫉恨他，反而很喜欢他。这是因为，这位教师的内心是柔弱的。教师对学生的爱心让学生感觉到教师内在的柔，而这种柔又通过教师的严格的管理体现出来。学生虽然感受到教师的严厉，但是知道教师是在为他们好，因此不会有怨言，多年以后，他们有成就之时，还会对教师心存感激呢。

汉朝大将卫青，史称"为将号令严明，与士卒同甘苦；作战常奋勇争先，将士皆愿为其效力"。有一天晚上，卫青到各营寨巡查，忽然发现一个士兵没有入睡，而在小声呻吟。一问方知，士兵腿伤未愈，脓水淤积于内，疼痛难忍。卫青见状，竟亲自伏下身去，用自己的嘴巴替士兵吸脓。卫青并没有著书立说，但是仅此一例，便可窥名将风采。卫青军纪极为严格，被处罚的士兵也不在少数，而所带士兵在战场上能忠心耿耿，骁勇杀敌，数次打败匈奴，以至让匈奴闻风丧胆，个中原因，是值得我们细细琢磨的。

孔子提倡仁道，但在齐鲁之会时，奋然于两君之间，击退齐国挑衅，保持鲁君尊严，这是以刚济柔之勇举；蔺相如奉命使秦，完璧归赵，威武不能屈，然其让车于廉颇，顾全大局，道义相尚，这是以柔济刚之义举。因此只有刚柔相济，做事情才能有利有理有节。每一位教师都可以研究一下自己的性格，分析一下自己是偏重于刚还是偏重于柔。如果太过刚强，要学会处理事情更柔顺一些，如果太过柔顺，则要努力使自己刚强一些。要尽量使自己的性格更和谐，刚柔二者互为补充，不可或缺。如果只是单纯地以其中一种方式来处理问题，也许会暂时侥幸取得成功，但是从长远来看，必败无疑。

十五 ｜ 赏罚篇

　　孙子兵法开篇就讲："主孰有道？将孰有能？天地孰得？法令孰行？兵众孰强？士卒孰练？赏罚孰明？吾以此知胜负矣。"其中说到赏罚是否分明是一支军队是否有战斗力的重要因素。

　　历来治军严谨的将领都非常强调奖赏与处罚。正所谓军令如山，军中无戏言。三国时，马谡失了街亭，酿成蜀军惨败，诸葛亮终于挥泪斩马谡。事实上，同情马谡的人很多，为马谡求情的人也很多。而且，从全局的角度来说，马谡还是一个很有才能的人，诸葛亮平定南方部落七擒七纵攻心为上的建议就是马谡提出来的，诸葛亮死后，蜀国人才严重缺乏，姜维独木难支，如果留下马谡或许有用。但是，诸葛亮最终一意孤行，没有采纳众人的意见。今天，我们站在客观的立场来看待这个问题，马谡到底该不该杀呢？从治军的角度来说，答案只有一个：杀，没有第二种选择。

　　你只看到了很多人为马谡求情这一面。若是放过了马谡，他日再有将领玩忽职守，导致全军惨败，折损大将与士兵无数，你是诸葛亮，你该怎么办？有了先例，便无法下不为例了。马谡不杀，军纪即乱，此时你再要对别人严格要求，根本就不行了。军纪一乱，部队的战斗力就下降，战斗力一下降，就要打败仗，打败仗可是要付出许多士卒甚至将领的生命为代价的。是马谡一个人的生命重要，还是全军将士的生命重要，诸葛亮一清二楚。所以，很抱歉，我非杀你不可，但是，你死之后，你的家人我一定好好照顾，你的尸身我要厚葬。当然，街亭之败，我也有错，我自贬三级，以谢全军。所以，马谡虽然不想死，至死也没有什么怨言。

军队里的事情讲起来可是惊心动魄。为什么呢？因为将领是要让他的部下上战场的。而上战场就意味着有送命的可能。蝼蚁尚且偷生，岂能白白送死？所以，没有外在的强有力的约束，军队是根本没有办法打仗的。战国军事家吴起所著《吴子》一书中，也提出赏罚分明的观点，只是，吴子的思想更为果断："进有重赏，退有重刑"。吴子强调的是重赏重罚。

天下熙熙，皆为利来，天下攘攘，皆为利往。人为财死，鸟为食亡。人不为己，天诛地灭。说的都是同样的道理。奖励，一定要有物质的奖励，没有一个人不喜欢物质的奖励。重赏之下，必有勇夫。但是奖励的作用不仅仅在物质层面，精神的奖励更重要。现代心理学研究表明，当人们意识到自己的行为受到他人重视，自己的行为被认为有特殊的重大意义时，人的主观能动性便能够被充分激发，潜在的能量才能够得到淋漓尽致的发挥和运用。士为知己者死，赴汤蹈火，在所不辞，皆是很好的例证。

与没有一个人不喜欢赏不同，没有一个人喜欢受罚。应该说，几乎所有的人都怕被惩罚，更不用说是重罚了。军队里重罚的意义已经不是对事件本身的处理了，而是对其他人乃至全军的告诫。在特殊的情况下，惩罚与平时甚至有很大的不同。比如说，在别的地方开小差，也就是一顿臭骂，在战场的最前线，如果临阵脱逃，可能就是就地正法了，根本不可能跟他讲道理，晓以利害。这是形势所逼。重罚的结果不但要使当事人再也不敢犯这样的错误，更要使其他人不敢效仿。用杀鸡儆猴来描述，是再准确不过了。

有人以为班级管理与治军不太一样，没有必要把这一套搬过来。

那是他不明白人的本性。人性的弱点普遍存在，士兵如此，学生也是如此。只是，具体操作的时候，在尺度的把握上，我们可以灵活掌握。尤其是在重罚时，因为对象是学生，所以，我们还必须"治病救人"，不能把犯错误的学生一棍子打死，要给他机会，让他翻身。但是，罚，还是必需的。

生命体有两个最基本的需求：尊重与公正。尊重自不待言。因为人要过社会性的生活，其生活的美好程度最终有赖于社会制度和社会各方面条件是否有益于人的生活和生长，此时，公正的社会秩序便成为每一个人的追求，公正也成为每一个社会人发自内心的需要。事实上，我们在学生中作调查，他心目中的好老师应该是什么样的？无论你在哪里作调查，公正这个品质总是排在前列。

那么如何做到公正呢？太简单了，只要做到赏罚分明就行。学生工作中的赏罚，可以遵循以下几条原则：

一、可以只赏不罚。赏与罚是相对的两个概念。有时候，不赏就意味着罚，不罚，也就意味着赏。赏是可以单独存在的，尤其是在不便于或者没有必要实施处罚的时候。对于好的行为的奖赏本身已经是一种明确的导向性的行为，基本上可以起到大半的效果。比如说，对学生做作业的情况，可以每次都表扬一下作业做得好的学生，实际上，对于那些没被表扬的学生来说，也就是一种批评了。

二、有罚必要有赏，重罚必有重赏。罚不可以单独存在。只罚不赏很容易激起人的逆反心理，使人抗拒。即使最终也能达到效果，但是，气氛却是压抑的，人的心情也不会舒畅。尤其是在教师雷霆震怒，大为光火之际，一定要保持清醒头脑。就算是错误真的很大，也要千万记住，犯错误的毕竟只是一部分同学，还有很多人，他们至少没有同流合污，这就已经很不容易了。对全班发火连这一部分学生也打击是不公平的。因此，我主张，在重罚之前对一部分好学生要重赏。重赏的目的有二：其一，分化学生，使得中间学生非常容易找准自己的方向；其二，赏罚同时进行，互相映衬，增加赏与罚的戏剧效果，使学生印象更为深刻。

三、必要时改罚为赏。有时，犯错误学生众多，已到了法不责众之境地，无法处罚下去，不如改为奖励那些没有犯错误的少部分同学，这样也能保持公正。另一种情况，由于赏与罚是相对的，而赏是一种积极的方式，罚是一种消极的方式，因此，用赏取代罚可能会有更好的效果。试举一例。学校里举行行为规范评比，你任教的班级表现很不好，于是你在班级里内部进行检查评比，每人满分 10 分，内部检查，违反一项扣 1 分。这样做效果一定是明显的，但是，这样做，师生关系可能会受影响。高明的教师会改扣分为加分。每人基础分 10 分，每次检查，合格者加以一定的分数，然后比较谁的分数高。这样做，无疑更可以调动学生的积极性，也使师生间的关系更为和谐。

四、赏罚要公正。赏罚不明不但是兵家大忌，也是班主任工作的大忌。有一些班主任，规章制度定得很好，但是事到临头，有学生违反了，却常常心软。尤其当犯错误的学生是教师喜欢的好学生时，更容易犯此错误。算了算了，下不为例。好，全班同学都看在眼里，下次张三又犯这个错误，你怎么办？不处罚吧？张三太坏了，绝不能放过他。处罚吧？张三振振有词，他举出上次的例子，觉得教师不公平。这是很常见的例子。从此班级管理陷入混乱。那些没有经验的教师，在学生中没有威信，最根本的原因就是没有做到"信"。赏罚不信，做事不公正，学生怎么会尊重你呢？想想诸葛亮挥泪斩马谡的例子吧，该赏的必须赏，该罚的还是要罚。

五、赏罚要坚持"诛大赏小"的原则。这是处理赏罚的一个小技巧。所谓"诛大"，也就是擒贼先擒王。孙武训练女兵，在三令五申之后，吴王的两个宠妃仍不以为然，孙武便下令处斩，女兵骇然，无不听孙武号令而动，此时，孙武对吴王说，即使现在让这些女兵赴战场打仗，她们也不会有所犹豫。我们在处罚学生时，也一定要把事实了解清楚，板子一定要打在为首者的屁股上，否则，处罚便不能服众。而"赏小",是指要奖励普通士卒。抗金名将岳飞,非常善于治军。军队即使冻死也不拆百姓房屋,饿死也不抢劫百姓,因为如果有士兵哪怕是拿了老百姓几根麻绳的,都会立刻依军法被处死。但是对于朝廷的奖赏,岳飞都分给士兵,自己丝毫不取。每立战功,都归于将士,自己毫不居功。所以他的军队令出如山,勇猛善战,敌人哀叹道:撼山易,撼岳家军难!这个例子也提醒教师在平时一定要更多地关注普通学生,尤其是那些默默无闻的学生,在奖励时,要更多地考虑他们,而不是那些张扬的学生,这样的奖励,才更有激励作用。

六、赏罚只是外部的力量,教师更要关注学生的内在动机。赏罚是激发、调动学生内在动机的一种有效手段,但是毕竟只是一种外在手段。要使学生的行为长久,教师的要求必须要内化为学生的内部动机。否则,一旦外部的赏罚没有了,一切可能照旧。一支训练有素的军队,成为不败之师,士兵有了集体荣誉感,以成为军队一员而自豪,即使最后没有赏罚,士兵作战仍勇猛,因为他需要捍卫常胜之师的荣誉。同样地,教师要善于通过各种不同的方法使学生意识到做一件事不仅仅是因为有赏罚,而是自己必须这么做。这样的教育效果便长久了。

武侯问曰:兵以何为胜?吴起对曰:以治为胜。又问曰:不在众乎?对曰:若法令不明,赏罚不信,金之不止,鼓之不进,虽有百万,何益于用?我们可以跟学生讲道理,但是,有时候,千言万语抵不上一个行动。老师们,该出手时就出手吧,赏罚分明、赏罚有信,这是治理班级最重要的利器之一。

十六 | 手段与目的

　　100 多年前，西方著名军事理论家克劳塞维茨写下了"战争是政治的继续"这一名言。战争是为政治服务的，古今中外，概莫能外。诸葛亮平定南方部落，把孟获抓住之后却又放掉，有部下不理解，费了很大力气好不容易抓住叛军首领，为什么又轻易放掉他呢？这便是诸葛亮的高明之处。抓孟获不是目的，使南方部落心悦诚服永不叛乱才是目的。诸葛亮的七擒七纵因此传为千古美谈，以至于几十年后，已经 100 多岁的与诸葛亮同时代的南方部落的一位名叫小吏的老人在谈到诸葛亮时，仍由衷地赞叹说：聪明的人虽然很多，但是像孔明那样把任何事情都处理得那样得当的，还没有遇到过。

　　可是，许多职业军人就不管那么多了，他们要么只看到一城一池的得与失，要么只懂得能否杀人三千，斩首万余，而对国家为什么要运用战争这种手段，以及运用这种手段要达到什么样的目的，却早就丢到了九霄云外。中国几千年来一直被许多军人们奉为经典的"将在外，君命有所不受"的兵家名言，就给战场指挥官以机动专行的权力而言，自然是真理，但将其推广之，变成许多将军使自己的行动脱离战争政治目的的制约的借口，可就谬之千里了。以至到了后来，中国的旧军人的口头禅经常是"我是军人，不谈政治"。用现在的目光看，这是错误的，也是极端狭隘与愚蠢的。因为，政治是目的，战争只是手段，手段是要为目的服务的。

今天，我们用兵法来研究学生工作，也是符合手段为目的服务这种思想的。我们的目的是什么？是给学生提供良好的教育，是使学生成为和谐发展的人。在新形势下，学生的情况与几十年前发生了很大的变化，学生工作也更加复杂多变了，完全采用以前的那种"传统而高尚"的方法来教育学生，可能不一定能完全收到效果了，那么，我们为什么不能用一些新的方法，借鉴一些其他方面的思想，来达到我们的教育目的呢？

当然了，我们首先要保证我们的教育目的是正确的。在两千多年前的春秋时代，中国军事家孙武，就把政治因素的"道"，列为战争"五事"之首。《孙子兵法》第一篇《计篇》这样说："故经之以五事，校之以计，而索其情：一曰道，二曰天，三曰地，四曰将，五曰法。"道，即战争的政治目的，是否符合天理人心，是否是正义的。我们在做学生工作时，首先要考虑的也是，我们所教给学生的东西，我们所试图传递给学生的思想，是否是正确的和有价值的。

遗憾的是，我们现在很多教育措施已经偏离了正确的目标。我们批判应试教育，是因为应试本来只是一种手段，现在却被当成了最终目的，而真正的教学目的则被遗忘和忽略。教师的头脑中只有分数，只有升学。学生如此，家长如此，整个社会都是如此。虽然有很多人已经意识到了这个问题，但是由于多方面的原因，现状短时间内还难以改变。在功利心的驱使下，错误的目标暂时仍然会吸引千千万万人的目光。这正是令人痛心之处：当目标不正确时，我们的努力越多，错误也就越大。

教学的目标不正确，扼杀了学生的创造性思维和想象能力，教育的目标也同样有偏差。在学校里所谓思想品德好的学生就是守纪律、听话的学生，那些整天调皮捣蛋闯祸不断的"问题学生"的思想品德无疑是很差的。但是我们老师常常惊讶地发现，从做人的角度来说，长大之后，仍然尊重老师，与老师亲密无间的反而更多是那些读书时思想品德"不好"的学生。有时候，我们在甚至光天化日之下教学生撒谎。上级来检查工作，我们事先进行所谓的"培训"，"培训"的内容有时与事实是完全相反的；教师上公开课，许多东西都是事先演练好的，学生只需配合教师"表演"就行了。此时我们的目标也就变成了通过检查和获得领导的认可，即使与真正的教育目的相违背也在所不惜。

更多的时候，我们的目标也正确，可是缺乏有效的手段。比如说，现在倡导素质教育，很多家长便一窝蜂地让小孩去学琴、学画，全然不顾孩子的爱好和水平，这是因为我们对素质的理解有欠缺，素质不仅仅是钢琴十级或围棋两段，而是一种能力，一种独自应对世界，应对人生的能力；再比如说，我们要教学生有爱心，讲诚信，可是，我们却常常对学生痛加斥骂，毫无尊重和同情，自己当着学生的面经常不守诺言，对学生的影响可想而知。这是教师或家长本身素质有欠缺的表现，只会言教不能身教的教育岂有成功之理？还有，我们要想使学生养成好的行为规范，制定了许多规章制度，不许这样，不许那样，但是学生经过多年学校教育离开校园之后，好的行为规范一点没有养成，最基本的公民素养仍然很差，这是因为我们对教育的规律没有掌握，我们没有理解学生自身的体验和理解才是决定其行为的最重要原因，而并非别人的说教和限制。

符合实际的方法就是好方法，有效果的手段就是好手段。邓小平那句著名的"不管白猫黑猫，捉住老鼠就是好猫"原来是一句四川农谚，据说这句大实话是他的老搭档刘伯承过去在打仗时经常讲的。昔日刘邓大军所向披靡，没有别的秘密，"就是不讲老规矩，不按老路子打，一切看情况，打赢了算数"。

《孙子兵法》第六篇《虚实篇》有一段是这样说的：因形而错胜于众，众不能知；人皆知我所以胜之形，而莫知吾所以制胜之形。故其战胜不复，而应形于无穷。意思是说，把根据敌情变化而取得的胜利摆在众人面前，谁都不知道是怎么回事。人人都知道我战胜敌人的战法，然而弄不清我怎样因敌变化而灵活运用这些战法的，所以这样战胜敌人的方法是永不重复，适应各种敌情而至于无穷。

孙子认为方法和手段应该像水一样，水随地势的高下而没有固定的流向，方法和手段也要根据具体情况具体采用，我们说教无定法，也是这个道理。但是，好的方法一定是有利于实现我们的最终目标的。

有教师在做学生工作时，情绪失控，说了过头的话，便是迷失目标的一种表现。要知道，最初，他是教育学生认识错误，可是，最终反而南辕北辙，为了发泄自己的怒火，而把教育学生的目标抛于脑后。还有的教师心胸狭隘，对学生的一些无知的过失耿耿于怀，甚至与学生斗气，更是不值得，有失教师身份。

当学生犯了错误时，有教师只会严厉地惩罚学生。惩罚不断失去效果，于是惩罚的方式不断升级，到头来，惩罚成了目的，教师为惩罚而惩罚。这样的惩罚不但不能产生效果，反而会使学生产生反抗。如果我们静下心来冷静地思考一下，便会知道，我们的目的是为了学生更好地发展，惩罚只是其中一种手段，而并不是唯一手段。如果用其他的手段也能达到目的的话，惩罚并不一定是必需的。

惩罚实施不当常常会带有副作用，因此惩罚的技巧性是很强的。常常有老师因为滥用惩罚不但没有解决问题反而使学生心灵受到伤害，而走向另一个极端，那就是不许惩罚。要问他为什么不许惩罚，他说不许惩罚就是不许惩罚！不许惩罚竟成了目的！可是，如果遇到只有必要的惩戒才能产生效果的场景，难道我们就必须守着"不许惩罚"的教条而眼看着我们的学生一错再错，然后从小错变成大错？

我听说过这样一个故事：有一个小孩和他的妈妈晚上去商场里购物，小孩子喜欢上了商场里的木马，一玩就是两个小时，并且玩上了瘾不肯下来，眼看商场要关门了，很多人进行劝说，小孩子平时被娇宠惯了，就是不依。有人请来了商场里的心理专家，心理专家使用了很多招数，都没有效果。这时，旁边围观的一个工人说，我来试试。他跑到小孩子面前，把嘴巴凑到他耳边轻声说了一句话，奇怪的事发生了，小孩子马上撒手跳下木马，跑到他妈妈身边。大家都很奇怪，问他对小孩子说了什么，那工人说，我就说了一句话：你要再不下来，我就把你脖子拧断！

我不知道我们那些从事教育工作尤其是一些从事教育领导工作的教条主义者看了这个故事有何感想。为了达到我们的目标，我们并不是不择手段，而是要"择"手段的，要选择那些恰当的有效果的手段，不管白猫黑猫，捉住老鼠就是好猫。

我们一方面提倡尊重教育、理解教育，可是一方面又意识到学生心理承受力太弱，因而提倡挫折教育。我们就常常在这样的困惑中徘徊。教育是个很复杂的问题，绝对不是单纯地用是或否就能给出全部答案的。我们常常矫枉过正，可是有时候又有点鄙视传统文化中的"中庸之道"，觉得那不能解决问题。其实，答案真的很简单，既没有那么多原则，也无需那么多顾忌，我只要牢记我的目标就行了。首先要看准老鼠，其次选择那些能捉住老鼠的猫，最后还得研究一下为什么这些猫能捉住老鼠，而那些猫不能。

韩信受了胯下之辱，终成大器。我想当他功成名就之时，他应该感谢那几个小流氓，没有他们，说不定他这一生也就庸庸碌碌过去了。我要是有未卜先知的能力，我就做韩信的老师，我当这个老师只需做一件事，就是雇用那几个小流氓，在适当的时候让韩信"知耻而后勇"，然后我就可以培养出一代名将。

十七　｜　捭阖术

捭阖的本义是开合。捭就是拨动，阖就是闭藏。战国时期著名战略家、军事家鬼谷子认为一开一合是事物发展变化的普遍规律，是掌握事物的关键。

三国时曹操与刘备都是深谙捭阖之术的英雄。有一段脍炙人口的"曹操煮酒论英雄"的故事就是双方捭阖交锋的经典之作。曹操挟天子以令诸侯，势力强大。刘备起兵未久，势力尚弱，为防曹操谋害，便闭藏自己，在后院种菜，以为韬晦之计。一日曹操召见刘备，二人在小亭旁煮酒畅饮。席间，曹操多次以言辞试探刘备的反应，意欲得到实情，刘备却十分谨慎小心，始终不以真情流露。后来曹操以天下谁是英雄再三相问，刘备无法，只得虚与委蛇，一一说出袁术、袁绍、刘表等二流人物相搪塞，均被充满霸气的曹操否定。曹操最后以手指刘备，又指自己说："天下英雄，就你我二人罢了。"刘备大吃一惊，手上的汤匙、筷子不自觉掉在地上。当时正值大雨将至，雷声大作。刘备不愧为胸藏韬略的大英雄，他故作从容捡起筷子，说："雷声震动，将筷子吓掉了。"这样，将掉落筷子的真正原因，轻轻掩饰。曹操的反复拨动和试探，差一点就要成功，但刘备的闭藏术毕竟技高一筹，后来终于得以三分天下，与曹操、孙权成鼎足抗衡之势。

教师在做学生工作尤其是在做学生思想工作时，如果想要更有效率更加圆满地解决问题，就必须掌握捭阖之术。

当学生处于开启状态时，他的心扉是敞开的，对教师是信任的，是不加防备的。教师可以很准确地知道学生的真实情感、动机、意愿等等，而一旦了解了真实情况，教师就可以对症下药，有针对性地制定对策，及时解决学生的心理和思想问题。

当学生处于闭藏状态时，他的心扉是紧锁的，对教师是不信任的，是加以防备的。教师无法了解引起学生行为和情绪变化的真正原因，只能靠猜测或主观臆断来作出分析，就如同蒙上眼睛打猎一样，难以对准目标，教师的工作不能触及到学生的问题根源，也就难以真正解决学生的思想问题。

因此，在做学生工作时，最好的结果就是使学生处于开启的状态。当学生处于开启状态之时，教师可以闭藏起来，以更仔细地观察学生，观察每一位学生的性格特征、兴趣爱好、优缺点，观察学生的情绪变化；也可以敞开自己，和学生进行心与心的交流，用自己的观点去启发学生，用自己的情感去感化学生。总之，当学生处于开启状态之时，学生便处在明处，我们无论在明处还是在暗处，都可以比较自如地选择有效的方法对之进行教育。

教师找学生谈话时，最怕的就是学生闭藏起来，学生一言不发，什么都不讲，都是教师讲，讲的又都是一些空洞的大道理，学生根本听不进去，教师白费口舌，对学生产生不了任何作用。因此，高明的教师在与学生谈心之时，一定会想方设法使学生开口，学生讲得越多，谈话成功的可能性就越大。教师要想方设法揣摩学生的心理，要设身处地为学生着想，要尊重学生，理解学生，这样才有可能使学生对教师敞开心扉。

使学生从闭藏到开启的办法有很多。大致有以下几种：

一、用激励、褒扬去鼓动学生。褒扬是一种方向性的暗示，学生很有可能朝着你指示的方向努力，学生一旦努力了，有成绩了，教师马上予以肯定，再送上几顶高帽子，把学生的进步加固，断了学生回退之路，这样，便可以逐步引导学生达到教师的目标。学生在沿着教师指示的方向努力之时，也就自然而然地处于开启状态了。我们常常有这样的经验，当我们不经意地表扬某一名学生某一次作业做得很好时，这名学生往往在下一次的作业中会做得格外认真，教师如果及时加以表扬，再把他的作业在班级张贴或冠之以诸如"作业标兵"之类称号，这名学生再想退回去就不太可能了。教师就成功地实现了对该学生的引导。从人的本性来说，对于表扬的话语，不管是不是符合实际，都是先接受了再说；对于批评的话语，也不管其正确与否，不自觉地会生出抗拒之心。因此，通常情况下，表扬使学生开启，批评使学生闭藏。

二、用言语去试探对方。在很多时候，教师可以先暂时闭藏起来，隐藏自己的真实想法，用一些与事实不一定相符合的话语去试探对方。比如说，教师可以这样试探学生：我听说某某这次考得不好，你在旁边幸灾乐祸啊！学生肯定会使尽浑身解数进行辩解，在辩解的过程中，学生吐露的基本上都是实情，学生也就不知不觉地处于开启状态，而教师也就得到了足够的信息。末了，教师可以这样说，哎哟，我不了解实情，幸好今天跟你谈了一谈，差点冤枉了你，希望以后你有情况多与老师交流。既巧妙地消除了一开始那句"信口雌黄"的试探的负面影响，又为下次与学生交谈做好铺垫。激将法也属此类。三国赤壁之战时，诸葛亮为试出周瑜抗曹的真实想法，故意歪曲曹操《铜雀台赋》的意思，说只要东吴把二乔送给曹操，魏国自然退兵，周瑜立刻被激怒，立下了与曹操死拼到底的誓言。诸葛亮却佯装不知小乔是周瑜的夫人，假意道歉，实则心中暗喜。

三、故意保持缄默或忽视对方。当学生渴望得到教师的肯定或关注时，教师却一反常态保持缄默，甚至故意忽视学生。教师的闭藏态度不但令学生不能理解，也完全令学生失望。学生会终于耐不住性子主动向教师提出这个问题，教师等待已久，已作好充分准备，趁机加以引导。我听说，有一位教师找一位学生谈话，两人进了办公室之后，教师一言不发，只是盯着学生看，看了足有20分钟之久，学生终于忍受不住，率先向教师开口提问。这位教师面对的谈话对象是一位冰冻三尺非一日之寒的学生，但是这位教师也的确把捭阖之术用到了极致，非有极大的耐心与信心不能做到。"卖关子"亦属此类方法。明明有所图谋，勾起了对方的极大兴趣之时，却故意引而不发，直到对方苦苦相问，或承诺什么条件之时，才讲出实情。古代谋士向君王进谏之时，因怕劝说不成，反而惹下杀身之祸，常常使出此招，待到君主答应不加怪罪之时才和盘托出。

四、使对方与自己情投意合。这个方法是教师所广泛采用的。教师想学生所想，急学生所急，充分表达自己对学生的同情和理解之情，目的是拉近双方距离，为后面的沟通打下基础。比如说有教师处理学生早恋工作，一开始就先谈自己学生时代的早恋故事，学生马上就会觉得教师很亲切，原本抗拒反叛的心很快就冰释了。教师然后再谈自己现在对当时早恋的看法，虽然是在说自己，但是学生已经能完全领悟教师的良苦用心。通常我们所讲的"以情感人"即属此类，要求教师要有真情实感，能以己度人，切忌无病呻吟。在批评学生之前，先讲一讲学生的优点，讲一讲学生辉煌的过去，讲一讲自己对学生的肯定与关心，对后面的谈话无疑是有很大的帮助的。《战国策》中触龙说赵太后也是一个这样的很经典的故事：大臣们劝说赵太后为了国家利益把儿子长安君送到齐国去当人质，赵太后不但不肯，还立下毒誓禁止别人再来劝说。触龙却独辟蹊径，见到赵太后之后，先从自己的脚有毛病，身体也不太好开始，讲到饮食，日常起居，逐步拉近了与赵太后的距离，然后，触龙以自己的小儿子不争气，想在自己死之前把他安顿好为突破口，逐步地诱导启发赵太后认识到，把长安君送到齐国去是为了赵国好，也是为了长安君的将来好。触龙就这样巧妙而成功地说服了赵太后。

使学生开启心扉的办法还有很多，不能一一道来，有时候，还需要好几种方法并用。只要学生对教师敞开心扉，师生之间的沟通始终畅通无阻，教师的工作便不可能不成功。

以上讲的是学生心灵的闭与合的状态。其实，在学生身上，还有另一种更为重要的闭与合，那就是学生的精神状态。

不同的人精神状态相差是很大的。有的人消极低迷，有的人积极进取，有些人自暴自弃，有些人斗志昂扬。即便是同一个人，在不同的时期也会有不同的状态，每一个人都有低潮，有高潮，有碌碌无为的日子，也有充实紧张的时光。不同的精神面貌是由不同的心理状态决定的。有人说，人的心理状态是由一个开关控制的，开始可能处于一个闭合的状态，但是一旦过了临界线，开关打开了，人就进入了开启的状态。在开启状态下，人会表现出与闭合状态完全不一样的特征。

这种不一样的特征差别是非常大的。当人处于闭合状态时，整个人体机器的运作是比较缓慢的，人的智力水平、反应力、记忆力等各项综合水平都处于比较低的状态。人对于学习、成功的渴望很淡薄，没有什么动力，即使有动力也不足以改变整个精神状态。处在这种状态时间长了，人的潜能就会受到抑制，甚至退化，日子也就过得庸庸碌碌，很是平凡。

当人处于开启状态时，身上的每一个细胞都是积极的，活跃的。各个器官的运转速度明显加快，人体的工作效率提高，此时的人渴求获得新的知识来武装自己，渴求提高，有不断学习与工作的欲望。在这样的状态下，人会对自己充满自信，并且会因为取得的成绩而进一步增强自己的自信心，从而走上良性发展的轨道。

有心理学家曾经做过这样的归纳研究。他们找了20个大学刚毕业，决定做自己喜欢的工作的人；另外也找了同样学历和年龄，决定先投身热门行业，赚到钱，再做自己喜欢事情的20个人。20年后，在两个对照组中发现，做自己喜欢的工作的人，有18个成为百万富翁，而后者只有一个成为百万富翁。

在这个例子中我们可以发现这不同的20个人，其状态是不一样的。做自己喜欢做的事情的人，一定是处于开启状态的，他们会在自己的工作中聚集自己所有的聪明才智，随着时间的流逝，也不会因为厌烦而闭合。而那些投身热门行业的人只是因为这份工作薪水比较丰厚而不一定对这门行业本身感兴趣，因此时间长了其工作积极性就会受到影响，他的状态就会逐渐变成闭合。这样日积月累，很长时间以后，巨大的成就差别就显现出来。

现代学校教育在本质上应该培养学生乐观向上的人生态度和迎接挑战的积极心态。爱因斯坦在他的《论教育》一文中有这样一段话："在学校里和在生活中，工作的最重要动机是工作中的乐趣，是工作获得结果时的乐趣，以及对这个结果的社会价值的认识。启发并加强青年人的这些心理力量，我看这该是学校的最重要任务。只有这样的心理基础才能导致一种愉快的愿望，去追求人的最高财产——知识和艺术技能。"爱因斯坦这里提到的心理基础也好，心理力量也好，正是一种开启而不是闭合的心理状态。在这样的状态下，学生总是对学习充满热情，对生活充满向往，对未来充满渴望，如果我们的学校教育为社会培养的都是这样的人群，我们的民族怎么可能不强大？

那么如何来培养和激发学生的这种精神状态呢？

首先，教师应该以鼓励为主。鼓励会使学生的心态更加积极，更加开放。学生在教师的鼓励之下，更倾向于作积极的尝试，如果在尝试中体验到成功，他便有可能达到启动掉阖开关的临界线，便有可能进入开启状态。教师通过鼓励以及对学生努力之后所取得成绩的肯定，可以不断筑高学生的基点。当学生最终达到临界状态，从闭合状态跳转为开启状态，学生就有了自己前进的动力，就好像一列小火车，通过教师的努力使得小火车启动之后，教师就不必再费力地推了，只需要偶尔适当地加一点油，以使学生这列已经发动的小火车跑得更快。

其次，教师要对学生不断地提要求。苏联教育家马卡连柯说：要尽可能多地尊重学生，要尽可能多地要求学生。首先要尊重学生，尊重学生的人格，尊重学生的实际水平。在尊重学生的基础上，要对学生提要求，而且要尽量多地提要求。教师对学生提要求实际上也是一种尊重学生的表现，是尊重学生发展的需要，是对学生潜能的一种肯定。在尊重与要求的双重作用下，学生就会逐渐从闭合转向开启，并不断地达到新的高度。

再次，教师要帮助学生树立目标。目标对于一个人的发展非常重要。一个成功的人通常都有很明确很远大的人生目标，很难想象一个处于开启状态积极进取的人只是漫无目的地过日子而没有目标。一个有着坚定不移的人生方向的人，才有可能克服不断出现的困难和阻力，而永远保持积极向上的精神状态。教师不但要帮助学生树立目标，更要让学生自己学会制定目标。让学生自己学会激励自己，自己学会调整自己。

人生的道路不会一帆风顺，学生的开启状态可能有时不会非常稳定，会因为一些突然的失败或挫折而重新消沉下去回到闭合状态。教师的工作就是及时地激励学生，及时地点燃学生已经熄灭的希望之火，尽量不要让任何一个学生闭合起来。苏霍姆林斯基说，要像保护幼苗一样保护学生的上进心，说的正是这个道理。这应当成为学校和教师最核心的工作之一，在任何情况之下都必须坚持到底，不能动摇。

开启学生心灵的工作是辛苦的，却非常值得。懂得捭阖之术至少可以让我们看见光明，使我们有努力的方向。想象一下那些面对着一群闭合自己心灵的学生的教师们的痛苦吧，他们在作着没有希望的努力，想奋起却无力改变大局。失败不但使学生的心灵闭合得更紧，教师自己的心也终将闭合起来，对教育的前景充满了悲观与绝望。

十八 ｜ 时机篇

作战要讲究时机。一名好的指战员在战场上要不断地审时度势，势指形势，时也就是时机。在双方力量相等的情况之下，战争的胜负往往可能在一刹那间决定。而一旦错失战机，等待我们的可能就是失败的苦果。

我们知道，事物都是不断运动变化的，强弱也是相对的。任何事物，单个来看，都有发生发展的过程，个人也是如此，人有生物钟，有智力、情感、体力的生理周期。我们有时做一件事没做好，或失败了，不是因为这件事本身是错的，而是时机没有掌握好。金鸡报晓本来挺好的，可是如果总是半夜鸡叫，结果反而不美。时机和处理事情的度一样，都是解决问题的关键点，是很难掌握但是又必须修炼的两项本领。

掌握时机，可以从以下四个方面入手：

一、争取时机。有些时机是争取来的，特别是在和别人竞争时。在战场上，兵贵神速，大家抢的就是时机。拿破仑有一个很形象的比喻，他说如同物体的动量是质量与速度的乘积一样，军队的战斗力是兵力与速度的乘积。红军长征时，"飞夺泸定桥"一役，就是和敌人赛跑，和时间赛跑，沿着大渡河的两岸，双方士兵在比赛，最终红军抢在敌援兵之前赶到泸定桥并立刻进行强攻。这是红军长征途中的关键一役，而红军的速度更胜一筹。

教师的教育工作有时也是要抢时机的。比如说，初中学生常常有这样的特点，初一初二比较糊涂，乱七八糟的事情也挺多，但到了初三，学生会一下子开始懂事了，学习也比以前认真很多。但是当有些学生明白过来的时候，发现已经来不及了，他以前的基础太差，而马上就要面临中考，再想努力时间已经不够了。教师如果能够充分认识到这个规律，便会事前做好充分的准备，让学生在没有翻然悔悟之前在学习上尽量能够跟上，不要落下太多。并且在初三来临之前很注意做学生的思想工作，使得学生在醒悟之后仍然有充足的时间把功课赶上。

二、等待时机。在战场上常常需要等待战机，敌人来攻，敲第一遍鼓时，士气正盛，不能出战，等到再而衰，三而竭之时，敌人士气衰弱了，便是出战的好机会，可一战而胜。这是《战国策·曹刿论战》一篇中的著名作战思想。在伏击战中，时机也很重要，布好了一个口袋阵，等敌人来钻，前面的要先放过去，等到主力全部进了我方包围圈，再突然发动进攻，把口袋扎紧，毕其功于一役。《烈火中永生》中的邱少云就是在一次执行任务的过程中，敌人的燃烧弹点着了他埋伏的草丛，为了不暴露目标而被活活烧死。等待时机需要耐心，在日常生活中，有时候为了等待一个机会的到来，可能要花上几年甚至几十年的时间。"君子报仇，十年不晚"，时机不成熟时只能等待。

在学生工作中，等待时机的例子太多了。教师都有这样的体会，同样的话语，不同的时间，不同的场合说效果是不一样的。教师苦口婆心地劝告不及学生自己去碰了一次壁，"不听老人言，吃亏在眼前"，等到学生自己吃到苦头之后，你再去劝告他便会听进去了，他知道你讲的是有道理的，是为他好并且是对他很重要的东西。因此，教师要等待这样的机会出现，一旦有了这样的机会，便不要放过。表扬学生也好，批评学生也好，也是有一个最佳时机的。学生正骄傲的时候，不要表扬他，等到他信心失落对自己产生怀疑的时候，教师的表扬就显得珍贵了；学生有情绪的时候，不要批评他，等到他冷静下来，认识到自己错误的时候，再严厉的批评学生也能听进去。在做后进生工作时，教师尤其要有耐心，学生的成长过程不是均衡的、平稳的，而是跳跃式的，有一个量变到质变的过程，教师要等待的就是量变到了一定程度，及时地使学生产生质的提高。

三、利用时机。随着形势的不断变化，有时候会突然产生一些本来不是机会的机会，高明的将领会随机应变，及时利用这些机会，创立战功。三国时，曹操进犯赤壁，刘备与孙权联合起来抗击魏兵。周瑜作为东吴的大都督，在善于利用时机上有独到之处。比如，他少年时代的好友蒋干从江北来，本来是想当说客的，不想反被周瑜利用，成了他反间计的重要棋子，最终使曹操杀了蔡瑁和张珫，去除了魏军善于水战的最重要的两位将领。

在学生每天的学习生活中，每天也会有大量的事情发生，其中有些事情教师如果好好利用，便是非常好的教育的时机。比如说运动会的比赛，全班都参与了，这便是一个很好的集体主义精神的教育时机，教师可以给运动员打气，组织女生拉拉队加油鼓劲，组织没有比赛任务的学生端茶送水，让他们也参与到集体活动中来。比赛完了之后要及时总结，及时鼓励和表彰，总之，教师如果充分动脑筋，把一些大家看似平常的事情做足文章，会产生非常好的教育效果。

四、创造时机。当有些工作很紧迫不能等待必须要立刻解决，而又没有合适的时机时，只能创造时机了。狼要吃羊，便找借口硬说处在下游的羊把上游的水弄脏了，这叫"欲加之罪，何患无辞"，是比较原始的创造时机。在古代战场中，双方主将在运动战中，经常会用一些计策来创造战机，比如说孙膑的"围魏救赵"之计，使得庞涓不得不回兵来救，魏国军队一旦被调动，便为齐军创造了战机，齐军在魏军回国的必经之地桂陵一带布下了埋伏，最终魏军全军覆没，庞涓饮恨身亡。

中国人在创造时机上是很有特点的。比如说中国人求人办事，很少像洋人"此来为某事"那样直截了当开题。而是讲究迂回战术，有一种起承转合的特点。林语堂先生总结这类创造时机的谈话可分为四段：第一段是寒暄、评气候，双方极容易找共同点，可联络感情，不至于遭到抗拒；第二段是叙往事、追旧谊，这是一个深入的过程，做得好，双方感情可能会有真正的融洽；第三段是谈时事、发感慨，这一段做得好，感情更为融洽，声势又壮，甚而到了相见恨晚、两肋插刀的程度，于是，便可以陡然下笔，相机言事了；第四段，可客气起立，言有一小事奉烦，先生不是认识某某吗？可否请写一封介绍信云云，要做得自然随意，不给对方造成很大压力或使对方觉得自己该欠他多大之情，而是要利用前叙铺垫，陡然收笔，总结全文。

学生工作中的创造时机与之类似。其中的重要思想就是在实施自己的目的之前要尽量创设对完成目标有利的条件。教师在与学生的谈话中常常要用到这样的方法，尤其是在做学生的思想工作，而学生思想有顾虑或因其他种种原因不愿配合之时，教师不宜开门见山，而要闲聊一些别的话题以拉近师生之间的距离，等到学生的戒备消除了，情绪缓和了，师生感情融洽了，再慢慢进入主题，或许会有好的效果。在教学法中有一类叫作情境教学，其原理是努力创设适合教学目的的情境，学生在适当的情境中会很轻易地实现我们的教学目标。

时机紧迫要争取时机，时机未到要等待机会，有机会要利用机会，没有机会要创造机会。这便是我们对待时机的态度。

学生工作由于其特殊性，有一些时机我们必须特别关注。教师的教育相当于外因，外因通过内因起作用，这个内因就是学生的思想认识。外因要想起到作用，就必须抓住内因出现变化的机会。当学生的思想一直处在闭合的状态，对外界的作用便不会有什么响应，这时候的教育工作就会很困难，教师既吃力又没有效果；反之，在学生的思想处于开启状态时，外部的影响很容易产生作用，这就是教育的时机。

学生换了一个新的环境是好的教育的时机。比如说学生进入起始年级的时候，面对的是陌生的老师，陌生的同学，陌生的环境。以高一年级为例，学生从初中毕业进入高中，从外部环境来说，是全新的，从内心来说，经历着从初中生到高中生的角色转变，这个时候，一些小小的外部力量可能会对学生产生极大的改变。教师如果善于在起始年级给学生树立远大的志向，狠抓学生的学习习惯，培养学生的兴趣与信心，学生往往会有一个明显的变化，会出现一个质的提高。这样的机会不多，是必须等待的，当然了，也可以创造，古代的"孟母三迁"便是一个例子。

每一个新学期的开始也是好的教育时机，此时的学生总是踌躇满志，经过暑假或寒假的长时间的休整，学校的生活还需要他们用一周或两周的时间去适应。新学期伊始，教师第一次进课堂，有没有这样的感觉：学生特别专注？教室特别安静？好的老师是不会放过这一大好时机的。这样的机会也是必须等待的，而这样的机会总是存在，每个学期都有，通常在每个学期开始的前两周，是最佳教育时期，机会一旦来临时，我们就不能够错过。因为一两个月之后，学生适应了学校生活，往往又会松散下来。

当学校、班级里乃至社会上发生突发事件时，也是一个非常好的教育时机。比如说班级里发生不团结的现象，发展到打架的地步，教师此时因势利导，进行谦让精神与集体主义观念的教育，通过组织学生座谈会，主题班会或其他一些形式的活动，使学生对这个问题进行深刻地认识，这样的教育就会更有针对性，也更有实效。这种机会虽然不可预见，但是因为学生在学校里生活，每天发生的事情有很多，教师只要善于观察，善于分析，总能够利用其中的一些事情作为教育的时机，甚至可以把一些坏事变成好事。

学生个人犯错误、受到挫折或取得成功之时，对他本人来说也是一个很好的教育时机。列宁小时候不小心把花瓶打碎了，并且撒了谎，最终在姑姑的帮助下，他承认了错误，受到了很好的教育。小孩子犯错时，通常喜欢撒谎，因为他们怕说出实情会受到惩罚。犯了错的学生其心理活动是复杂而剧烈的，表现出心事重重的样子，有经验的教师一眼就能看出来。受到挫折或取得成功时的学生，同样也会面临着心理上的巨大波动，这时教师所产生的教育给学生的印象将会十分深刻，教师对受到挫折的学生进行鼓励，帮助他分析失败原因，对取得成功的学生进行赞美，并肯定他取得成功所作出的努力，不仅可以使师生间的感情更加融洽，对学生的指导作用也要比平时显著得多。

学生的成长过程不会是一帆风顺的，他们常常有成功、有失败，有高潮、有低潮。在学生情绪变化最激烈的时候，教育的时机也就凸显得最明显。当时机出现时，平庸的教师可能会火冒三丈，或者牢骚满腹；而高明的教师则是高瞻远瞩，胸有成竹。正确把握教育的时机，是我们教师必须修炼的一项内功。

十九 ｜ 应变篇

经常有老师问我，班级里有学生学习差，行为规范差（即所谓的"双差"），怎么办？恨不得我立即教他一个方法，他好马上照着做。对我来说，这实在有些勉为其难了。自古以来，熟读兵法的人何其多也，而类似赵括、马谡这样只会纸上谈兵、照搬兵法导致失败的例子随处可寻。每一个学生都是不一样的，他犯错误的原因也是不一样的。比如同样是破坏纪律，有些人是因为心情郁闷，偶尔为之；有些是因为自制力差，明知故犯；有些是因为有类似多动症这样的生理或心理疾病，无法自控；还有些则可能是为了引起老师或同学的注意，而选择了错误的方法；甚至有些是由于对老师心存不满而故意跟老师对着干，有备而来的。你如果只是很模糊地问我学生上课违反纪律怎么办，没有场景，没有前因后果，你让我怎么回答？不过如果实在有人问得紧，我倒是可以告诉他一个"包治百病"的"灵丹妙药"，这个"灵丹妙药"只是简单的四个字。

我曾经看过一个香港的电视连续剧，讲的是消防队员的生活。教官在培训消防队员时问他们一个问题：如果看到在一个斜坡上有一辆原本停止的大卡车正在缓慢下滑，该怎么办？学员们说出很多答案，如往车轮底下填东西，找几个人到车尾把车顶住，把车窗打破拉上手闸等等，教官都摇头否定。末了，教官说，有一个四字的办法，你们回去想吧。第二天，一个消防队员在路上猛然发现了教官问他们的场景：一辆货车正从斜坡慢慢地往下溜！他连忙冲上去，先自己用身体去把车抵住，但根本无法奏效；又跳到车前，打破驾驶室玻璃，去拉手刹，才发现手刹已经坏了；想找锲状物塞到车轮下，但一来车在移动，二来环顾四周，竟一下子找不到东西。眼看着下坡不远处有一辆停在路边的油罐车，货车很可能与之相撞！在这千钧一发之际，教官赶到。他迅速爬到货车上，货车上装了一些木板箱子，教官以飞快的速度把这些箱子往车后的地面上连踢带扔，箱子落地后以各种角度叠在一起，最终自然形成了锲形木块，在货车即将与油罐车相撞前阻止住了货车。惊魂未定的消防员问教官，您昨天教我们的四字方法是什么？教官长出一口气说，哪有什么一成不变的方法，就是"随机应变"四个字啊！

学校教育的对象是活生生的人，学生是变化的，教育场景也是变化的，教育者也各不相同，因此，更加不能照搬条条框框，搞本本主义，犯教条主义的错误。即使是好的理论也要与实际情况相结合，必要的地方要做一定的变通。马克思列宁主义是好东西，但到中国来也得与中国实际相结合。苏联革命成功的经验在中国完全行不通，毛泽东是个善于随机应变的高手，他马上就从失败中汲取教训，及时调整，制定了"农村包围城市"的战略，最终取得了成功。红军中的将领也都掌握了毛泽东军事思想的这个精髓，比如刘伯承就这样总结刘邓大军的所向披靡："没有别的秘密。就是不讲老规矩，不按老路子打，一切看情况，打赢了算数。"既粗且俗的一句话，竟然是制胜宝典！

教师在教育工作中如何才能成功地应变呢？

首先要明确目标。当情况发生改变，需要作出反应时，教师要保持清醒的头脑，要时刻明白自己的目标是什么。现代社会人的精力太容易分散，在经历一系列变化之后，很容易忘了自己原来的目的是什么。比如说在面对一些后进生时，我们有些老师的粗暴态度就不太可取，那样的做法只能使这个学生更加厌学，更加没有好转的希望。虽然这些学生的做法和表现可能让老师很失望，但教师的目的是要教育孩子的。即使不能把他教育好，也总不能把他教得更糟吧。学生的问题不是一朝一夕形成的，要解决也需要一个过程。我碰到过一些极端的例子，教师与学生反目成仇，教师对某学生恨之入骨，处处让他为难，学生自然也与老师针锋相对。这样就偏离了初衷，教育过程成了师生相互斗气。

还有些教师目标也很明确，但是不太正确。比如只看重分数，其他一概不看。在这样的目标下，可以灵活机动的余地就很小了。学生上课精力不集中，他要批评；作业质量不高，他要批评；考试成绩不好，更是没什么好脸色给学生了。我以前看到过一个例子：一名数学教师在准备给学生上课之时，突然发现学生们被窗外吸引了，原来外面下起了鹅毛大雪。教师当机立断，决定暂停上课，带着学生到室外去欣赏雪景。对于教师来说，虽然这节课受到损失，但是与学生的距离却一下子拉近了。学生的需求得到了满足，反而激发了学习的动机，以后对待数学的态度有了改变，数学成绩反而提高了。还有一个例子：一位语文老师在上课时，一只小鸟突然飞进课堂，惊叫着，在教室里乱飞乱撞，学生的注意力全被飞鸟吸引住了。玻璃窗外有防护网，小鸟一时又飞不出去。老师见状，灵机一动，说："唉呀，这只鸟真漂亮，大家仔细观察一下，第二节课我们写一篇关于这只小鸟的作文好吗？"于是一堂生动的观察课开始了。在这两个例子中，教师的随机应变都建立在教师的正确教育观、学生观的基础上。因此他们有正确而长远的目标，而不拘泥于一时一事。

其次要判断形势。当形势发生变化时，教师一定要及时地作出正确的判断。要判断原来的计划是否仍然可以实施，如果情况不是很糟，那么就不要作什么改变。如果情况急转直下，那么便"计划不如变化快"，随之而变。上面的两个例子中，教师都有一个判断形势的过程。学生被雪景或者小鸟所吸引了，教师如果按照原来的计划授课势必收不到效果，因此需要作调整。

判断形势的过程是复杂的。教师需要作详尽的分析。比如有这样的一个场景：教师上课上到一半时，发现有学生趴在桌子上。那么教师马上要作分析，可能会有以下几种情况：一、学生一贯表现不佳，上课从来不认真听；二、学生平时表现很好，可能是昨天晚上睡得太晚，上课时太困了；三、学生身体状况不佳，也许正忍受着肚子疼的折磨呢。当然还可能有其他一些原因，教师要及时作出判断，究竟是属于哪一种情况。试想，如果是第三种情况，教师不加判断分析，还对学生大加指责，该是多么的愚蠢哪！

最后要作出决策。这个决策要马上作出，正确的决策是建立在正确的形势判断基础上的。数学教师觉得带学生出去欣赏雪景能改善师生关系，既能满足学生的需求，更有利于以后的教学，于是决定带学生出去玩；语文教师觉得让大家感兴趣不已的小鸟是一个求之不得的作文素材，于是马上改变计划，让学生先仔细观察小鸟，下一节课写作文。这都是随机而作、因势利导之举。

决策一定要考虑后果。有些愚蠢的决定就是因为只顾眼前，不顾后果而作出来的。有教师盛怒之余把学生赶出课堂，但是没想到下课之后学生不见了。于是拼命找，一时又找不到。那种焦急的心情真是一种煎熬啊。这种决策只解决眼前问题，而不顾后果。要是眼光更放长远一些，学生即使在找回之后，经历了这件事情，教师也就很难再有效地与学生沟通，更别说实施什么有效的教育了。

随机应变对教师的要求很高。这里所谈的随机应变不是要小聪明。中国人似乎历来头脑就比较活络，善于随机应变。韩国国民大学中文系教授彭哲浩在他所著的《随机应变的中国人》一书中就认为随机应变几乎是中国人智慧的"缩写"。但是国人的随机应变往往表现为乱穿马路、乱插队、开后门等不正之风上。我们这里所指的随机应变是一种高素质，是在遵守社会和道德准则下的应变，它需要教师具备一些品质，这些品质在平时的工作中可以着意培养。

第一个品质是冷静。在变化来临时，冷静显得尤其重要。诸葛亮所摆空城计是一个绝好例子，在生死悬于一线之际，诸葛亮居然还能坐在城墙上弹琴，而且琴声丝毫不乱，最终吓退司马懿，这需要多么坚强的意志品质啊！有一位戴眼镜的班主任新到班级上第一节晨会课时，就发现黑板上画了一个戴眼镜的头像，旁边还写了三个美术字"四眼狗"。这位班主任开始时怒火中烧，额上的青筋都暴了起来，真想来个"新官上任三把火"、"杀鸡给猴看"。可是，他终于慢慢地冷静下来，控制住了即将爆发的情感。他扫视全班学生后，转身将黑板轻轻地擦干净，然后面对同学，笑眯眯地风趣地说："黑板上的人头像画得不错，抓住了人物特点。画画的同学可能是为了向我和同学们显示一下自己的绘画才能，也可能是为了考验一下我和同学们的鉴赏能力。但是，不应该采取损伤别人人格的做法，更不应该用骂人的语言作为人物肖像的题目。"这时，学生们的目光一下子集中到了画画同学的身上。这位学生脸涨得通红，低下了头。班主任趁热打铁说："我想这位同学此时一定已经感觉到自己错了，不过不要紧，这位同学可将功补过，把画画才能用在班级板报上。这样既可以表现、发挥和提高自己的绘画水平，又可以为班级服务，这该多好啊！"后来这位同学真的成了班上的一名称职的宣传委员，班级黑板报图文并茂，全校有名，师生感情也非常融洽。

第二个品质是敏锐。善于随机应变的教师应该要有敏锐的洞察力，否则如何作出正确的判断？变化通常都是有征兆的，很少有无缘无故的变化。班级里发生了事情，敏锐的教师进了班级，就能感觉到气氛和平时不一样，然后才会去查问原因。有学生做了错事，但是不敢承认。敏锐的教师只要稍微作一点调查研究，再说上两句话，然后观察学生脸上表情的变化，就能大概估计出当事人是谁。学生的精神状态发生了变化，敏锐的教师第一眼就能感觉到，进而做细致的思想工作。怕就怕教师反应迟钝，有些教师喜欢补课，喜欢拖堂，明明学生的反感情绪已经很强烈，可是他还毫无感觉，继续强行把课上下去，结果自然不会很妙。

第三个品质是机智。现在提倡要做"智慧型"的教师，因此教师要学会机智。机智的基础是博学。一个有丰富经验和学识的教师往往表现得更为机智。古代的晏婴就是一个非常善于随机应变的人。他的随机应变更多地表现为机智。比如在《晏子使楚》中，楚灵王处处刁难晏婴，在宴会上，楚灵王一见到晏婴，马上问："齐国是不是很缺乏人才？为什么派你这样一个矮子来出使楚国？"晏婴却不慌不忙："大王，齐国人多着呢。国都临淄人口百万，每人呼一口气，可以呼气为云，每人淌一滴汗，可以挥汗如雨。行人来往川流不息，摩肩接踵，又怎么能没有人才？只是敝国有一个规矩，贤明之人出使贤国，不肖之人出使不肖之国，大人出使大国，小人出使小国，而今我无才无德又最不肖，只好来楚国为使，希望大王原谅。"楚灵王自讨没趣，一时无言以对。

随机应变是一条原则，也是一种态度。"不是我不明白，只是这世界变化快"。以不变应万变太过局限，我们要活到老，学到老，随机应变到老。

二十 | 个体篇

班主任号称最小的"主任"，好歹也是个官。既是官，就得管。管什么呢？管两样东西，其一，个体；其二，集体。其实集体也是由个体组成的，只是，形成了集体之后，身处其中的个人行为与单独的个体多少会有一些不同，因此，对集体的管理需有一些特殊的方法。不过归根结底，班主任做的是人的工作，与个体学生一对一地过招是基本功，这一关过不了说什么都是白搭。

许多班主任，尤其是年轻班主任，带班伊始，雄心勃勃，热情万丈。制定出一系列治班方略，定要烧他个三把火。可是，在班级管理过程中不可避免要碰到阻碍与挫折，该班主任勇气可嘉，提刀上马，不退反进，试图凭一己之力，强硬攻之。不能不说其热情不好，也不能说其目标不对，我们绝不能够否认老师的谆谆育生之心。但是，强攻通常不是一个好办法，学生的力量非常巨大。弄得不好，学生反弹起来，老师可就要刀折马翻，铩羽而归了。具体表现为校长那里接到大量学生与家长的投诉，到了这一步，此班主任的地位已岌岌可危，自身难保。

许多老师想不通其中的道理，觉得自己明明是为学生好，对学生严格要求，为什么学生不理解，还要怨恨老师。难道不管学生、放任自流就是好的做法，就是受学生欢迎的策略吗？非也。我们说，班主任工作的第一个原则是自保，自保第一。连自保都谈不上，何来效果？要改变一个人，首先得让他接受你，他接受你了，你的教诲他才可能听得进去，他才可能在你的影响下发生改变。青少年学生思想不成熟，情绪更不稳定，在理智与情感的较量中他们常常屈服于情感。因此，一个成功的班主任，当他面对班级里一个个活生生的个体时，一定要想方设法让学生在情感上接受自己，换句通俗的话来说，班主任要善于笼络人心。

古代皇帝便很注重收拢人心。唐太宗李世民一直重用李勣，临死前，却故意将其判罪戍边，暗中嘱咐儿子在自己死后立即赦免李勣，以收其心。这是古时老皇帝传位时让小皇帝顺利使用老臣的常见套路。再说那刘备刘玄德文的武的都不咋的，这从学生玩的三国人物游戏卡的实力指数中就可以看得出来，但是他笼络人心的手段绝对一流。且不说三顾茅庐感动诸葛亮出山这一奠定后半生基业的力作，单说在长坂坡，赵云舍命救出阿斗，刘备却假意将阿斗摔在地上，嘴上说：险些折了我一员大将！这就不是一般人能够达到的境界。

在现实生活中，有很多人觉得自己很有才能，可是却得不到领导赏识，怀才不遇。而另一些人，明明好像没什么本事，却升得很快，有些人甚至能够身居要职。有才能者觉得非常不公。可是实践是检验真理的唯一标准，碰了无穷多次钉子，还不会做人，还要怪罪这个世界，只能说他是无可救药了。其实，人际沟通是一项最重要的才能。卡耐基说，现代社会中，成功者只有10%靠的是专业能力，另外90%靠的是人际交往的能力。有一些人很善于处理各种矛盾，能在各种人际漩涡中巧妙周旋，不轻易得罪任何人，这其实是一种有才能的表现啊！这样的人，常常能笑到最后。

明白这个道理，班主任就知道，新官上任第一件重要的事情不是整顿班级面貌，不是处理问题学生，不是马上显露政绩，而是想办法和学生处理好关系，尽可能笼络人心，让他们接受你，喜欢你，尊重你，爱戴你。和学生的关系搞好了，后面的工作想不顺利也难。

对于每一个单独的个体来说，班主任要赢得其心都要采取一些不同的方法，但是，普遍适用的方法还是有一些的，以下试说明一二。

第一，要做一个心地善良的人，让学生感觉你是真心诚意为他好。正所谓"路遥知马力，日久见人心"，你是一个什么样的人，时间长了，学生看得一清二楚。有一些教师自身修养很高，爱学生的感情是从心底里发生的，这样的教师极受学生爱戴，大家不难理解。反之，心地不正，动机不纯，人格上有瑕疵，这样的老师，很难赢得学生的尊重。

第二，有人会说，师德高尚之人毕竟只是少数，一般人很难达到那种师德标兵的水准，如之奈何？不要着急，单独的个体常常会有不理智的行为，可以为我们所乘。那就是，对某一个学生表明你的喜爱之情，可以赢得其好感。这样做的结果是，即使你这个老师个人是有缺点的，但是这个学生依然会维护你。这个道理其实很简单，比如说我们常常会看到这样的故事，美丽女子爱上罪犯。罪犯确实是犯了不可恕的罪行，女子也知道，可是罪犯对美丽女子却是真心的，女子很难做到理智行事，而备受感情煎熬。我们亦是如此，即使有一个人大家都不很喜欢，但是我却可能和别人观点不一样，原因是这个人对我还不错。学生更不例外了。

第三，假如有些学生你实在喜欢不起来，怎么办？功力高超的教师，可以"昧着良心"行事。在他很不喜欢一个学生的时候，也可以表现出很喜欢他的样子。这样时间长了，也许那个学生真的就表现得讨人喜欢也未可知！可是，如果确实有些学生本质不好，让人讨厌，那也要注意，不要轻易地当众批评他。最好能够当众表扬他。对某一个学生作当众表扬是一种非常好的笼络人心的技巧。当然这种表扬须实事求是，并非无中生有。比如，本来是你安排学生做的一件事情，学生做好之后，你却大加赞赏；比如，每一个学生都有其特长，创造一个让他当众展示特长的机会，然后自然而然加以奖赏；再比如，某一个学生在其原来基础上稍微有了一点进步，教师马上加以肯定。只要有一双发现的眼睛，要找到表扬学生的机会太容易了。有时候，通过第三者有意无意地表示对另一个学生的欣赏之情，也是一种极为有效的方式。背后的赞扬通常都被认为是真实可信的，也更能让人感动。

第四，教师不妨适当施以一点小恩小惠。有一些教师常常备有一些糖果之类的零食，学生若是做了一件让教师满意的事情，则奖励之。说实话，糖果并不值钱，在家里，学生可能还不一定喜欢吃。但是在学校里就不一样了，特别是作为教师的奖赏，再普通的糖果学生也会吃得津津有味。学生身体不好，教师不忘作一些贴心的照顾；学生情绪低落，教师不忘说两句贴心的话语；学生碰到困难，教师不忘适时地帮上一把。这些细微之处，正是收买人心的好机会，每一个教师碰到这样的场景都千万不要错过，错过即是傻瓜。

第五，与个别的学生时不时地作些一对一的谈话也极其重要。谈话务必要平等、亲和，大家面对面坐在一起，作比较深入的交谈。这样的谈话，教师最好能有情感投入，比如说，不经意间流露出对学生的信任与欣赏啦，对学生的期望啦，最好能说到一些细节，让学生感觉到老师是一直在关注他的。通过这样的谈话，学生会感受到教师的重视与尊重，从心理上会与教师拉近距离，以至于有些学生自己感觉成了教师的"心腹"。既成了心腹，当然死心塌地为教师效力了。教师若能够把班级每一个学生都笼络成自己的"心腹"，那还不高枕无忧吗？

对于低年级的学生来说，教师的情感更为重要。说得难听一些，哪怕你是一个不学无术之徒，只要会笼络，也可能赢得天真无邪的小孩子们的喜爱与尊重。到了高年级，学生的判断能力逐渐增强之后，教师的情感仍然是很重要的一种手段，但是教师更要重视自身人格修养的建设。尤其对于高中生来说，如果教师能有一两手绝活，学生是会很佩服的。比如某些语文教师看的书非常多，知识很渊博，有思想深度的学生便很愿意与这样的老师探讨人生道理，每一次都觉得很有收获，这个学生对这个教师的崇敬便是无可动摇的。

在教师与学生的日常相处中，不破坏与学生之间的感情应该是班主任所有工作的基本立足点。因为推行一项制度而与学生的关系弄僵，其实得不偿失。要说明的是，笼络学生与讨好学生是不同的。讨好学生可能会有一时的效果，但是时间长了，教师的权威丧失，反而得不到学生的尊重，教师对学生的爱成为廉价商品，不为学生所珍惜。反过来，一名严格的教师表现出的宽容与信任更显得珍贵，更让学生感动。

良好的师生关系对班主任的重要程度再怎么估计都不过分，把它当作班主任首先需要认真经营的目标，可以起到事半功倍的效果。这是一项始劳终逸的工作，值得所有的班主任为此倾尽全力。

二十一 | 集体篇

　　以前我们常说，个人的力量是有限的，集体的力量是无穷的。现在有人不太赞同这句话，以为有愚弄劳动人民之嫌，但是从班级管理的角度来说，这句话太正确了。

　　班主任管理的既是个体，也是集体。如果以为一个群体只是个体的叠加，那就错了。许多单个的学生聚集在一起，形成一个班级，从此形成错综复杂的关系。除了单个学生与教师的关系之外，学生相互之间也会产生影响，而且这个影响还十分巨大，巨大到超过老师对他们的影响的程度。我们常常说，环境能改变人，一个人的生长环境对其一生发展起着非常大的作用。好的班主任应该有营造良好集体氛围的能力，通过集体对个人实施影响。

　　孟母三迁的故事相信大家已经耳熟能详了，这是一个高明的母亲。孔子也说："毋友不如己者"。什么意思呢？不要交不如自己的朋友，要交超过自己的朋友。这话逻辑上其实是有问题的，因为，如果交朋友的双方都认同这句话，这个朋友永远交不成。不过幸好孔子还有一句话"三人行，必有我师"，足以解决这个矛盾。无论如何，和好的朋友交往，会使自己提高，是大家公认的道理。所谓"近朱者赤近墨者黑"嘛！

千万不要用个人的力量与集体对抗，这是一条真理。我们有些老师不懂这个道理，公然与全班学生为敌，他以为他是谁，可以力拔山兮气盖世，导致的结果必然是民怨沸腾，该教师被集体的车轮无情碾碎，死得很惨。事实上，不要说以一己之力对抗集体，即使是对个人，我们也不主张以教师的血肉之躯去抵挡。要改变一个人，个人的力量是有限的，集体的力量是无穷的。把他放到集体中，用集体的力量来改变他，代价既小，效果也大。

集体所产生的环境是一个看不见摸不着的东西。以军队为例，士兵离开驻地，到城市里去，依然会保持军人的本色。虽说，铁打的营盘流水的兵，但是这个营盘并不是完全指具体的可见的营盘，更多的是一种心理上的烙印，是一种文化，一种传统。要改变一个人，通过集体来改变他是最好的方式。高明的班主任要善于经营集体，要善于借力打力。要明白，一个人的成长很大程度受到他所处的环境的制约，我们很难改变一个人，但是我们可以改善人所处的环境。

集体对人的改变究竟可以到一个什么程度？还是以部队为例。在部队里待过的人都说，军队是一个大熔炉。一个普通的人经过几年部队生活的磨炼，常常会发生很大的改变，即使脱下军装，也会散发出很浓厚的军人气质。军队是一个特殊的集体，在一定的氛围下，军人甚至可以为了一个目的甘愿牺牲自己的生命，这在常态环境下无法想象。也只有在军队这个特殊环境下才能产生这样的奇迹。

好的集体氛围需要班主任用心来经营，可以通过以下几个方面去尝试：

一、用制度去管理班级。人是需要制度去管理的。好的制度应该是公正、公开，并能够发扬民主的。好的制度应该能够奖勤罚懒，鼓励先进，鞭策后进。好的制度应该也是人性化的，能够充分考虑到人性的优点与弱点。在惩罚学生时，一定要让他明白，这个惩罚并非来自于教师，以防止他对教师心生怨恨，而是来自于制度。因为你违反了制度，所以要罚你，我老师最多也就是制度的执行者。一些好的管理者用民主的思想去管理班级，或者让学生自主管理，教师是集体的一员，最多起一个指导的作用。这是很高明的做法，只有具有高度驾驭集体能力的教师，才有可能实施这样的管理。

有些班级本来卫生很差，后来班主任实施了卫生包干的制度，将班级的地面划分为块，每个人都有自己的包干区，并且进行评选。这个制度迅速扭转了班级的卫生状况，但是由于制度本身的不完善，也会引起一些小问题，如包干区的分界不十分精确，造成邻座同学纠纷等等。这是制度的问题，需要通过完善制度来解决。

二、营造良好班级舆论。好的班级舆论非常重要，这是形成好的班风的重要基础。自修课，如果有学生讲话，马上会有人来制止；有人欺负弱小，马上会有人打抱不平；损害班级荣誉的行为，马上引起众人谴责。这样的班级，风气自然正，正气抬头，邪气低头。集体舆论像一张无形的大网一样规范着每一个人的行为，对于其中的一些小的偏差能自动产生纠偏作用，班主任应当关注。

要营造良好班级氛围，树立典型很重要。有一句老话叫做"榜样的力量是无穷的"。在班级里树立一个好的榜样，让大家有一个明确的具体而生动的学习目标，会有非常明显的效果。这个时候班主任要做一些工作，尤其是当一开始榜样不被人理解时，要及时地施以强大的援手。羊群走路靠头羊，树立一个头羊，并且让大家跟着他走，比用鞭子赶好得多。有时候，有一些学生在班级里有自然而然的威信，这样的领袖型的学生，一定要想方设法笼络住，务必使他成为你的心腹，绝不可让他成为你的对立面，否则遗患无穷。

好的班级氛围，是一点一滴形成的。班主任首先需要对班级里的学生进行分类。大致可分为两类，一类是领袖型的学生，影响力颇大，一类是盲从型的学生，通常都是从众的。从高效率工作的角度出发，班主任要把精力着重放在那些领袖型的学生身上，从某种程度上来说，引导他们，也就引导了班级。另一方面，对于一些原则问题，班主任需要鲜明地表明自己的态度，不可听之任之。比如说对于学生出口成"脏"的问题，教师没听到则已，一旦听到，必要表明严正立场，否则，将会泛滥成灾，后果不堪设想。

第三，增强班级的凝聚力。很多教师不太知道如何形成班级的凝聚力，其实原理很简单。每一个人都有与生俱来的荣誉感，设法激发整个集体的荣誉感，便能够凝聚这个集体。学校组织的各项比赛，是增强凝聚力的好机会。遗憾的是，一些班主任却让学生自己去搞，自己不闻不问，实在是不高明之至。集体里每一个成员的全情投入都是一种体验，其实，结果有时并不重要，即使拿不了名次，准备的过程，比赛的过程就是一个很好的凝聚全班的过程。所以，我们说，班主任要带头投入，并且发动全班同学投入。每一个人投入越深，体验就越深，体验越深，集体归属感就越强，集体归属感越强，集体凝聚力就越大。

英雄的集体常常能产生英雄的个人，英雄的个人往往来自英雄的集体。好的集体，个人会以在其中为豪。我们通常不赞成学校里按学业程度分快慢班就是这个道理。分在快班好班的学生会有自豪感，其学习成绩也会有提高，但是分在慢班差班的学生可就惨了，因为集体的荣誉感已经被毁了，集体的凝聚力也很难形成。没有了集体的作用，个人就如同大洋之中的孤舟，失去了方向。更严重的是，如果班级里的不良风气抬头，学生受到负面影响，其学业成绩不但不能提高，反而下降。

第四，班主任还应该懂得一些集体心理辅导的技术。所谓集体心理辅导，说穿了很简单，就是让学生在集体中受教育，通过集体活动调整心境，明白道理。主题班会课就是一种很好的方式。我不太主张班会课班主任完全放手让学生去搞，教师到最后再无关紧要地总结两句，这样的主题班会常常流于形式，沦落为学生的节目表演，收不到效果。好的主题班会应该主题鲜明，目标明确，由教师精心设计，尤其是在准备过程中教师应起主导作用。比如有教师为了让同学多发现别人的优点，便设计一个主题班会，让每一位同学擦亮眼睛，发现身边同学身上的闪光点。还有的教师组织了一个亲子的活动，邀请所有学生家长参加，其中设计许多互动游戏，也包括一些感人细节。这样的主题班会学生会很投入，学生的思想与情感产生碰撞与共鸣，常常能够起到意想不到的效果。

　　不仅仅主题班会，只要是学生一起参加的活动，就包含集体心理辅导的技巧。比如说集体大会上的教师发言，比如说表彰会或是批评会，组织策划得好，开与不开这样的会不可同日而语。一次集体春游，一次全班游戏，一次广播操比赛，都能对个体心理产生影响。学生的合作与竞争的意识、自律与他律的观念、自私与无私的心态、严谨与散漫的品质都会在其中得到碰撞与冲击，班主任通过引导，让学生在活动中体会到什么是正确的，什么是应该学会的；什么是不正确的，什么是应该放弃的。让学生在活动中自己感悟道理。

　　一个集体的风气是至关重要的。大到校风，小到班风。最好的教育是集体的教育，它育人无形，润物无声；它潜移默化，直抵人心。一所学校，有好的校风，就肯定不是一所差学校；一个班级，有好的班风，一定是一个好班级。

　　班主任在班级管理中一定要注意发现有没有管理的死角。比如班级里有没有特权学生，如果有，要尽早解决，否则对集体有大害。再比如有没有有法不依的情况。有教师规定学生不能带零食来校，但是这个规定却并没有很好地执行下去，而且执行起来也有难度。这个时候就需要教师当机立断，要么集中所有力量，把这个制度很好地贯彻下去，要么就暂时放弃。因为有了制度却不执行会让学生感觉到制度也可以不遵守，这是极其有害的。

　　好的集体氛围相当于坚实的千里长堤，单独的学生个体如同长堤之中的河流，无论如何汹涌，都能顺流而下。但是这个长堤需要教师不断去建设，尤其是当一些小的漏洞出现时要及早弥补，否则千里之堤，溃于蚁穴，一旦发生崩溃，教师即使用自己的身躯去堵，也将被汹涌波涛卷走，一去不归。

二十二 | 天时篇

　　许多班主任，工作非常努力，可就是成功不了，心情沮丧；还有些班主任，想努力，却不知道怎么努力，干着急。急是没有用的，要想成为一名成功的班主任，除了自身努力之外，还要考虑很多其他因素。比如天时。

　　自古以来的兵法都强调只有"天时地利人和"三者俱备，才能打胜仗。天时占据第一位。曹操"挟天子以令诸侯"，虽失人和，"名为汉相，实为汉贼"，但掌握天时，旁人亦无可奈何。曹操因此势力逐渐壮大，到了最后，干脆剥下伪装，自立为王。秦末皇帝暴政，宰相赵高指鹿为马，生灵涂炭，陈胜吴广揭竿而起，振臂一呼，"王侯将相，宁有种乎？"天下莫不响应，农民起义风起云涌，秦王朝瞬间土崩瓦解，此也是顺应天时之举。要是换作个太平盛世，没有天时，即使有人造反，顶多就是一群草寇，成不了气候。

　　深圳本是一小渔村，短短 20 年，为什么发展成为现代化大都市？正是由于天时。改革开放一声雷，东方风来满眼春，深圳作为祖国改革开放的急先锋，正是借着这股东风，实现了超常规的发展。而同样，上海以及整个长三角地区不缺地利，不缺人和，只缺天时，在 20 世纪 90 年代国家改革开放战略调整之际，也一举借到这股东风，短短 10 年，整个长三角就超越珠三角，成为中国内地经济最繁华地区。如今，国家的战略重点向内地转移，"开发中西部"、"振兴东北"的政策必将给这些地区带来翻天覆地的变化。

作为一名班主任，当顺应天时，应运而起，不可逆天时而动，自取灭亡。近日在报纸以及网络上连续看到教师体罚学生造成伤害事故的报道，读来令人扼腕。一些班主任为了做好工作，却不愿动脑筋，便采取简单粗暴的方法，在一些农村地区，打学生亦得到家长的默许，殊不知在 21 世纪的今天，尤其是像《教师法》、《未成年人保护条例》等已很健全并深入人心的情况下，此种做法只能是违背天理，逆历史潮流，最终，害人也害己。

素质教育取代应试教育也是大势所趋，天时所向。素质教育自提出到现在，已有近 20 年的时间，虽然对其认识仍是众说纷纭，莫衷一是，但是，传统应试教育的弊端大家都已是看得很清楚了。如果教师还是抱残守缺，紧抓应试教育不放，终究要被时代所淘汰。在一些沿海经济发达地区，由于就学人口的锐减，升学的压力已经得到相当缓解，一些年轻家长的观念也发生了很大变化，他们对分数不再看重，而更看重学生的人格发展，有家长明确提出：我不需要我儿子考很高的分数，我只希望他在学校里能过得快乐。面对教育市场的新需求，学校教育势必要作出调整。可现在一些教师只会慨叹，当了一辈子教师，突然发现越来越不会教书了。时代在变，学生在变，教育理念在变，家长的需求在变，教材却不变，教师却不变，怎么可能不产生矛盾？教师只有看准这一趋势，不断摒弃陈旧的教育思想，学习新的教育理念，以顺应天时，才是正道。

但是在当前，完全抛弃应试也是不可取的。我们也时常看到一些有想法的青年教师，完全吸收西方教育理念，"全盘西化"，锐意进取，大胆改革，否定应试那一套做法，而搞自己的教育试验。教师的做法虽深受学生欢迎，却让校方颇为担心。因为至少目前，相当多的家长还是很在乎学生的升学情况，一旦参加应试考试，该教师所教班级分数倒数第一，试验即告失败，该教师教书生涯亦很可能从此寿终正寝。这也是没有掌握天时的缘故。公鸡打鸣本受人欢迎，但是如果时间不在清晨，而是半夜鸡叫，那么这只公鸡很可能遭到灭顶之灾。昔日李渊反隋一等再等，不到时机成熟绝不树反旗，而太公姜尚 80 岁仍不思归隐，在渭水钓鱼以等待周文王相请，都是深谙天时之妙的。

现代青少年知识面宽，相对生活条件比较优越，他们心理承受能力不强，应试的压力却比以前大。此外，虽然教师的经济收入有所提高，社会地位却逐渐下滑，教师不再像以前那个受人尊敬了，在论坛上，一位家长就发出"我们为什么要尊重教师"的疑问：教师与工人农民一样只是一种普通职业，教师的素质也并非高人一等，凭什么要特别尊重教师？面对这样的情况，教师要审时度势，及时作出调整。比如，要树立师生平等的思想。在网络时代，教师不再是知识的垄断者，而是学生学习的指导者，教师要想树立威信，必须在人格上有所建树才能真正获得学生的尊重，师生平等的意识不但是必需的，也是必然的。当师生平等的观念真正深入人心时，教师体罚学生的事情就不可能再发生了。再比如，教师要学会尊重家长。以前常有这样的报道，诸如做博士的父亲被儿子所在的幼儿园唤去，被一个大专学历的幼儿园老师当场训斥，怎么教育儿子的？学生表现不好，教师不反省自己的责任，而首先怪罪于家庭教育，并认为这种做法理所当然。但是时代不同了，现在的家长责任和权利意识非常强，不会像以前那样很"顺从"地配合学校了。事实上，部分家长对教育的思考比老师还要深刻，一些对教育有深刻思考的家长很苦恼他们子女的教师和他们根本不在一个层面上。教师如果不能顺应这些天时，将永远无法成功。

天时也是机遇，当面临同样的机遇时，为什么有人能成功，有人却不能成功？西方谚语说，机遇垂青有准备的头脑。再好的机会，对没有准备的人来说，只会白白错过。勤勉的班主任总是一直不断地提高自己，修炼自己。他积累自己的知识，培养自己的能力，他渴望成功，在心底不断描绘成功来临时的情景，当天时不利时，他为成功作尽可能多的准备。一旦天时变化，机遇来临，他便能紧紧抓住不放手，不鸣则已，一鸣惊人。

香港巨富李嘉诚，就是能够把握住有利时机，看准"塑胶花"的潜在市场，大量投产塑胶花，创造了数千万港元的财富，而在企业界崭露头角，成为香港妇孺皆知的"塑胶花大王"。而后，他又抓住良机投资不动产，大量买进廉价的地皮，又赢得了巨大的经济利益，其事业发展从此打下坚实的基础。

著名教师李镇西，以对学生的大爱作为自己的工作准则，每天坚持写教育日记，对教育事业的投入超乎人们想象。最终著成《爱心与教育》一书，在中国基础教育大声呼唤人文精神的时候，横空出世，名扬四海，被誉为"中国的苏霍姆林斯基"。

天时非人力所为，只能顺应，不能违反。掌握天时的人也就掌握了自己的命运。有人说，成功就是在最适当的时候和最适当的地方，做一件最适当的事情。成功者一边努力，一边静待天时的到来，最后都在正确的时间正确的地点找到了自己。因此，年轻的班主任们，不要着急，在迷惘的时候，多多修炼内功，充实内涵，这样，就离成功不远了。

二十三 | 地利篇

天时通常指大环境，乃天下大势也，地利则指的是小环境，指我们所处的周边局势。古代战争特别重视地利，因为那时战争的特点是短兵相接，因此地形可以作为重要的屏障。战国时，秦国据崤山、函谷关之险而消灭六国一统中原；三国时期，孙权凭长江天堑，刘备依蜀道之难，与曹操分庭抗礼；东晋、南宋也是乘地利之便，与少数民族政权划江而治，偏安江南。

地利不仅仅体现在地形，还体现在"地气"上。比如曹操大军兵败赤壁，孙刘联盟固然是主要原因，北方军士不习水战，并且长时间在南方生活，水土不服而多生疾病也是一个因素。诸葛亮在平定南方部落时，士兵在泸水几次受瘴气之毒，皆无功而返，后来费了好大的力气才降服孟获。马谡之兵败街亭就是因为不懂地利，让老道的司马懿一招击中要害。可见，地利是影响战争胜负的一个重要因素，天时不如地利，掌握地利的一方更掌握主动权。

"夫地形者，兵之助也。料敌制胜，计险厄远近，上将之道也。知此而用战者必胜，不知此而用战者必败。"《孙子兵法》对于地利也特别注重，其中第十一篇《九地篇》专门论述在不同的情形下如何利用地形作战的原理。可能有人问了，班主任的工作和地利又有什么关系？别着急，其中自有奥妙。

　　一个习惯于在教室内上主课的教师，如果有机会到室外给学生上一节体育课，会是另一番感受。假如说这个老师在教室的课堂里能够把纪律控制得很好，那么在操场上，他会发现相同的学生是很难控制的，这便是地形的作用。同样地，一名体育教师可能在操场上把学生的广播操指挥得井然有序，但是让他带学生的一节室内自修课，纪律却可能很糟，也是由于地形的变化。有时候，学生在不同的老师面前表现决然不同，在家里和在学校里的表现迥然相异，并不是学生变了，而是他适应环境的结果。因此，想成为一名成功的班主任，地利的原理不可不察。

　　学校里的建筑物，乃至一花一木等硬环境都可以产生教育的功能，都是地形。同时，学校的文化氛围以至于一间小小教室作为软环境，对学生的潜移默化作用更大，它们理所当然是地形的一部分。甚至于对于其中的一个学生来说，其他学生的兴趣爱好，集体的舆论等也是地形，教师都可以加以利用。

　　召开全体学生大会不宜在过于空旷的地方。举例来说，要召开全年级学生大会，全年级学生有两百人，但是会场却在一个能容纳千人的地方，那么效果一定不佳。并不是因为地方太大，讲话声听不见，发言可以用麦克风，而是地形不利，没有会场气氛。会场以75%以上的上座率为佳，坐满亦可，但不要加出很多座位，那样热烈有余，反而会显得凌乱。主题严肃的集体大会所有教师应全部到场，坐在学生当中。平时不相往来的班级骤然间坐在一起，并且教师亦悉数出席，学生会产生一种与平时不一样的紧张感，有助于会议效果。许多会议效果不好并不是内容不好，而是地形不佳。譬如你要批评学生，选择的地方却是足球场，学生们连你的话都不一定听得清楚，旁边还有人踢球，你嗓门再大，喊破了嗓子只怕也收效甚微。

　　在室外不宜进行深入的个别谈话。教师与学生作个别交谈，应选择安静的场所，但最好不要在室外。室外干扰大，声音嘈杂，人的精力很难集中。教师与学生的情感交流不如在室内来得直接顺畅。当然，教师与学生单独在校园里走一圈，释放一下紧张的情绪，也是可以的。有时候，就是与学生很随意地散散步，也是一种无声的交流，在一定的场合，可以作为一种有效的教育辅助手段。

如果与学生开座谈会，则要尽量创设宽松平等的氛围。圆桌会议是最佳方式。教师可以把会场布置成圆形或近似圆形，圆形的好处是任何位置都是平等的，学生不会有拘束感和压迫感。如果还是像平时上课那样，教师坐或站在前面，面对所有学生，则沟通往往会出现阻滞，学生不会跟老师说真心话，座谈会很容易变得沉闷，不能收到预期效果。

教师批评学生时，居高临下的方式是最佳选择。在教室里，学生坐在座位上，教师站在讲台上，俯视全体学生，辅之以强有力的言语，那种感觉一定不错。个别批评时，有些教师图舒服，自己坐在座位上，学生站在办公桌前，教师须仰视才能看着学生，这不是好的方式。正确的做法应该是让学生坐下来，教师站在他面前，这样教师即使不言语，无形中也对学生产生压力。

教师表扬学生时，不需要对环境有太多苛刻的要求，因为表扬的话学生总是爱听的，不论是在什么地方。表扬的时候如果能够有一些体态的语言，效果可能会更好。比如说，在集体面前宣布表扬的时候注视着表扬对象的眼睛，冲着他慈祥地笑笑，会让学生感到很温暖。个别表扬的时候不一定那么正式，可以拍一下学生的肩膀，给他鼓鼓劲，如果是小学生，摸摸他的头，他会非常兴奋。但是总体来说，不同的场合之下表扬的效果还是不太一样的。私下里的表扬会让学生觉得温暖，对缓和师生间关系非常有效，是教师拉近与学生之间距离的方式之一；背后的表扬让学生惊喜，学生感觉这是真实可信的，会对教师心存感激；正式场合下的表扬则让学生有成就感，是学生期待和难忘的记忆，尤其是登台领奖，感受台下的掌声，那种幸福人人向往。

在学生群情激愤或比较冲动时，教师要冷处理。学生对学校的评比或班级之间的竞赛结果感到不公，情绪激烈，这时教师一定要非常冷静，不可火上浇油，否则浇旺的火还得教师自己来灭。个别学生也有可能突然间很冲动，有失控的可能，如教师批评不慎，学生觉得冤枉，与教师当面顶撞，此时教师不可与其纠缠细节，而应避其锋芒，万不可大怒，失了身份一直理论，此时要记住一句话：君子报仇，十年不晚，待其冷静下来再与他计较也不迟。学生做了冲动的事情教师如果处理得当，让学生事后从心底里生出追悔莫及的感觉，这才是成功了。

学生上课无精打采，精神不振作时，教师要用自己的热情去感染他们。有时候上课，教师发现学生们精神面貌很不好，特别是春天的下午，学生们会有昏昏欲睡的感觉，这时教师要注意授课的方式以及自己的语言，要像一个善于表演的演员，以自己的热情去带动班级的氛围，比如说讲个笑话什么的，如果能引起哄堂大笑，势必会让那些要睡觉的人精神一振，转而认真听讲。

碰到比较活跃的班级，教师可相对严谨一些，以稳定班级氛围，对个别轻佻的学生要及时予以警告，这样便可控制局势。遇到比较沉闷的班级，教师要轻松一些，以激活班级气氛，对少数愿意发言的学生要及时鼓励，以带动整体。

班主任要重视班级的环境建设。首先是卫生问题。许多年轻教师不太善于做这个工作，班级卫生常常一团糟。解决这个问题其实并不难，非不能也，实不为也。只要重视，总是能做好的。班级卫生工作非常重要，因为它就是学生每天生活的环境，如果整个教室脏兮兮的，班级风气也好不到哪儿去。班主任只要稍微采取一点措施，责任到人，再以身作则加以示范，勤加督促，班级面貌会面目一新的。信不信，到一个原先很脏但是刚刚大扫除后的班级里去，你会感觉神清气爽，心情也舒畅了，人也会精神起来。

卫生问题解决好之后，便是美化了。美化班级一个重要的原则是要发动全体学生，要给学生很大的自主权，让他们选择他们喜欢的东西，班主任把关。这样做的好处是学生会产生自己是主人的感觉，从而像爱护家一样爱护教室的环境。教师要优先考虑那些有特长的学生，比如说字写得好的，画画得好的，把他们的作品布置出来，注上自己的名字，这样便有了一些氛围。教室四面墙壁上可以利用的地方不要浪费，要以学生的原创作品为主，买来的东西不如自己创作的。一次小小作文展，各组自办的小报等等，都是很好的素材。表扬栏要贴在醒目的地方，即使是大孩子也喜欢红星、红旗之类的东西，搞一个积分榜也很刺激。此外，还可以鼓励学生养花，养草，甚至养两条金鱼什么的。不要怕麻烦，植物与动物每时每刻都能无声地产生教育功能。

建设好硬环境，接下来便是软环境了。要选有能力、在学生中有影响的学生做班干部，好的班干部简直就是班主任的左膀右臂。班干部成绩差一点没关系，如果学生不愿当，绝对不要勉强，强扭的瓜不甜，他痛苦，你也累。班干部既定下来，就要用人不疑，疑人不用，坚决支持。只要班干部能严格贯彻你的意图，接下来的事情就好办多了。强有力的班干部好比一个班级的主心骨，他们能够决定班级的舆论，引导学生的兴趣和兴奋点。他们是重要的地利。

有了好的班干部集体，就可以建设班级的风气了。对班干部要严格要求，要求他们以身作则。要特别关注班级里的活跃分子，相对于那些不太爱说话，只会跟风的学生来说，这些学生对班级氛围的影响更大，教师要花点时间关注他们的行为，要尽可能地团结他们，发挥他们的主观能动性。方法很多，教师可以依据具体情况灵活机动行事。通常，活动可以增强班级凝聚力，加强彼此的沟通和了解。教师要支持和参与这样的活动。有的班级，大家在一起生活几年了，还有人连同学的名字都写不对，这是不能想象的。这样的班级凝聚力可想而知。

在班主任的眼里，所有事物皆可成为地利，能有这样的意识，则有希望成为大师了。真正的大师不拘泥于死的原则，比如韩信攻打赵国，背水列阵，看起来是犯了兵家大忌，致自己于死地，却反而激发了士兵的斗志，结果大破赵将陈余。所以有了地利，还要看我们怎么运用。有教师在上语文课，教师里突然飞进一只小鸟，学生们都被吸引，纷纷观看，教师灵机一动，把这节课改成对小鸟的观察作文课，这种对地利的运用就不是一般教师能够达到的境界了。

二十四 ｜ 人和篇

在《孟子·公孙丑下》中有一段讲到"得道多助，失道寡助"的话，至今脍炙人口，耳熟能详。孟子说："天时不如地利，地利不如人和。……得道多助，失道寡助。寡助之至，亲戚畔之；多助之至，天下顺之，以天下之所顺，攻亲戚之所畔；故君子有不战，战必胜矣。"孟子的意思是说，天时不如地利重要，地利不如人和重要。"人和"之所以最重要，是因为"得道多助，失道寡助"。当一个人受到的拥护少到极点，也就是说他的盟友都叛离了他；当一个人受到的拥护多到极点，也就是说绝大多数人都会支持他。这样就造成用绝大多数支持他的力量，去和那个连盟友都叛离的人去斗争的局面；合乎道义得到绝大多数人支持的人并不一定用武力的办法来解决问题，如果用武力的办法，那一定是战无不胜的。

这段话讲了天时地利人和的关系，尤其突出了人和的重要性。事实的确如此。我们说地利非常重要，但是占据崤山、函谷关之险的秦国仍然迅速亡国；长江天堑也不能帮助南宋政权遏止元军的攻势；红军长征一路上历经多少艰难险阻，而最终靠自己不懈的努力胜利到达陕北。

在各行各业中，人永远是第一因素，人是第一生产力。而"和"

的思想在博大精深的中国传统文化中，占有十分突出的位置。"和"不是盲从附和，不是不分是非，不是无原则的苟同，而是"和而不同"。"和"的思想，强调世界万事万物都是由不同方面、不同要素构成的统一整体。在这个统一体中，不同方面、不同要素相互依存、相互影响、相异相合、相反相成。"和"的思想反映了事物的普遍规律，能够随着时代的变化而不断变化，随着社会的发展而不断丰富其内容。现在，我们所说的"和"，包括了和谐、和睦、和平、和善、祥和、中和等含义，蕴涵着和以处众、和衷共济、政通人和、内和外顺等深刻的处世哲学和人生理念。

班主任的工作就是与人打交道的。如何创造一个"人和"的环境，成为一个受学生拥戴、同事敬佩、领导欣赏的教师，是每一个新班主任必须面对的最重要问题之一。一些班主任不重视"人和"这个要点，只知道抓教学，而不顾学生感受，殊不知水能载舟亦能覆舟，学生心中积怨日深，有朝一日爆发出来，便是班主任下课之日。因此，一名优秀的班主任必定也是一名"人和"的班主任。

人和的班主任是有威信的。威信并非凭空产生，要靠自己树立。许多班主任因为被崇拜，所以有威信。受崇拜的原因很多，假如说这个教师长得很好，天生就是俊男靓女，一定受到学生欢迎，学生喜欢长得好看的教师，年龄越低的学生越是被教师的外表吸引。到了高年级，教师的学识相对就显得更重要一些。一个专业功底很好，学生问不倒的教师无疑更受人尊敬。尽管教师的外表依然重要，但是随着年级的增长，学生对教师的注意点会发生由外而内的转移，因为学生年龄大了，思考问题的深度也就增加，教师的内在素质也就取代外表成为最吸引学生的因素。因此，即使一名班主任没有靓丽的外表，那也没有关系，他可以不断修炼内功，靠实力取胜。

班主任平时教育学生如何做人，但是假如要求学生做到的自己首先做不到，就很麻烦。例如，教师要求学生不能带零食来校，如果学生在教师的办公桌上看到一大堆瓜皮果屑，学生会怎么想？他们会觉得这个教师表里不一。以后这个教师再有什么规定他们便会嘴上答应，心里却不服气。因此以身作则对班主任就显得太重要了，言教不如身教，良好的身教是树立威信的最好办法。

公正是学生们所看重的另一项教师的品质。在教师眼中，所有学生都应该是平等的，教师对他们要一视同仁，不可以对成绩好的学生心存袒护，而对成绩差的学生抱有偏见，这样学生会很难服气。教师赏罚分明，处理问题得当，学生犯了错，也会心甘情愿接受处罚；反之，即使是表扬奖励学生，学生若觉得不公正，照样会很不满意，牢骚满腹。不公正的教师很难在学生中树立威信。

人和的班主任是有亲和力的。亲和力并非来自于天生，而是依靠后天习得。教师要有意识地注意自己的说话语气，在和学生说话时有没有太过生硬或语速过快的现象？有没有耐心倾听学生讲话的习惯？教师脸上是不是常有笑容，这种笑容是不是自然的，发自内心的？可以对着镜子检查一下自己，是不是具有这种外在的亲和。

内在的亲和表现在教师的包容心上。学生犯了错，教师是以一种善意的态度去帮助学生，还是恶狠狠地责骂学生？学生表现不佳，或进步不明显，教师是一如既往地鼓励学生，还是很不耐烦地批评学生？此外，学生犯了错，教师的批评是否是站在学生立场上，设身处地为学生着想了？包容心同善良的品质一样，应当发自于教师内心，而不是虚伪做作。

对学生的尊重同样使学生感到教师的亲和。学生到教师办公室，教师拉一个椅子过来让学生坐下来，一个很小的动作就让学生备感亲切。师生平等的思想不是口头上说，而要付诸行动，教师不是以一种强加于人的姿态与学生沟通，而是事事体现民主、平等的原则。学生有权发表自己的观点，只要有理有据，也会得到教师的支持。

人和的教师是善于和学生作情感交流的。与学生的情感交流非常重要。学生是活生生的人，他们有人性的弱点，他们虚荣，自尊，爱听好话，不爱听批评，他们希望得到他人的关爱。处于成长期的他们情绪很不稳定，总体来说，情感较之理智更能决定他们的行为。因此，与其用道理来影响学生，不如用情感。情感更有效。

有教师在给学生读一篇文章的时候，忍不住感动了，眼眶里充满了泪水，这种真情流露一下子震撼了学生。尽管该教师平常比较严肃，但是那一刻，学生们看到了真实的老师，他们喜欢这样的真实。师生间的距离一下子拉近了，多年以后，学生还记得那节课，记得老师读的那篇文章。学生犯了错，教师不是直接批评，而是惋惜地叹口气，露出无限失望的表情，这种失望对学生的震撼反而更大，学生甚至希望教师骂他一顿，这样他的心理反而会好受一些。

教师要不失时机地经常地表扬学生，不要吝惜自己的溢美之词。要学会用欣赏的眼光看待学生。一句赞美的话可以解决许多问题，受到教师表扬的学生不但会更加充满动力，也会对发出赞美的人心存好感，人是一种奇怪的动物，只要你对他好，即使你是一个坏人，他也对你恨不起来，更何况你是一名教师，是一个大大的好人呢？

此外，教师还要抓紧每一个机会对每一个学生进行关心和帮助。每一个学生在学校的日子里都有快乐的时候，不快乐的时候；有顺心的日子，不顺心的日子。在学生情绪低落需要关心和帮助的时候，教师如果能够及时伸出援助之手，学生一定会心存感激，从而在以后的日子里努力表现加以回报。对于教师来说，收买人心也好，关爱学生也罢，这是一个双赢的结果，教师又何乐而不为呢？

威信、亲和、情感的交流这三者相互补充，相互依靠，缺一不可。威信使学生对教师敬重，亲和使学生对教师不会敬而远之，情感像一根纽带，把教师与学生紧紧联系在一起。当一名教师可以如数家珍般地说出班级里每一位学生的性格特征；当教师一看到笔迹就知道这是出自哪位学生之手；当班级里发生了事情，教师不用调查，依靠观察和平时的了解就对肇事者心中有数；当教师一进班级，就能感觉到学生情绪的细微变化；当学生对教师衷心爱戴，在毕业的时候与教师难舍难分痛哭流涕的时候，这个班主任还能不成功吗？

除了拥有学生的无限信任和爱戴外，人和的班主任还应当善于处理好与同事以及家长之间的关系。同事之间的关系要遵循"合作大于竞争"的原则。曾有人说过这样一句话，千万不能跟劳动模范搭班，这话虽然初听不合常情，却也颇有道理。如果教一个班级的教师个个都是劳动模范，那么最苦的可能就是学生，此外，教师之间的关系也会很紧张。学校的领导比较喜欢业务能力过硬同时也能很好与人相处的教师。千万不要以为你所教的这门学科是最重要的，对学生来说，他能在他所喜欢的学科上获得发展才最重要，而不是所有的学生都在一门学科上获得好成绩，其他学科一塌糊涂，那样或许是你的成功，但却是学生的灾难，也是其他教师的灾难。好的班主任不是只对自己教的学科负责，而应关心学生各门学科的学习状况，他应该很好地协调各门学科之间的关系，在必要时助需要帮忙的任课教师一臂之力。一个好的班主任不仅自己优秀，还能使得其他任课教师更优秀。

教师与家长的关系很大程度上取决于学生。家长对教师的印象绝大部分来自于学生，如果学生喜欢这名教师，那么家长也会喜欢教师，如果学生回家一直讲教师的坏话，家长断没有喜欢这位老师的道理。班主任在与家长的接触过程中也要体现尊重的原则。要能够体谅他们的难处，他们都有自己的工作，对子女期望高却常常无能为力，束手无策，他们常常会表现出对教师无限依赖无限信赖的态度。教师要珍惜这样的信任，要谨记这样一个原则：学生没教育好，先反省学校和教师的问题；学生取得了成功，先把它归功于家庭的熏陶。教师的这种姿态必将获得家长的尊敬和配合。

战国时商鞅虽有天时地利，成功实施变法，但由于在变法过程中没有考虑人和，最终导致车裂之祸。现代社会任何一个国家任何一个执政党都把民众的支持看作是成功执政的基础，比如美国媒体就经常更新总统的支持率，可见人心向背，事关重大。任何时候任何地方，轻视人和不重视人和，都将付出惨重的代价。

二十五 | 气 篇

　　我一直认为，一篇好的文章，应该有三个标准：字顺、意顺、气顺。前两个标准都很简单，至于第三个标准，好文章应当一气通贯、一气呵成、圆润畅通，简而言之叫气顺。

　　"气"这个东西，说起来是很玄妙的。唯物主义者一般不谈"气"，因为它实在是虚无缥缈之物。我虽然坚信物质的作用，但也略略相信一点精神的力量，因而对于"气"，不至于迷恋，也稍稍有一点研究。

　　"气"的历史，在中国文化里，算是源远流长了。比如祖国中医理论就认为，精、气、神是人身上的三大宝，俗称三宝。中医以五行相生相克的理论为基础，似乎与现代科学格格不入，但是中医能治病，这个就是硬道理，你即使心存疑惑也得认可。当然，也有人说中医终将会退出历史舞台，我总觉得这论语下得武断了些。回到精气神这"三宝"，精是生命之源，主要指血液、津液；气是内养五脏、外濡肌肤的无形物质；神则是人体生命活动现象的总体体现。我觉得，这三者中，气其实起着很重要的作用，精是气的基础，而神是气的表象。

　　有很多人练气功，入静的时候，有气感。大气功师甚至能够发功，靠什么发功？气。外气。这叫作带气发功。但是西医专家说，所谓气感，其实是本体感觉。本体感觉人人都有，只是平时人的注意力不会集中到这上面来，入静的时候，就感觉到了。至于气功师发功，那是扯淡，人家司马南赏金百万多少年了，也没见有气功师拿走。

可是，用西医的解剖学理论来解释中医的"气"，我总觉得不是那么令人信服。生命的形成，本来就不是细胞的叠加那么简单，你看那胚胎的发育，起初都是一样的细胞，后来，怎么就或成为肌肤、或成为骨骼、或成为神经、或成为内脏，最后，就合成为一个人。当然，不一定就是"气"的作用使然，但是，在生命体中，气的原理，应当是存在的。

相学大师能从一个人的长相看出一个人的成就，我也看过一些相学方面的书，基本不懂。但是有一点我却是知道的，看一个人，不仅仅要看其"形"，更要看其"神"。有很多伟人，虽然"形不足"，如五短身材，但是"神有余"，精神抖擞，神采奕奕，其"神"足可以弥补"形"的任何不足。据说"神有余"有以下一些特征：眼光清莹，顾盼不斜，眉秀而长，精神耸动，容色澄澈，临事刚毅，处众逍遥。其坐也，如界石不动；其卧也，如栖鸦不搭。喜怒不动其心，荣辱不动其操，万态纷错于前，而心常一。所以，若是有人觉得自己身体方面"形不足"，去做美容甚至整形并不是上策，修炼"神"才是良方。神是气的表象，气又以精为基础，因此，根源还在内里。林肯说，一个人40岁之前的长相由父母决定，四十岁之后的长相由自己决定，便是这个道理。人的气质很多时候是后天形成的，气质无形，但能够决定命运。

古代兵法里也大致有这样的论述，比如《太公兵法》有这样一段：武王问太公曰："吾欲未战先知敌人之强弱，预见胜负之征，为之奈何？"太公曰："胜负之征，精神先见。明将察之，其效在人。"武王问姜太公，和敌人对阵，在战斗之前，如何辨别胜负征候。太公回答，从精神上便可察觉出来。明智的将军，必须特别注意这一点。一支部队的战斗力，很大程度上取决于其精神力量。以前战场上，陷于困境一方常常组织一些人数不多的"敢死队"，往往收到奇效，靠的就是一股气势。稍微弱一点的对手，并不是被这几十几百个勇士击败的，而是被这股气势击败的。战场上，胜负常常在毫厘之间，气可鼓而不可泄，一旦出现这种此消彼涨之势，胜负也就立现了。

台湾学者胡兰成有一套"风头理论"。他说，女人的相貌，是要有秀气，虽是平平凡凡的相貌，细看时有一股秀气逼来，她就是美人了。又说，无论男女，行为处事要有风头，做学问也是。如胡适当年就有一股风头，像搓麻将，风头顺时你打错牌也会和，风头不顺，你牌打得都对，也不会和。

胡兰成所谓的"风头"，就是"气"了。他说的打牌的例子在我们身边确是常常应验的。无论是搓麻将也好，打扑克也好，一些生手，刚刚开始玩时，总是"气"很旺的，一手牌好得吓人，而且怎么打怎么有，歪打歪有理。还有男士与女士玩牌时，女士的牌势似乎要比男士稍微旺一些，我有时也会为此而困惑。

于是，只能理解为有"气"的存在了，"气"盛之时，所到之处，战无不胜，攻无不克，这"气"就像是一件护身宝衣一样，令"气"盛之人毫无后顾之忧。那些困难险阻大约也如同妖魔鬼怪一般，看到其人有宝衣护身，料想不是对手，悄悄退了回去，藏匿起来。

然正如同胡兰成所说，风力所转，终成败坏，所以久赌必输。也就是说，"气"只能罩得了你一时，却不可能罩你一世，"气"盛必有"气"衰。所以，还是曾国藩厉害，时刻提醒自己"盛时常作衰时想，上场当念下场时"，追求"花未全开月未圆"的境界，因而能够大功告成之后，急流勇退，留下千古佳话。

以前玩电子游戏，我方战机也好，坦克也好，刚出场之时，有那么几秒，身着"宝衣"，正是"金刚不坏之身"，可随意冲撞，可是，很快便恢复原形，不得不谨小慎微，极尽闪转腾挪之能事。现在想来，虽是一小小细节，也是寓含深意，极符合客观规律的。

所以"气"之盛衰、有无，绝不可等闲视之。气不顺之时，喝生水都会塞牙，任你有多少才华，也只能空怀报国之志。

"气"的理论，可以为我们学校教育工作者提供一个全新的思路。

大抵不太成功的班主任，都是比较忽略学生身上的"气"的存在的，一有时间便把学生关在教室里，上课做题，总觉得这样心里踏实。尤其在学生气不顺之时，更是死死压住，极可能造成两败俱伤，效率低不说，效果适得其反才让人扼腕叹息。

忍不住要建议这些班主任去学一学围棋。初学围棋之人，只知死活，不懂围地，往往双方棋子相互纠缠着从一个角杀至全盘，直到有一方被歼灭。棋力稍进一步便会知道，个别棋子死活事小，围空才是大事，于是便不再拘泥于简单死活，攻击对手之时也并不是要把对方全部吃死，乘机捞取实地才是目的。当然，能够全部吃死也甚好。再后来，研究棋谱，摆弄定式，细细体会"得空"与"得势"的两分棋形，便体会到，一味围取实地也并非高明之举，得势才是上策。"外势"高于"实地"并且能够转化为实地。而至于掌控全盘之"势"，便更非业余不入段棋手所能领悟的了。

在象棋里，这种"势"的概念也同样明显。双方子力相当，可是，先行者总是掌握着微弱的优势。到了中盘，除非出现重大失误丢了大子，通常情况之下还是双方斗"势"，一方会逐渐取得棋势的主动权，如能细心把握，将优势转化为胜势，便可以动手擒王了。也有劣势之下苦苦挣扎，并一举扭转形势翻盘的。更绝的是象棋里还有主动弃子取势的，送一个棋子给对方吃，从而取得整盘棋的主动。既有弃子取势，当然就有贪吃而失势的。势同样可以转化为子力，有时候为了缓解危局，一方不惜送几个棋子给对方吃，以苟延残喘。所以，吃子并不是目的，争取棋盘局势的制高点才是下棋双方共同的目标。

围棋与象棋中的"势"便是"气"的一种。不在于现有子力多少，不在于现有实地多少，而是着眼于将来。因此，即便是一个只要抓成绩的班主任，抓成绩也要抓得有效率一些，他应该更多地关注学生的"气"，而不是学生现在的成绩。现在的成绩好固然好，但是将来的成绩好才是最重要的。这学生身上的"气"，大约可以有以下三种：

一曰志气。志气从一个人的精神面貌上完全可以反映出来。一个人有没有坚定目标，碰到困难会不会轻易打退堂鼓，全在于志气的大小。骨气也是一种志气，意志是否坚强也全在于志气。一个有志气的人你看他的眼神就可以看得出来，那种目光是坚定的，不达目的绝不罢休的，有咄咄逼人之势的。坦率而言，碰到有如此志气的学生，有没有老师教他都不是那么重要了，他已经能够把握自己命运了。就算他成绩现在差一点又怎样呢？你可以预见到他的将来。

二曰灵气。按理说这灵气似乎应是天生，不是人人都有的。其实不然。灵气跟自信有很大关系。有灵气之人总是能超水平发挥，而没有灵气之人正常发挥水平已属不易。《西游记》里的孙悟空，本来是一石头，"天地育成之体，日月孕就之身"，感乾坤宇宙之灵气，成为古灵精怪的齐天大圣。石头都有灵性，更别说人这个"天地万物之灵"了。我们现在的问题是，许多学校的学生走出来都是神情暗淡，目光呆滞，题目做得越多，灵气丢得越尽，你说这教育还有什么生命力。我们正是要把目光放长远，不仅关注目前的成绩，更关注他将来的成就，怎能为了取得暂时的分数而扼杀了其灵气呢？所以说，题目不一定要做很多，但是一定要让学生保持积极、自信的心态，这一点比什么都重要。

三曰运气。人的运气有好有坏，也是属于天意，非人力所为。我们平时一直祝福别人"好运常在"，但是好运岂能常在？人世间的事情都是归于平衡的，好运都让你占去了，我岂不是一直没有好运了？其实这便是只知其一，不知其二了。万物由心所生，运气在每个人眼里也是不一样的。有些人运气似乎一直很好，有些人运气似乎一直很不好，简直就是个"倒霉鬼"。这个跟心态其实是极有关系的。想一想为什么打牌时新手总是运气很好，便依稀能够揣摩出一点道理。最近读到一篇文章，建议每个人应该保持初做某件事情时的状态，也就是说永远把自己当作一个新手，说得真是太好了。运气与心态的关系紧密到什么程度，尚待研究。但是，如果考虑到道家所说的"祸兮福所倚，福兮祸所伏"的道理，也许我们的心态就更加平和一些，而反而能够"好运常在"了。

志气、灵气、运气，看似毫无关联，其实都与一个人的精神面貌或者心态有关系。教师之职责正在于教好学生的心态，这对于学生现在的成绩将来的成就乃至其一生的发展都是一件功德无量、善莫大焉的大好事啊。

简而言之，教师就是要培养学生的"气"，让其"气"顺了，"气"粗了，学生将来才可能做出气冲斗牛、气贯长虹之壮举。

自然有人问了，如何培养学生之"气"？下面不妨以打牌为例，简单讲一讲如何培养学生之"气"。

打牌之初，"气"总是顺的，尤其是新手。学生也是一样，新生入校之时，状态总是好的，勤奋而收敛，做事充满热情，对未来充满梦想。如此状态，很容易取得一些成绩。新手照例要赢上几局的，新生也会感到自己有一些变化。此时，应尽可能让这种气势或者状态保持下去。我很不赞成一些教师接班之初给学生来一个"从重从严"的摸底测试，其用意非常明了。但是他不知道这样其实打击了相当一部分学生的学习热情，实在是得不偿失之举。新手打牌，打错牌是正常的，最忌讳的也是一打错牌就去指责他，弄得不好，只此一次，以后再也不玩了也有可能。对于新的班级新的学生，教学不宜一下子上难度，应以鼓励和赏识为主，让学生体验成功感觉，产生浓厚学习兴趣。

过了新手阶段之后，牌就不一定总是那么好了。这时最重要的是保持一颗平常心，尤其是面对屡玩不赢的情景时，一定要摆正思想，告诉自己，不输就是赢，或者少输即是赢。不求有功，但求无过。对于学生来说，也是如此，学习上的困难和挫折会纷至沓来，坚定学生的信念并教会学生正确应对这些困难挫折的方法是教师的重要任务，好的心态是学生能够长久保持学习状态的关键。

风向是不停变换的，运气也是时有时无的。对于新手来说，不断总结经验教训，不要犯曾经犯过的错误，争取尽早地少犯或者不犯错误是最重要的。"气"盛之时怎么打怎么有，"气"衰之时，无论怎么打都是输，但是更多的是"气"若有若无之时，打得好就可能赢，打得不好就可能输。因此，就看谁错误犯得少或者不犯错误了。在困难的时候不犯错误，等到否极泰来之时，又是怎么打怎么有了。否则，错误犯得太多，便从此沉下去，永无翻身之日。学生的情况大抵如此，比较忌讳的是走弯路。在碰到困难之时，信心动摇了，放松了，放弃了，不学习了，和同学闹别扭，和老师闹别扭，和家长闹别扭，甚至和自己闹别扭。也许这段时间，人人都可能犯错，但是绝对不能犯下大错，等到有一天翻然悔悟之时，发现学习已经跟不上了，再怎么努力都来不及了，那就晚了。教师要明察秋毫，首先自己不要犯错误或尽量少犯错误，其次要关注每一个学生，以保证让他们不要因为自己的错误而耽误一生。

运气坏的时候不输，运气好的时候狂赢，无论什么时候，都尽量不要犯错误，并且努力保持一种新手的心态，这便是一个成功的牌手了。

此外，对于班主任来说，努力营造良好的班级和学校氛围，也是极其重要的。班级风气，校园风气，也是一种"气"，直接影响到学生的"气"。新手打牌时，如果跟他玩的都是高手，那么他成长得也快，反之，他的水平也不会很快得到提高。我们放眼那些取得成功的学校或班级，都是形成良好教育气氛的情形。大家上下一心，众志成城，力往一处使，"气"往一处运，没有做不到的事。就怕内耗，自己人跟自己人斗"气"，斗得伤痕累累也毫无价值。

真正的高手，手里无剑，心中有剑，他靠什么赢呢？靠的是剑气。可是还有人说，那不是真正的高手，真正的高手，手里无剑，心里也无剑，那么，他靠什么赢呢？

真能如此，他便心怀万物了，他以万物之气为武器，自然不败。

二十六 ｜ 无形篇

中国人是崇尚兵法的。在历代文学作品中都有大量的因善用兵法而家喻户晓的英雄人物，像诸葛亮，几乎成为受中国人崇拜的智慧的化身。但是我们在研究兵法的应用时，也必须注意到兵法的基本前提：双方处于敌对状态，彼此间是你死我活的不可调和的武装冲突；胜负的双方仅以武力为依据，没有什么道理好讲，正义的可能会输，非正义的也可能赢；战争允许双方不择手段，行为上没有什么限制；战争的目的是征服或反征服，死多少人都不当一回事。所以，当把兵法原理套用到社会生活的其他领域时，我们就得考虑到这个前提可能发生的变化以及由此引起的争议。

有人说，商场如战场，于是兵不厌诈，瞒天过海之术就全使出来了；在人际交往中，为了达到目的而不顾过程，厚黑学因此应运而生，并且还常常奏效，一些人屡试不爽。有人以此来否定兵法，否定兵法在军事生活以外的领域的应用，但是，我想，这不是兵法的实质。兵法是一种思想，不是具体的行为，具体的行为要根据具体环境而变化，这才是兵法的实质。孙子还有一句话，不能尽知用兵之害者，则不能尽知用兵之利。说得多厉害啊。我们研究兵法，研究学生工作的技巧，就得首先考虑我们这种思想方法的害处或者说是弊端，否则，就难免被人所误解，以为师生之间也存在尔虞我诈、你死我活的斗争呢。

兵法的第一个弊端是，既然是一种方法，就无可避免地在某种程度上从它所处的环境中被割裂开来。因为方法是千变万化的，会因事、因时、因人而异，在现实世界中永远不要指望有什么固定不变的公式定理去套用。就好像学生学习，死记公式的人大都是学习方法不好的学生，真正聪明的学生是通过理解公式所揭示的规律而记住公式的。因此，常有人问我这种情况怎么办那种情况怎么办，我很难给出具体的回答，就是这个道理。汉朝时，有一个地方很乱，有人向刘邦举荐了一个人前去治理，刘邦召见这个人，问他的治理之道。此人曰，我还没到那个地方去呢，连具体情况都不了解，哪来的方法？刘邦觉得有道理，就任命他去了。后来，这个人果然把那个地方治理得很好。

兵法的第二个弊端就更"致命"了。兵法是一种谋略，用在别人身上大家都津津乐道，但是，如果用在自己身上，那感觉就不那么舒服了。人的心理都是这样的，一旦知道别人在对自己用谋略，马上就会产生反感。所以通常学生朋友看到类似《班主任兵法》这样的书籍肯定要有抵触情绪，这也是正常的，是可以理解的反应。

弊端既然有，就要想办法去克服。也许有人说，不要用谋略，就不会产生这些弊端。只要我们满怀一腔热情，照样能把事情做好。但是，这只是理想中的情形，现实生活中的教育，并不永远是那么美好、纯洁的，仅有一颗爱心，没有工作方法，我们反而有可能会在教育中受伤。因为这个世界有规律，人性有弱点，所以必然就存在符合规律与不符合规律的方法，好的方法，事半而功倍；不好的方法，甚至会南辕北辙。

比如说治水。自古以来，治水就是一大难题。有许多失败的例子，但也有成功之作，都江堰即为一例。我们现在去参观都江堰，可能会觉得平淡无奇，并不觉得它是什么人间奇迹。岷江水也很温顺，润泽整个成都平原，缔造天府国之美誉。但也就是这么一个不太起眼的水利工程，却解决了大问题，以至于一直到今天我们仍然在受惠。应当说，李冰之前的太守们也不是不体察民情，也不是没有爱心，但他们实在是没有本事，缺少方法。我们千万不要以为都江堰是理所应当这样建的，事实上，直到现在，世界上仍有许多水利专家对其进行研究，而不得不叹服这是世界水利工程的一个创举。

所以方法是必需的，绝不是可有可无的。至于兵法的两个弊端，虽然由兵法本身所带来，但也并非不可克服。

三国时，刘备任命马超为平西将军，封都宁侯，对他十分爱护。马超也就大大咧咧地不怎么注意君臣礼节，和刘备说话时甚至经常直呼名字。关羽对此很生气，请求杀了马超，刘备不同意。张飞说："这样的话，我们应当给他作出礼节的示范。"第二天，刘备召集全体将领，关羽、张飞一同带着刀恭恭敬敬地站在刘备身旁。马超进帐，看坐席上没有关羽、张飞，抬头见他俩站在那儿侍候，很受震动。以后就非常尊敬刘备了。

于不动声色之中就使马超受到了教育，不留半点遗憾与副作用，难怪说张飞是一个粗中有细的人，而且还不是一般的细，是大智慧的细。这是一种没有痕迹的智慧，是非常高明的智慧。

再举一个例子。西汉陈平原来是为项羽做事的，后来从项羽那里逃走。一次渡河时，船主见他一个美丈夫独自行走，怀疑他是逃亡的将领，腰中肯定有金银宝物，好几次打量他。陈平害怕，便脱下衣服，裸着身体帮船主撑船，船主知道他没东西，便算了。陈平巧妙地躲过一场杀身之祸。

所以说，好的方法，应当是无形的。正所谓：大音希声，大象无形。这种无形表现在两个层面，第一：它是符合客观规律的，不用强，顺其自然，虽然使用了方法，但是别人不觉得，以为顺理成章。尤为重要的是，方法与目的是一致的，损害别人利益的方法绝对不是无形的方法。第二：方法融入了个人的生活方式，成为一种生活习惯，我们真诚、自然地使用它，以至于自己都感觉不到在使用技巧或谋略。所以说，最好的方法是没有形迹可循的，并不是刻意为之，即使刻意为之，也非常自然，不被人感觉到。

唐宣宗因"甘露之变"而衔恨太监，曾授命宰相令狐绹把太监们都杀掉。令狐绹虽然也想诛灭太监，但考虑到其中一些人是无辜的，就秘密上了封奏折，其中说道："今后对待太监，只要有罪的不姑息，有空缺不补充，这些人就自然慢慢地被取消了。"

这是一种刻意的做法，但是自自然然解决问题，不用强，又丝毫不露痕迹。

隋朝初的牛弘，史称"大雅君子"，他的弟弟牛弼，好酒贪杯，经常喝醉。一次醉后竟射死了牛弘驾车的一头牛。牛弘回家，妻子迎面对他说："小叔子把牛射死了……"牛弘接着说："正好可做牛肉脯。"

干干脆脆的一句话，扫却了妇道人家的多少口舌。相信牛弘此举并非刻意为之，而是其胸怀和人格的表现了。

把兵法用到无形的境地，就不会存在与现实割裂的问题。从古至今，熟读兵书之人比比皆是，但是真正能运用兵法带兵打胜仗的将领却寥寥无几，那都是因为生搬硬套的缘故。兵法运用之妙存乎一心，无模可套，无迹可循，其细微之处只可意会不可言传。把兵法用到无形的境地，更不会出现副作用了。因为兵法就是我的行为的一部分，是人的本色，并非虚情假意，口是心非。有人说，待人真诚是最高的谋略，但是这种真诚必须是发自内心的，否则路遥知马力，日久见人心，时间一长，总要露馅。或者我们可以这样说，没有谋略是最高的谋略。

《老子》十七章有云："太上，不知有之；其次，亲而誉之；其次，畏之；其次，侮之。"意思是说，最好的统御者，人民群众不感到有他的存在；其次，人民群众亲近和赞美他；再其次，人民群众畏惧他；再其次，人民群众轻侮他。老子在这里讲述了统治或领导优劣的四个层次，或者说也是四种境界。老子推崇第一个境界，用他在同一章里的话来说，就在于其"悠兮其贵言。功成事遂，百姓皆谓：'我自然'"。这就是说，领导者悠悠然不轻易发号施令，事情办成功了，老百姓都说，"这是我们自己这样做的"。

作为班主任，也应该用这个标准来对照一下，看看自己是属于哪一个层次，哪一个境界。有一些班主任，甚至不能让学生服气，学生不尊重他而轻侮他，这是最低层次的，这样的班主任不多，但是依然存在；还有一些班主任，很凶啊，确实让学生畏惧，但是也就是畏惧而已，属于倒数第二个层次，停留在这个层次的为数众多；能够做到让学生亲近与赞美的班主任已经很了不起了，而且学生还尊重他，不轻侮他，属于这样的班主任应该是有一批的，不管是老教师还是青年教师，我们身边都能找到这样的例子；但是依然还有一个最高的境界，那就是让学生真正地自主、自治，教师无为而治，发挥很大作用，但学生却感觉不到。

这样的老师具备极高的个人素养，他起到老师应该起的指导作用，但是更重视学生的主体发展。毕竟，学生的成长是学生自己的事情，要通过学生的自我体验去完成。学生学会了一样东西，不再说，这是老师教会的，他会说，这是我自己学会的；学生经历过失败取得了成功，却不再依赖老师或别人的帮助，他会自己寻找原因，总结经验，他用自己的大脑思维，用自己的思想判断。"待到山花烂漫时，她在丛中笑。"也许我们老师，更应该成为这样的角色。

要说明的是，"无为而治"绝对不是放任自流，什么事情也不做。汉朝时"萧规曹随"的曹参，便崇尚无为而治。当时吏员住的地方临近他家的后园，一些官吏每天饮酒作乐，声音都传到外面来了。曹参身边的人希望曹参游园时能听到这些声音，从而整治一番。谁知曹参听到这些声音，反而立即叫人布置宴席，拿来美酒，也同样这样欢呼，与那些官吏相应和。于是，左右的人就不再说什么了。冯梦龙评论这个例子时说，曹参是极力绘出了太平的景象，暗中消除身边人的谗言于无形。

我认为，班主任也要有这种"无为而治"的思想，现在的"治"是为了将来的"不治"，而平时的"治"更要大胆放手让学生"自治"，班主任从一开始就要有这种意识。一个老师在班级时学生表现很好，但是一旦离开，学生却表现很差，不能够说这个老师的管理是成功的。这是一个思路问题。魏书生常年在外讲学，而他所任教的班级学生照样学习很好，班级活动也组织得很好，这便是一个典型的成功案例。

在日常的工作中，用无形的思想来指导我们的工作，就会打开一片新的天地。试举几例加以说明。

例一，幼儿园和小学现在都强调对学生的鼓励要有肢体接触。小孩子表现很好，教师看似不经意地摸摸其脑袋或拍拍肩膀后背，以资鼓励，对学生的鼓动非常大。有些小学甚至提出：今天，你摸孩子了吗？不能不说是有一定道理的。对于教师来说，一开始可能有刻意的成分，但要力争做得自然，当形成习惯，与自我相融合时，也意味着教师的教育水平上了一个台阶。

例二，学生成长过程中常常会产生一些错误，有些错误只是阶段性的，教师如果过分追究，反而会起到强化的反作用，反之，适当的容忍和忽视会给学生营造一个宽松的环境，学生会在错误中成长。教师有时也要难得糊涂，不要总抓着学生的小辫子不放。汉朝时光武帝斩了王郎之后，缴收了王郎的文书，获得一些官吏与王郎勾结来往的几千封信件。光武帝一封没看，会同诸将把所有信件都烧掉了，他说："让那些睡不着觉的人感到安稳无忧吧！"这是一种帝王的气魄与智慧。教师要学会抓大放小，而且放也要放得无形。现在有人提出教师要学会"视而不见"，因为有些错误随着学生年龄的增长会自然消失，教师没有必要干预。看不到最好，看到了也要假装没看到。

例三，对于一些脾气倔强易冲动的学生，不要指望强行把他的脾气扭过来，扭是扭不过来的。教师可以不动声色，有时明知学生这样下去会碰壁，也不加阻拦，而是默默关注。等到学生吃到苦头之后，暗中加以帮助或点拨，结果会有效率得多。高明的教师，有时还会人为设置一些陷阱或障碍，让性格有缺陷的同学去尝试体验，然后乘机再进行教育，当然要做得不着痕迹。

例四，教师的真情投入往往是很重要的教育力量。上课时充满感情色彩的语调，能够把学生的注意力吸引得牢牢的；教育学生时设身处地的关心，能够让学生心存感激；在学生犯严重错误的时候，一番义正词严语重心长的话语会让学生痛哭流涕；与学生亲近时的童心未泯或者真情流露，则更能够拉近师生间的距离。这种真情也有可能是刻意为之的，但是一定得是真实的，而不是虚伪、做作的。于漪老师上课给学生读一篇感人至深的课文时，会沉浸进去而流出泪来，这种教育的效果巨大而自然，没有半点伪造的成分。

无形虽好，做到却难。要真正实现无形，最最重要的不是技巧，不是方法，而是教师个人的修养，是教师的人格魅力。当所有有效的方法都融入了我的思想和行为之中，我在使用这些方法的时候就会是很自然的，没有痕迹的，那么，我的方法也就自然是无形的，有效果的。就仿佛世间万物本来就是如此，一切都是理所应当，没有什么阻滞，没有什么别扭，可是就在不经意之间，多少不好的结果却已在暗中消除了。还是老子说得好：人法地，地法天，天法道，道法自然。可能听起来是有点玄乎了，但确实是这么个道理。

后　记

感谢 k12 教育教学论坛的老版主红霞老师。我最初上教育教学论坛，就是受到了她的关照与鼓励，《班主任兵法》每一篇都是在 k12 教育教学论坛首先贴出来的，红霞老师也总是在第一时间给我以热情的回复。

感谢《教师博览》杂志的主编薛农基老师。我至今还记得他从南昌给我打电话，告诉我准备连载《我的故事》系列时的情景，当时我还只是写了十来篇故事，《班主任兵法》理论编也还没有动笔。薛老师的赏识给了我巨大的动力，我因此能够在短短的时间内完成这 20 多万字的创作。

感谢论坛上所有关注《班主任兵法》的朋友们，时常在办公室写作到很晚，但是阅读到你们的回帖，感受到你们遥远的热情，走在回宿舍的路上，仰望满天的繁星，我的心中就充满了感动与激情，我对新的一天又充满渴望。

感谢我所在的学校上海市平和双语学校的领导和老师们，给我提供了成长的平台和空间。在我从一名新手变成有经验的教师的过程中，他们给了我巨大的帮助。感谢前任校长吴沄、中学部主任王传红，现任校长恽昭世、孙锡禄，感谢我的同事与朋友吴新贤老师、卜明智老师，在这本书写成的前后，他们都给我提出了极有益的建议。

感谢华东师范大学出版社，感谢吴法源先生。是他在网络上从北京给远在上海的我发来消息，谈了他想出版这本书的愿望。感谢他为这本书的最终出版所做的大量艰苦而细致的工作。没有他，这本书不